I Congresso Luso-Brasileiro de Direito

I Congresso Luso-Brasileiro de Direito

2014

Jorge Bacelar Gouveia e Heraldo de Oliveira Silva
(coordenação)

Marco Aurélio Mello
Carlos Ferreira de Almeida
Otávio Luiz Rodrigues Júnior
Jorge Morais Carvalho
Luís Roberto Sabbato
Francisco Pereira Coutinho
Cláudia Trabuco
Márcio Antônio Boscaro
Jorge Duarte Pinheiro
Luís Filipe Salomão
José Lebre de Freitas
Marco Aurélio Gastaldi Buzzi
Hermann Herschander
Maria Eduarda Gonçalves
Pedro Mourão
António Manuel Hespanha

I CONGRESSO LUSO-BRASILEIRO DE DIREITO
COORDENAÇÃO
Jorge Bacelar Gouveia e Heraldo de Oliveira Silva
EDITOR
EDIÇÕES ALMEDINA, S.A.
Rua Fernandes Tomás, nºs 76, 78 e 79
3000-167 Coimbra
Tel.: 239 851 904 · Fax: 239 851 901
www.almedina.net · editora@almedina.net
DESIGN DE CAPA
FBA.
PRÉ-IMPRESSÃO
EDIÇÕES ALMEDINA, S.A.
IMPRESSÃO E ACABAMENTO
DPS - DIGITAL PRINTING SERVICES, LDA

Abril, 2014
DEPÓSITO LEGAL
374663/14

Toda a reprodução desta obra, por fotocópia ou outro qualquer processo, sem prévia autorização escrita do Editor, é ilícita e passível de procedimento judicial contra o infrator.

 GRUPOALMEDINA

BIBLIOTECA NACIONAL DE PORTUGAL – CATALOGAÇÃO NA PUBLICAÇÃO
CONGRESSO LUSO-BRASILEIRO DE DIREITO, 1, Lisboa, 2013
I Congresso Luso-Brasileiro de Direito / coord. Jorge
Bacelar Gouveia, Heraldo de Oliveira Silva
ISBN 978-972-40-5503-9
I – GOUVEIA, Jorge Bacelar, 1966-
I – SILVA, Heraldo de Oliveira
CDU 34

NOTA PRÉVIA

É com a maior satisfação que se publica o conjunto dos textos que serviram de base ao I CLBD – Congresso Luso-Brasileiro de Direito, o qual teve lugar em Lisboa, na Faculdade de Direito da Universidade Nova de Lisboa, de 11 a 13 de fevereiro de 2013.

Além do apoio da Nova Direito e do CEDIS – Centro de Investigação & Desenvolvimento sobre Direito e Sociedade, esta foi uma iniciativa que uniu juristas luso-brasileiros através do IDILP – Instituto do Direito de Língua Portuguesa e da APM – Academia Paulista de Magistrados, num encontro científico da maior magnitude e no qual foram discutidos relevantes temas do Direito Público e do Direito Privado.

Agora que se disponibiliza para o público as comunicações então efetuadas, podendo as mesmas também ser visualizadas no sítio eletrónico da Justiça TV (http://www.justicatv.com/index.php?d=258), fica o desejo de que este tipo de encontros se multiplique, pondo em comum o que tanto une Portugal e o Brasil ao nível do Direito e que, infelizmente, ainda para muitos é desconhecido.

Lisboa e São Paulo, 5 de Outubro de 2013.

A Comissão Organizadora do I CLBD – Congresso Luso-Brasileiro de Direito

JORGE BACELAR GOUVEIA
HERALDO OLIVEIRA SILVA

I CLBD – Congresso Luso-Brasileiro de Direito

PROGRAMA

Lisboa, 11 a 13 de fevereiro de 2013

Auditório A da Faculdade de Direito da Universidade Nova
de Lisboa

1º Dia 11/02/2013

09.30 – Cerimónia de Abertura

- Prof. Doutor Jorge Bacelar Gouveia, Co-Coordenador do I CLBD – Congresso Luso-Brasileiro de Direito e Professor Catedrático da Faculdade de Direito da Universidade Nova de Lisboa
- Desembargador Heraldo de Oliveira Silva, Co-Coordenador do I CLBD – Congresso Luso-Brasileiro de Direito
- Profª. Doutora Teresa Pizarro Beleza, Diretora da Faculdade de Direito da Universidade Nova de Lisboa
- Sua Excelência, o Embaixador da República Federativa do Brasil em Portugal, Dr. Mário Vilalva
- Sua Excelência, o Presidente do Supremo Tribunal de Justiça de Portugal, Juiz Conselheiro Luís Noronha do Nascimento
- Sua Excelência, o Ministro do Supremo Tribunal Federal, Dr. Marco Aurélio Mello
- Sua Excelência, a Ministra da Justiça, Drª Paula Teixeira da Cruz

10.10 – Conferência de Abertura
- "Portugal, Brasil e o Direito Internacional" – Prof. Doutor Jorge Bacelar Gouveia, Professor Catedrático da Faculdade de Direito da Universidade Nova de Lisboa

10.30 – Intervalo

10.45 – 1º painel: "O Direito do Consumo e a proteção dos consumidores numa economia capitalista global":
- Moderador: Prof. Doutor António Manuel Hespanha, Professor Catedrático Jubilado da Faculdade de Direito da Universidade Nova de Lisboa
- Intervenções:
- "O futuro do Direito do Consumo na Crise Económica Global" – Prof. Doutor Carlos Ferreira de Almeida, Professor Catedrático Jubilado da Faculdade de Direito da Universidade Nova de Lisboa
- "Revisão dos contratos de consumo no Direito Brasileiro" – Conselheiro Otávio Luiz Rodrigues Júnior, Advocacia Geral da União
- "Venda de bens de consumo" – Prof. Doutor Jorge Morais Carvalho, Professor Convidado da Faculdade de Direito da Universidade Nova de Lisboa
- Debate

13.00 – Intervalo para almoço

15.00 – 2º painel: "O Direito da União Europeia e o Tratado de Lisboa"
- Moderadora: Profª Doutora Maria Helena Brito, Professora Associada da Faculdade de Direito da Universidade Nova de Lisboa
- Intervenções:
- "A relevância da Jurisprudência do Tribunal de Justiça da União Europeia na construção do Direito da União Europeia" – Prof. Doutor José Luís Cruz Vilaça, Juiz Conselheiro do Tribunal de Justiça da União Europeia
- "O impacto do Tratado de Lisboa no Direito da União Europeia: três anos depois" – Prof. Doutor Nuno Piçarra, Professor Associado da Faculdade de Direito da Universidade Nova de Lisboa
- "Globalização por extratos de jurisprudência" – Desembargador Luiz Roberto Sabbato, Desembargador do Tribunal de Justiça do Estado de São Paulo

- "Política Externa e de Segurança Comum e o Tratado de Lisboa" – Prof. Doutor Francisco Pereira Coutinho, Professor Convidado da Faculdade de Direito da Universidade Nova de Lisboa
- Debate

2º Dia 12/02/2013

10.00 – 3º painel: "O Direito Civil e as novas questões de defesa da Pessoa e da Família"
- Moderador: Prof. Doutor José João Abrantes, Professor Associado com Agregação da Faculdade de Direito da Universidade Nova de Lisboa
- Intervenções:
- "Novos desafios aos direitos de personalidade" – Profª Doutora Cláudia Trabuco, Professora Auxiliar da Faculdade de Direito da Universidade Nova de Lisboa
- "O direito fundamental ao reconhecimento da identidade genética" – Juiz de Direito Márcio Antônio Boscaro, Juiz de Direito do Tribunal de Justiça do Estado de São Paulo
- "Novos pais e novos filhos: sobre a multiplicidade no Direito da Família e das Crianças" – Prof. Doutor Jorge Duarte Pinheiro, Professor Associado da Faculdade de Direito da Universidade de Lisboa
- Debate

13.00 – Intervalo para almoço

15.00 – 4º painel: "O Direito Processual Civil e a necessidade de uma Justiça célere e eficaz"
- Moderador: Prof. Doutor Vítor Neves, Professor Auxiliar da Faculdade de Direito da Universidade Nova de Lisboa
- Intervenções:
- "Soluções alternativas para composição de conflitos de interesse" – Ministro Luís Felipe Salomão, Ministro do Superior Tribunal de Justiça
- "Brasil e Portugal: um caso de convergência processual civil" – Prof. Doutor José Lebre de Freitas, Professor Catedrático Jubilado da Faculdade de Direito da Universidade Nova de Lisboa
- "Mudança de cultura pela composição de litígios" – Ministro Marco Aurélio Gastaldi Buzzi, Ministro do Superior Tribunal de Justiça

- "Modelos processuais: uma perspetiva de Direito Processual Comparado" – Profª Doutora Mariana França Gouveia, Professora Associada da Faculdade de Direito da Universidade Nova de Lisboa
- Debate

3º Dia 13/02/2013

10.00 – 5º Painel – "O Direito Penal e os novos desafios do Combate à Criminalidade económica"

- Moderadora: Profª Doutora Helena Pereira de Melo, Subdiretora e Professora Auxiliar da Faculdade de Direito da Universidade Nova de Lisboa
- Intervenções:
- "A Administração Pública como bem protegido pela legislação penal brasileira" – Ministro Marco Aurélio Mello, Ministro do Supremo Tribunal Federal
- "A Privatização do Direito Penal – *Mudança de Paradigma* ou *Desregulação do Poder Punitivo do Estado*?" – Profª. Doutora Teresa Pizarro Beleza, Professora Catedrática da Faculdade de Direito da Universidade Nova de Lisboa
- "A lei de lavagem de dinheiro no Brasil" – Desembargador Hermann Herschander, Desembargador do Tribunal de Justiça do Estado de São Paulo
- "Desafios e ilusões sobre a intervenção penal nos sectores económicos" – Prof. Doutor Frederico Costa Pinto, Professor Convidado da Faculdade de Direito da Universidade Nova de Lisboa
- Debate

13.00 – Intervalo para almoço

15.00 – 6º Painel: "Direito de Imprensa e liberdade de expressão *vs* direito de resposta

- Moderador: Prof. Doutor Nuno Piçarra, Professor Associado da Faculdade de Direito da Universidade Nova de Lisboa, e Dr. Alexandre Raposo, Presidente da TV Record
- Intervenções:
- "Limites ao Direito de Resposta" – Ministro João Otávio Noronha, Ministro do Superior Tribunal de Justiça

- "Tensões entre a propriedade intelectual e a liberdade de informação na era digital" – Profª. Doutora Maria Eduarda Gonçalves, Professora Catedrática Convidada da Faculdade de Direito da Universidade Nova de Lisboa
- "Justiça e Comunicação Social" – Dr. Pedro Mourão, Juiz Desembargador e Corregedor do Tribunal da Relação de Lisboa
- Debate

17.00 – Sessão de Encerramento
- "Reavaliando o legado jurídico da Lusofonia" – Prof. Doutor António Manuel Hespanha, Professor Catedrático Jubilado da Faculdade de Direito da Universidade Nova de Lisboa
- Ministro João Otávio Noronha, Ministro do Superior Tribunal de Justiça
- Desembargador Heraldo de Oliveira Silva, Co-Coordenador do I CLBD – Congresso Luso-Brasileiro de Direito
- Prof. Doutor Jorge Bacelar Gouveia, Co-Coordenador do I CLBD – Congresso Luso-Brasileiro de Direito

Comissão Organizadora: Jorge Bacelar Gouveia (jbg@fd.unl.pt), Heraldo Oliveira Silva (heraldoosilva@uol.com.br)

Organização: Faculdade de Direito da Universidade Nova de Lisboa (www.fd.unl.pt), Academia Paulista de Magistrados e Instituto do Direito de Língua Portuguesa (www.idilp.net)

Inscrições: 20 euros, feita *on line* (www.fd.unl.pt)

Secretariado: Drª Isabel Falcão (ifalcao@fd.unl.pt)

Certificação: 3 ECTS; diploma do IDILP

Apoio: Justiça TV; CEDIS; CPLP; Embaixada do Brasil em Portugal; Supremo Tribunal de Justiça de Portugal; JurisNova – Associação da Faculdade de Direito da Universidade Nova de Lisboa; TV Record

I CLBD – Congresso Luso-Brasileiro de Direito

APRESENTAÇÃO

A Faculdade de Direito da Universidade Nova de Lisboa (FDUNL), a Academia Paulista de Magistrados e o Instituto do Direito da Língua Portuguesa organizam em conjunto o I Congresso Luso-Brasileiro de Direito.

O Congresso decorre nos dias 11 a 13 de fevereiro de 2013, nas instalações da Faculdade de Direito da Universidade Nova de Lisboa.

A sessão de abertura inicia às 09h30 de dia 11 e conta com a presença de suas Excelências a Ministra da Justiça, Drª Paula Teixeira da Cruz, o Embaixador da República Federativa do Brasil em Portugal, Dr. Mário Vilalva, e o Presidente do Supremo Tribunal de Justiça de Portugal, Juiz Conselheiro Luís Noronha do Nascimento, bem como dos senhores Professores Jorge Bacelar Gouveia, Co-Coordenador do I CLBD – Congresso Luso-Brasileiro de Direito e Professor Catedrático da Faculdade de Direito da Universidade Nova de Lisboa, Teresa Pizarro Beleza, Diretora e Professora Catedrática da Faculdade de Direito da Universidade Nova de Lisboa, e Desembargador Heraldo de Oliveira Silva, Co-Coordenador do I CLBD – Congresso Luso-Brasileiro de Direito.

Ao longo dos três dias em que tem lugar o Congresso decorrerão seis painéis dedicados a temáticas centrais e sempre atuais em ambos os ordenamentos jurídicos, contando com moderadores e oradores de reconhecido mérito e prestígio científico. Os seis grandes temas em discussão são:

1º Painel: "O Direito do Consumo e a proteção dos consumidores numa economia capitalista global":

2º Painel: "O Direito da União Europeia e o Tratado de Lisboa";

3º Painel: "O Direito Civil e as novas questões de defesa da Pessoa e da Família";

4º Painel: "O Direito Processual Civil e a necessidade de uma Justiça célere e eficaz";

5º Painel – "O Direito Penal e os novos desafios do Combate à Criminalidade Económica";

6º Painel: "Direito de Imprensa e liberdade de expressão vs direito de resposta.

As inscrições têm um custo de 20 euros e são realizadas *on line* (www.fd.unl.pt)

Secretariado: Drª Isabel Falcão (ifalcao@fd.unl.pt). A participação será certificada com 3 ECTS e um diploma do IDILP.

A iniciativa conta com apoio da Justiça TV, do Centro de Investigação e Desenvolvimento sobre Direito e Sociedade da Faculdade de Direito da Universidade Nova de Lisboa, da Comunidade de Países de Língua Portuguesa e da Embaixada do Brasil em Portugal e do Supremo Tribunal de Justiça de Portugal.

Para mais informações consultar o Programa em: http://www.fd.unl.pt/Anexos/7012.pdf

Intervenção de Abertura[1]

JORGE BACELAR GOUVEIA[2]

Permitam-me também dar-vos as boas vindas à melhor Faculdade de Direito do país.

Nesta circunstância, só quatro palavras: uma palavra de saudação, uma palavra de agradecimento, uma palavra de satisfação e uma palavra de exortação.

Primeiro, uma palavra de saudação a este vasto auditório, a todos os congressistas e naturalmente uma referência muito particular às autoridades aqui presentes, às individualidades que compõem o *presidium*: agradeço muito a vossa presença, à Sra. Ministra da Justiça muito em particular, e decerto que vai ser um momento luso-brasileiro muito importante.

Uma segunda palavra de agradecimento nesta circunstância. Agradecimento, em primeiro lugar, aos oradores, pois sem os oradores não haveria Congresso. Eu gostaria de destacar a excelência dos oradores que nós vamos ter aqui numa lógica sempre paralela de intervenientes portugueses e intervenientes brasileiros. Posso dizer, sem ousadia, que este Congresso significa aquilo que há de melhor no Brasil e em Portugal ao nível do Direito. Portanto, sinto-me muito satisfeito, muito feliz por tam-

---

[1] Intervenção na cerimónia de Abertura do I CLBD – Congresso Luso-Brasileiro de Direito, em 11 de fevereiro de 2013, na Nova Direito. Vídeo disponível em http://justicatv.pt/index.php?p=2208

[2] Professor Catedrático da Faculdade de Direito da Universidade Nova de Lisboa e Co-Coordenador do I CLBD.

bém ter participado na organização deste Congresso com a excelência dos diferentes intervenientes, que julgo está à vista se puderem ver as referências curriculares de todos esses intervenientes.

Também uma palavra de agradecimento aos operacionais que permitiram a realização deste Congresso: à Faculdade e à sua Direção, em primeiro lugar; também à JurisNova, que também colabora e que é uma associação de Professores desta Faculdade e, em particular, ao seu Presidente, o Professor Nuno Piçarra, e que também fará parte deste Congresso como orador; à Justiça TV, que faz a transmissão deste Congresso; e também permitam-me uma referência particular ao Dr. Horácio Correia Pinto, amigo de muitos portugueses e de muitos brasileiros que aqui estão e que, em grande medida, "facilitou" os contactos nesta feliz aproximação entre a Faculdade de Direito da Universidade Nova, os colegas brasileiros e a Academia Paulista de Magistrados.

Uma terceira palavra, breve também, de satisfação por este Congresso, que é um Congresso organizado por três instituições: pela Faculdade de Direito, pela Academia Paulista de Magistrados e por um Instituto a que eu neste momento presido, que é o Instituto do Direito de Língua Portuguesa. Penso que não é segredo para ninguém a importância que nós hoje devemos atribuir às relações entre os diferentes países que falam a mesma língua e que têm, ao nível do Direito, muitas semelhanças, muitas identidades, muitas parecenças. Essa tem sido uma orientação genética desta Faculdade, está no seu ADN, e eu próprio também, com o apoio da Faculdade, tenho desenvolvido esse tipo de atividade no âmbito do Instituto do Direito de Língua Portuguesa, uma associação de juristas lusófonos e que visa aproximar os juristas dos diferentes países de língua portuguesa. Naturalmente que nesse contexto o Brasil tem um lugar à parte pelas suas caraterísticas sobejamente conhecidas. Como Presidente desse Instituto, fico muito honrado com a possibilidade de participar neste Congresso.

Uma quarta e última palavra de exortação para a importância deste Direito de Língua Portuguesa que hoje começa a ser estudado de uma maneira diferente daquilo que foi estudado noutros tempos. As relações entre Portugal e o Brasil são mais antigas. Portugal e Brasil desde sempre partilharam muitos institutos jurídicos e muita legislação, embora o Brasil desde o século XIX se tivesse tornado independente e tivesse também obtido caraterísticas da *Common Law* e não apenas da *Civil Law*. Mas essas semelhanças existem e são evidentes em vários ramos do Direito. Eu tenho estudado mais o Direito Constitucional de Língua Portuguesa e basta fazermos uma leitura comparativa da Constituição Portuguesa e da Constituição Brasileira para perceber as imensas semelhanças, identidades e parecenças que temos entre os nossos Direitos. Essa conclusão pode ser obtida também noutros ramos do Direito Público e também no Direito Privado.

Mas esta cooperação no âmbito dos países e dos Direitos de língua portuguesa vai tendo a sua maturidade e pode desenvolver-se *ad intra* e *ad extra*, digamos assim. Para dentro, através da especialização da cooperação em vários congressos temáticos em aspetos mais específicos ou entre congressos entre diferentes países, congressos bilaterais, sendo este um exemplo de que também é possível uma aproximação bilateral entre países que falam a mesma língua e têm um Direito com raízes comuns. Mas também *ad extra*, para fora, afirmando a singularidade do Direito de língua portuguesa. Isso hoje é evidente, por exemplo, na comparação do Direito de Língua Portuguesa com o Direito Ibero-americano, que é uma outra área de cooperação que se tem desenvolvido. Como também podemos referir a raiz lusófona deste Direito comparando o Direito Africano de Língua Portuguesa.

Portanto, como veem, este Congresso vem em muito boa hora porque se insere numa atividade contínua desta Faculdade e deste Instituto do Direito de Língua Portuguesa no sentido de solidificar tais relações e aproximar os diferentes juristas de língua portuguesa. Este Instituto está aberto a qualquer jurista lusófono, não faz qualquer discriminação, tem juristas professores, juristas juízes, procuradores, advogados e tem juristas de todos os países de língua portuguesa, incluindo também Macau, que não é um território independente, mas um território autónomo que integra a República Popular da China.

Para terminar, nós costumamos sempre no âmbito da Lusofonia citar uma bonita e muito conhecida frase de Fernando Pessoa, do Livro do Desassossego, dizendo "A minha Pátria é a Língua Portuguesa". Eu podia talvez acrescentar outra muito conhecida frase do tempo do Direito Romano: "*Ubi bene, ibi patria*", que quer dizer "onde se está bem, essa é a nossa pátria". Como estamos aqui muito bem, nestes dias esta é a nossa pátria.

Muito obrigado.

Intervenção de Abertura

HERALDO SILVA[1]

Bom dia a todos!

Em nome da magistratura brasileira quero externar minha satisfação em poder estar aqui em Portugal para esse intercâmbio cultural, com intuito de trocarmos ideias, conhecimentos e experiências.

De uma forma singela, quero agradecer ao professor Jorge pela acolhida e por ter prontamente aceite essa ideia, que partiu de alguns eventos anteriores realizados com o Horácio, amigo em comum.

Agradeço também o Pedro Mourão sempre disposto a nos ajudar neste empreendimento.

De uma forma especial, agradeço a presença do Ministro Marco Aurélio Mello, representante do Supremo Tribunal Federal Brasileiro e ao Ministro João Otávio Noronha, Corregedor e membro integrante do Superior Tribunal de Justiça que aliás, é também um dos mais antigos daquela corte apesar da pouca idade.

A importância desse evento se reflete principalmente por dar oportunidade de estreitar o relacionamento entre o Brasil e Portugal, possibilitar a troca de experiência e conhecimento, e numa segunda etapa dar oportunidade de vocês também participarem do congresso connosco no Brasil, esperemos realizar vários eventos como este.

---

[1] Co-Coordenador do I CLBD e Desembargador do Tribunal de Justiça do Estado de São Paulo. Vídeo disponível em http://justicatv.pt/index.php?p=2209

Agradeço o apoio da Record, na pessoa do Alexandre, Marcos Pereira, Márcio e Sérgio, e também agradeço meus colegas que se dispuseram a participar deste Congresso ministrando palestras e trazendo suas experiências sobre a matéria.

Agradeço à Direção da Faculdade, e o Embaixador que tão gentilmente veio nos prestigiar.

Que todos tenhamos um bom congresso!

Saudação de Abertura

MARCO AURÉLIO MELLO[1]

Permitam-me os componentes da mesa fazer uma saudação concentrada na pessoa da Ministra da Justiça, Doutora Paula Teixeira da Cruz, e daquele que personifica, em Portugal, o Brasil, o nosso Embaixador Mário Vilalva.

Subscrevo as palavras que foram veiculadas desta tribuna. Faço-o repetindo o que ouvi há pouco e já o adoto como lema, divulgando-o no Brasil: "Minha pátria é a língua portuguesa".

O intercâmbio entre brasileiros e portugueses é da maior valia, principalmente quando ocorre na área do Direito, responsável pela vida gregária, pela paz social.

Pobre de espírito é o homem que já se sinta em patamar no qual não dependa mais de conhecimento. O aperfeiçoamento mostra-se constante, já que o saber é e será sempre uma obra inacabada.

Meus cumprimentos àqueles que tiveram a iniciativa de idealizar este Congresso Luso-Brasileiro de Direito. Meus cumprimentos à Faculdade de Direito da Universidade Nova de Lisboa e, especialmente, ao Desembargador Heraldo de Oliveira Silva – Presidente da Academia Paulista de Magistrados.

Sairemos todos enriquecidos deste encontro. Conforme salientado por meu colega de sacerdócio, o Juiz Conselheiro Luiz Noronha do Nas-

---

[1] Ministro do Supremo Tribunal Federal do Brasil. Vídeo disponível em http://justicatv.pt/index.php?p=2212.

cimento, deixamos, em 1988, um regime de exceção e passamos ao essencialmente democrático. A nossa lei básica, a Carta da República, teve inspiração na Constituição de Portugal.

Consigno o orgulho de estar aqui e poder, nesta tribuna, dizer que tenho ascendência portuguesa, o que muito me honra em termos de apego a princípios maiores.

Não posso deixar de ressaltar o apoio da TV Record, aqui representada pelo Presidente no Brasil, Dr. Alexandre Raposo.

Sejam todos felizes e obrigado pela atenção que tiveram em me ouvir.

Portugal, Brasil e o Direito Internacional[1]

JORGE BACELAR GOUVEIA[2]

1. Começo por cumprimentar todos os presentes, dizendo que é com muito gosto que aqui e hoje podemos rever e contar com a colaboração do Professor António Hespanha.

É um dos grandes fundadores desta Faculdade, Professor Catedrático Jubilado da Nova Direito, mas continua a colaborar connosco, sendo, além do mais, um grande conhecedor do Direito de Língua Portuguesa.

Na pessoa do Professor Hespanha, a quem agradeço a moderação, também cumprimento os restantes Colegas deste painel.

2. O tema sobre o qual gostaria de refletir nestes minutos tem que ver com a importância do Direito Internacional Público em Portugal e no Brasil. Pode parecer um tema estranho, mas penso que é um tema da máxima importância atendendo ao facto de que hoje, em contexto de Globalização, o Direito Internacional Público ser um Direito cada vez mais cimeiro e cada vez mais denso nas matérias que vai abordando.

---

[1] Texto correspondente à transcrição da conferência de abertura proferida no I CLBD – Congresso Luso-Brasileiro de Direito, em 11 de fevereiro de 2013, na Nova Direito. Vídeo disponível em http://justicatv.pt/index.php?p=2214

[2] Professor Catedrático da Faculdade de Direito da Universidade Nova de Lisboa e da Universidade Autónoma de Lisboa. Presidente do Instituto do Direito de Língua Portuguesa. E-mail: jbg@fd.unl.pt. Website: www.jorgebacelargouveia.com

Claro que esta minha reflexão é um pouco arriscada porque é sempre temerário falar em nome de outros daquilo que não sabemos tão bem. Neste caso, a ideia é fazer uma comparação em relação aos termos do acolhimento do Direito Internacional Público no Brasil e em Portugal.

Sendo português, conheço melhor essa realidade em Portugal, mas também gostaria de fazer alguma reflexão sobre o modo como o Brasil tem vindo a entender as relações do Direito Estadual com o Direito Internacional Público.

3. Este é hoje um tema central no contexto da Globalização, Globalização do Direito e sobretudo de uma Globalização que é imposta num ritmo acelerado por parte do Direito Internacional Público.

Isso é possível porque atualmente temos um Direito Internacional Público completamente diferente daquele que tínhamos até ao século XIX. Verdadeiramente há uma mudança de paradigma naquilo que é, neste momento, o Direito Internacional Público perante mudanças substanciais que ocorreram no século XX[3].

O Direito Internacional Público foi criado com base numa conceção de tipo arbitral, um Direito para fazer a arbitragem de conflitos entre Estados soberanos. Foi assim que ele nasceu com a Paz da Vestefália e foi assim que se desenvolveu até ao século XX.

Portanto, um Direito de mera coordenação e de reciprocidade para regular interesses egoístas dos Estados, até muito contestado por uma certa doutrina chamada hobbesiana do Direito Internacional Público, que nem sequer reconhece a sua existência, considerando que na comunidade internacional se viveria ainda num estado de natureza.

4. Porém, o Direito Internacional Público do século XX é consideravelmente diferente do Direito Internacional Público vigente até ao século XX. Várias coisas aconteceram para mudar esse paradigma.

Desde logo a ideia do multilateralismo, o nascimento das organizações internacionais transferindo parte da soberania dos Estados para

---

[3] Sobre a evolução do Direito Internacional Público, v. Jorge Bacelar Gouveia, *Manual de Direito Internacional Público*, 4ª ed., Almedina, Coimbra, 2013, pp. 95 e ss.

essas organizações, que entretanto se fortaleceram imenso com o aparecimento das organizações supranacionais, de que foi grande exemplo a União Europeia.

A própria questão do uso da força – que deixou de ser livre e passou a ficar fortemente condicionada a partir da Carta das Nações Unidas – ou a regulamentação dos espaços internacionais ou o nascimento do Direito Internacional do Ambiente. São importantes.

Mais recentemente, a criação de uma jurisdição penal internacional, o TPI, também veio mudar substancialmente o paradigma das relações internacionais do ponto de vista da força e da intensidade regulativa do próprio Direito Internacional Público.

5. A verdade é que, perante essa mudança substancial do Direito Internacional Público, os países na sua ordem internacional e a partir das suas Constituições nem sempre têm respondido da mesma forma.

A minha intenção é explicitar um pouco como é que, em Portugal e no Brasil, tem sido a atitude interna perante o império cada vez mais forte do Direito Internacional Público sobre as ordens jurídicas nacionais.

Obviamente que isto corresponde a uma conceção que parte do pressuposto da efetividade do próprio Direito Internacional Público. Às vezes diz-se, em tom jocoso, que o Direito Internacional Público é como o Pai Natal: toda a gente fala dele, mas toda a gente sabe que ele não existe...

Não é essa a minha opinião: julgo que o Direito Internacional Público existe, embora tendo porventura características específicas, porque não regula um poder político estadual, mas um poder político supra-estadual com vários polos, policêntrico por definição, e fragmentário nas matérias que regula.

É muito diferente de um Direito Estadual, que é unicêntrico e não é fragmentário, antes contínuo, sendo possível encontrar várias características que distinguem o Direito Internacional Público do próprio Direito de natureza estadual.

6. O problema que se tem colocado está sobretudo no diálogo entre as Constituições: todos sabemos que, do ponto de vista do Direito Constitucional, esse é o problema das relações entre o Direito Internacional Público e o Direito Nacional[4].

Temos sempre a ideia de que as Constituições se afirmam num espaço jurídico nacional como *lex suprema* e, portanto, isso significando que muitas vezes é necessário olhar para a ordem jurídica nacional como algo que não pode impedir a efetividade e a aplicação do Direito Internacional Público.

Esse diálogo tem sido complexo, difícil, com avanços e retrocessos. Ainda assim, é um diálogo necessário sob pena de o próprio Direito Internacional Público não poder lograr obter a sua efetividade como Direito que, por definição, é supra-estadual e Direito que, em grande medida, embora não apenas o seja, assume-se como de natureza universal.

7. Vejamos agora um pouco a importância do diálogo entre o Direito Internacional Público e a Constituição, sobretudo pela necessidade da superação de um paradigma de superioridade absoluta da Constituição, podendo esta articular-se com a garantia e a aplicação das normas de Direito Internacional Público, que vão crescendo na sua hierarquia e sobretudo na sua substância.

Aliás, se repararem bem – sobretudo os alunos que têm essa experiência amarga – hoje quem estuda o Direito Internacional Público lê dois ou três volumes. Os alunos que estudavam Direito Internacional Público nos anos 50 do século passado liam apenas 100 páginas e já chegava. Isto significa que o Direito Internacional Público tem vindo a crescer na quantidade e na qualidade das matérias que vai regulamentando.

Atualmente, não há praticamente ramo do Direito que não tenha fontes externas internacionais. Ora, isto quer dizer que o Direito Internacional Público tem vindo a densificar-se, a alargar o seu âmbito material de aplicação, chamando a si cada vez mais assuntos que até há uns anos eram apenas assuntos reservados à soberania nacional, não sendo suscetíveis de internacionalização.

Penso que esse é um bom caminho se tal internacionalização corresponder também à afirmação de valores universais, no qual também os Estados devem participar.

---

[4] Sobre o problema geral das relações do Direito Internacional Público com os Direitos Nacionais, v. Jorge Bacelar Gouveia, *Manual...*, pp. 381 e ss.

8. Agora na perspetiva portuguesa, como é que a questão tem sido tratada? Em Portugal, apesar de não se ter discutido muito este assunto, tem havido várias opiniões da doutrina e da jurisprudência, notando-se uma evolução importante por parte da ordem jurídica portuguesa.

São vários os tópicos que podemos encontrar, embora a nossa Constituição diga muito pouco a este respeito.

9. A questão mais discutida na nossa doutrina, sobretudo nos anos 80, foi o problema de saber qual o lugar dos tratados internacionais na ordem jurídica portuguesa.

Na década de oitenta, houve um problema jurídico muito complexo, aliás ligado à circunstância de crise da segunda intervenção do FMI em 1983: suscitava-se a questão de saber se a Lei Uniforme das Letras e Livranças, que estabelecia uma taxa de juro baixa, se deveria aplicar ou se, em contrapartida, prevaleceria uma taxa de juro legal muito mais alta, pois era a taxa de juro que correspondia a uma situação de hiperinflação que vivíamos em Portugal e fixada por decreto-lei.

Gerou-se uma discussão sobre o lugar hierárquico desse tratado internacional na ordem jurídica portuguesa e a maioria da doutrina defendeu que ele deveria ter uma posição supralegal.

Essa foi a doutrina que viria a obter vencimento na jurisprudência, ainda que a questão tivesse ficado resolvida pela invocação de uma cláusula de alteração das circunstâncias.

Só que a nossa Constituição mantém até hoje um silêncio absoluto sobre o lugar hierárquico das convenções internacionais em relação à lei interna, o mesmo já não sucedendo na relação do Direito Internacional Público com a Constituição. Este é o problema da supra-legalidade das convenções internacionais, que ficou assim resolvido.

Uma parte minoritária da doutrina nos anos 80 – li vários pareceres sobre isso – ainda chegou a defender que as convenções internacionais tinham o mesmo valor da lei, aplicando-se a regra segundo a qual a norma posterior revogaria ou derrogaria norma anterior.

Mas essa pequena parte da doutrina hoje praticamente desapareceu e vários autores que tinham essa opinião entretanto mudaram reconhecendo a superioridade das convenções internacionais em relação à lei ordinária.

10. Há um outro problema que tem que ver com a questão do TPI, que é mais recente e em relação à qual Portugal tomou uma posição expressa através da revisão constitucional de 2001.

O artigo 7º, nº 7, da CRP passou a consagrar a cláusula geral de que a ordem jurídica do TPI tem uma posição constitucional: mesmo que possua dentro de si algumas normas de constitucionalidade duvidosa, por esta disposição, essa inconstitucionalidade passa a constitucionalidade, visto que há uma receção expressa dessa ordem jurídica do TPI.

Neste caso, houve uma assunção clara da necessidade de constitucionalizar o TPI, não obstante a dificuldade de acomodar algumas das suas normas. Penso que isso é uma dificuldade real em matéria, por exemplo, de prisão perpétua, pois o TPI tem prisão perpétua.

É um problema complicado, por exemplo, em relação aos países que impedem a extradição de nacionais no caso de aplicação da prisão perpétua. Sei que o Brasil tem esse problema e o tem discutido, pois o Brasil, tal como Portugal, também proíbe a aplicação dessa pena.

11. Outra questão em que Portugal tomou uma posição expressa é a da superioridade ou até a da supra-constitucionalidade do Direito da União Europeia. Eis um princípio de Direito Comunitário: a superioridade do Direito da União Europeia sobre os direitos nacionais, mesmo sobre os Direitos Constitucionais.

A Constituição Portuguesa, na revisão de 2004, acrescentou o nº 4 ao artigo 8º, tentando resolver o problema num compromisso, que é de difícil calibração, entre, por um lado, aceitar a superioridade do Direito da União Europeia, mesmo sobre o Direito Constitucional, mas, por outro lado, salvaguardar o núcleo essencial do Direito Constitucional, que é representado pelos princípios fundamentais do Estado de Direito Democrático. Esta é uma solução híbrida e que expressamente pretende resolver este problema.

12. Ainda um outro tema que tem sido mais fácil de discutir é o da supra-constitucionalidade dos próprios direitos humanos por aplicação do artigo 16º da Constituição Portuguesa. É um artigo que, embora não o dizendo expressamente, tem sido interpretado pela jurisprudência e pela doutrina no sentido de dar a entender que os Direitos Humanos em Portugal têm, pelo menos, o valor da Constituição ou até, nalguns casos, um valor supraconstitucional.

Esta conclusão é confirmada pelo próprio artigo 7º da Constituição, que trata das relações internacionais do Estado português e no qual são enunciados vários princípios, desde logo o princípio da proteção dos direitos humanos. Se tal significa que o Estado português se vincula a esse princípio, esses direitos humanos depois tecnicamente incorporados através do artigo 8º passam a ter um valor supraconstitucional.

13. Digamos que o assunto das relações do Direito Internacional Público com o Direito Português tem, no fundo, oscilado em três níveis de resposta:

i)   a mera supra-legalidade, os tratados internacionais acima da lei, mas abaixo da Constituição, até porque a Constituição Portuguesa prevê expressamente a fiscalização preventiva das convenções internacionais;

ii) a supra-constitucionalidade dos tratados internacionais de direitos humanos, embora isso não esteja expresso; e

iii) a ideia de que certos valores do Direito Internacional Público são já limites transcendentes e até heterónomos ao próprio poder constituinte, isto é, valores e princípios em relação aos quais nem sequer o próprio poder constituinte interno pode manipular e apenas tem de obedecer, estando os mesmos fora do campo de ação da regulação do próprio Direito Constitucional positivo e do poder constituinte do Estado.

Estes os níveis em que a questão se tem colocado, o que não equivale a uma resposta unívoca: uma coisa é ser supralegal e infraconstitucional e outra coisa é ser constitucional ou supraconstitucional e outra coisa ainda é estar fora do alcance do poder regulativo do poder constituinte estadual.

Mas lá temos vindo a viver com esta situação sem, apesar de tudo, grandes dramas, embora pense que há ainda um problema complicado que tem que ver com um princípio geral do Direito dos Tratados, que consta do artigo 26º da Convenção de Viena sobre o Direito dos Tratados de 1969, segundo o qual essa Convenção estabelece o primado dos tratados internacionais sobre o Direito Interno, mesmo sobre o Direito Constitucional. Mas esse princípio, no caso português, apenas tem sido considerado como um primado sobre o Direito Legal e não como um primado sobre o Direito Constitucional.

14. Cabe agora falar um pouco sobre a realidade brasileira e temos aqui ilustres Colegas brasileiros que me podem corrigir ou completar. Sei que este tema é muito candente no Brasil e aí tenho participado em vários debates.

Escusado será dizer que o grande momento no Brasil para a discussão deste assunto foi a Emenda Constitucional nº 45, uma importante revisão constitucional que não só introduziu normas no poder judiciário como sobretudo introduziu alterações no artigo 5º da Constituição Federal no que respeita à força constitucional dos tratados internacionais.

O artigo 5º é um artigo muito importante, não só nos seus incisos mas sobretudo nos seus últimos parágrafos, os parágrafos 2º, 3º e 4º.

15. O que diz então o artigo 5º nos seus últimos parágrafos? Em primeiro lugar, faz referência àquilo que nós temos também em Portugal, no artigo 16º, nº 1, da Constituição Portuguesa, que é uma cláusula de abertura a direitos que não foram tipificados no catálogo constitucional, mas que são direitos que podem existir a partir de uma cláusula geral, que é esse mesmo parágrafo 2º do artigo 5º, aos quais chamei na minha dissertação de mestrado, já há uns bons anos, "direitos fundamentais atípicos".

Quer isto dizer que a Constituição Brasileira tem essa cláusula geral de acolhimento de novos direitos fundamentais através do artigo 5º, parágrafo 2º, onde de resto faz uma referência expressa aos próprios tratados internacionais, à semelhança da Constituição Portuguesa.

16. Um outro problema que se tem colocado – aliás até com uma recente decisão do Tribunal de São José da Costa Rica – é o da constitucionalidade dos tratados dos Direitos Humanos.

A dúvida que se tem discutido no Brasil é a de saber qual o seu valor hierárquico, dado que, do ponto de vista comum, os tratados internacionais podem ser supralegais ou não.

A doutrina brasileira tem oscilado nos últimos anos sobre essa matéria. Só que o problema fica mais complicado quando um tratado positiva direitos humanos, inquirindo-se sobre se esse tratado tem ou não valor constitucional, sobretudo para poder contrariar ou para se poder impor à própria legislação ordinária que seja desconforme com os valores, os princípios e os direitos humanos consagrados nesses tratados internacionais.

Esta questão suscitou-se recentemente com o caso da prisão civil por dívidas e, de facto, com esta Emenda Constitucional nº 45 passou a ficar consagrado que os tratados internacionais, quando aprovados por maioria de três quintos (portanto, a maioria da revisão constitucional brasileira), ganham força constitucional.

Claro que essa Emenda suscitou algumas hesitações interpretativas, como a de saber o que sucede com os tratados que tenham sido aprovados por maioria de três quintos, mas que o foram antes da vigência da Emenda nº 45: também passam a ter valor constitucional?

E mesmo que não consigam obter essa maioria de três quintos, se a matéria é a mesma dos direitos humanos, porque não há de o tratado internacional ter o mesmo valor constitucional?

Não podemos resolver o problema através do parágrafo 2º do artigo 5º em vez de ser através desta cláusula em que se faz referência à necessidade de aprovação por maioria de três quintos?

É a própria Emenda que veio clarificar o problema no sentido de se conferir força constitucional expressa aos próprios tratados de Direitos Humanos que deixa alguns pontos em aberto quanto à sua total extensão.

17. É ainda de mencionar que este artigo 5º da Constituição Brasileira faz referência expressa à constitucionalidade do TPI, tal como, de resto, a Constituição Portuguesa o faz no seu artigo 7º, nº 7.

Do mesmo modo aqui se erguem problemas, não obstante esta cláusula geral de receção do TPI, sobre a sua articulação com as normas constitucionais brasileiras que se referem à proibição da extradição ou à proibição da pena de prisão perpétua.

18. Eis o panorama nos dois países irmãos, sendo certo que na prática é interessante – e com isso concluo – verificar que há um mesmo caminho de progressivo reconhecimento do Direito Internacional Público.

Contudo, esse reconhecimento, no fundo, é feito a duas velocidades:

- ou ainda um reconhecimento de uma mera supra-legalidade dos tratados internacionais em geral;
- ou já um reconhecimento de constitucionalidade quando os tratados têm que ver com direitos humanos, podendo até aqui ser um reconhecimento de supra-constitucionalidade, derivando dos próprios princípios constitucionais.

19. Seja como for, eis um campo muito importante de trabalho, um campo em que aos juristas de hoje – sobretudo aos constitucionalistas e aos internacionalistas – se colocam imensos desafios num mundo globalizado e em relação ao qual evidentemente os Direitos Nacionais têm uma palavra a dizer, não lhes sendo indiferente, paralelamente, o cumprimento de valores que se vão universalizando ao nível dos direitos humanos de que o Direito Internacional Penal se arvora em legítimo portador.

Estou disponível depois para o debate, uma vez que julgo que este tema suscitará o maior interesse por parte dos nossos Colegas portugueses e brasileiros.

Muito obrigado pela vossa atenção.

O futuro do Direito do Consumo na Crise Económica Global[1]

CARLOS FERREIRA DE ALMEIDA[2]

Em 2005, escrevi que o direito do consumo poderia não passar de uma estrela cadente, cujo fulgor, intenso mas efémero, se viria a extinguir quando, após quarenta ou cinquenta anos de ascensão, chegasse o tempo da sua queda e integração no grande corpo do direito comum. Advertia também para a hipótese de a proteção dos consumidores deixar de fazer sentido se fossem abaladas as condições de paz, de democracia e de crescimento económico que então envolviam as sociedades onde o direito do consumo assumia proeminência[3].

Passados apenas três anos da publicação do meu livro, as sociedades onde triunfara a revolução comercial foram abaladas em 2008 por uma crise, emergente da revolução financeira, que compromete o crescimento económico dessas sociedades. A causa profunda da crise – julgo eu – radica na tentativa de o poder financeiro se sobrepor aos poderes indus-

---

[1] I Congresso Luso-Brasileiro de Direito, Lisboa, 11 de fevereiro de 2013. Texto semelhante foi apresentado em 24 de janeiro de 2012, na Sala do Senado da Assembleia da República, no seminário sobre 30 anos da primeira Lei de Defesa do Consumidor promovido pela Direção-Geral do Consumidor, e, em 22 de maio de 2012, no Colóquio "A Crise e o Direito" (Faculdade de Direito da Universidade Nova de Lisboa). Vídeo disponível em http://justicatv.pt/index.php?p=2215

[2] Professor Catedrático Jubilado da Faculdade Direito da Universidade Nova de Lisboa.

[3] *O Direito do Consumo*, Coimbra, 2005, p. 211.

trial e comercial, que tinham sido protagonistas do desenvolvimento e da democracia, e de competir, de modo desajeitado, mas eficiente no curto prazo, com os poderes dos Estados democráticos. Mas a atividade financeira não é motor nem matéria-prima para o desenvolvimento e o bem-estar. É um mero lubrificante, ainda que essencial, para o funcionamento da máquina produtiva alimentada pelos recursos naturais e acionada pelo trabalho e pela iniciativa empresarial.

O consumo tem estado no núcleo do furacão. Primeiro, pelos excessos de crédito ao consumo, que devedores e credores não souberam digerir, mas que os gestores financeiros aproveitaram como instrumento de ganho desproporcionado. Depois, pela brusca redução do consumo, impulsionada pelos mesmos grupos políticos e financeiros que o tinham promovido.

Não se sabe como, quando e se esta crise financeira termina ou abranda. Mas não são precisos dotes proféticos para augurar a descida para patamares mais baixos dos níveis de desenvolvimento e de bem-estar que a sociedade de consumo tinha gerado, mau grado as críticas de que foi sendo alvo.

Não se sabe o que vai suceder, nem sequer a curto prazo (ou especialmente a curto prazo). Mas parece certo que o anterior paradigma – que tinha deslocado o propulsor do desenvolvimento da produção para o consumo – terminou em 2008 a sua vigência na Europa e nos países do 1º mundo.

Ora era precisamente o desenvolvimento o fator que justificava a proteção dos consumidores, que o mesmo é dizer o surgimento do direito do consumo. Como escrevi no meu livro de 2005, tomando posição em tema controverso, o direito do consumo tem como objetivos o ajustamento às condições dos mercados e a melhoria geral do nível de vida e do bem-estar. Para a maioria das medidas legislativas não é possível destrinçar as metas concorrenciais da proteção dos consumidores. Mas qualquer daqueles objetivos (em que todos ganhavam) depende (aliás, dependia) do progressivo aumento do consumo e do consequente aumento do volume das transações de consumo, propiciados pelo incremento da confiança dos consumidores na qualidade dos bens e no acesso ao crédito. Por exemplo, o direito de arrependimento e o nível de informação no crédito ao consumo são fatores que propiciam claramente o aumento do volume de negócios, embora não sejam os únicos e sejam inegáveis as vantagens que deles derivam para os consumidores.

Como a crise afeta estes fatores, o direito do consumo como o conhecemos na Europa está também necessariamente em crise ou, pelo menos, em profunda mutação.

Antes de me atrever a enunciar alguns tópicos sobre uma tal mutação, julgo conveniente traçar as grandes linhas do estádio atual do direito do consumo na Europa, em jeito de balanço destes 40 anos que vão desde os documentos precursores do Conselho da Europa e da Comunidade Económica Europeia[4]. A evolução corresponde *grosso modo* à sequência das mais importantes diretivas e da sua transposição. O que vale para a Europa vale para Portugal, que tem seguido a par e passo este trajeto, depois de recuperado um curto atraso inicial.

Sem considerar os inúmeros diplomas sobre a qualidade e a segurança dos bens, quase todos de aplicação circunscrita, procedo em seguida à avaliação das diretivas com maior generalidade e impacte, por ordem cronológica.

A Diretiva sobre responsabilidade do produtor[5] é porventura a mais criticada e mal-amada de todas as diretivas vigentes no âmbito do consumo. Teve certamente o mérito de ultrapassar o preconceito da culpa como pressuposto da responsabilidade civil extracontratual e porventura o mérito de consciencializar os produtores para os riscos financeiros do lançamento no mercado de produtos defeituosos. Mas revela-se pouco eficaz na sua aplicação, em consequência dos exigentes requisitos de prova e da excessiva amplitude dos fatores de exoneração de responsabilidade e das restrições nos danos ressarcíveis. A jurisprudência do Tribunal de Justiça das Comunidades no sentido de que a Diretiva se destina à harmonização máxima dos direitos nacionais[6] mostra que o seu objetivo primeiro não é afinal a proteção dos consumidores, é a defesa da concorrência.

---

[4] Carta do Conselho da Europa sobre a proteção do consumidor, aprovada em 17.05.1973; Programa Preliminar da Comunidade Económica Europeia para uma política de proteção e informação dos consumidores, de 14.04.1975.

[5] Diretiva 85/374/CEE, de 25.07; Decreto-Lei nº 383/89, de 06.11.

[6] Acórdãos *Comissão contra República Francesa*, *Comissão contra República Helénica*, *González Sánchez contra Medicina Asturiana SA*, todos decididos em 25.04.2002.

A Diretiva sobre contratos celebrados à distância e fora do estabelecimento[7] constitui um marco precursor de dois dos mais significativos avanços na proteção dos consumidores: a densidade da informação pré-contratual e o direito de arrependimento.

As Diretivas sobre crédito ao consumo[8] comportam inovações eficientes para o incentivo ao crédito e a proteção do devedor, através da imposição de transparência da taxa anual efetiva global e de outros elementos de informação pré-contratual, da atribuição do direito de arrependimento e da corresponsabilização do financiador pela falta de conformidade dos bens fornecidos.

A Diretiva sobre contratos de adesão e cláusulas contratuais abusivas[9] inseriu-se nos sistemas jurídicos nacionais de modo harmonioso e eficaz e, nalguns direitos nacionais, influenciou o direito dos contratos para além dos limites do direito do consumo. A débito, devem contabilizar-se as exclusões que protegem as instituições financeiras de modo desproporcionado. O regime da nulidade das cláusulas abusivas, avançado para a época (1993), parece hoje pouco ousado.

Outro êxito evidente advém da Diretiva sobre venda para consumo e garantias[10], que quase revolucionou a teoria jurídica e as práticas da responsabilidade do vendedor, através da inserção das mensagens publicitárias no conteúdo dos contratos e da presunção de desconformidade dos produtos defeituosos.

As mais recentes diretivas marcam o começo da involução no processo de proteção dos consumidores. A Diretiva sobre comércio eletrónico[11] destina-se claramente a incentivar este meio de comercialização, sem se preocupar seriamente com os riscos para os consumidores. A Diretiva sobre práticas desleais das empresas face aos consumidores[12] é tímida na proteção e adivinha-se ineficaz nas soluções. Não passa muito as tradicio-

---

[7] Diretiva 85/577/CEE, de 20.12; Decreto-Lei nº 272/87, de 03.07; Diretiva 97/7/CEE, de 20.05; Decreto-Lei nº 143/2001, de 26.04.

[8] Diretiva 87/102/CEE, de 22.12; Decreto-Lei nº 359/91, de 21.09; Diretiva 2008/48/CE, de 23.04; Decreto-Lei nº 133/2009, de 02.06.

[9] Diretiva 93/13/CEE; DL 446/85, de 25.10; Decreto-Lei nº 220/95, de 31.08.

[10] Diretiva 1999/44/CE, de 25.05; Decreto-Lei nº 67/2003, de 08.04.

[11] Diretiva 2000/31/CE, de 08.06, Decreto-Lei nº 7/2004, de 07.01.

[12] Diretiva 2005/29/CE, de 11.05; Decreto-Lei nº 57/2008, de 26.03. Cfr., antes, as diretivas sobre publicidade enganosa e comparativa Diretiva 84/450/CEE, de

nais normas de proibição da concorrência desleal estabelecidas em benefício dos concorrentes.

Retomando a previsível mudança de rumo do direito do consumo, arrisco-me a enunciar alguns prognósticos, todos consequentes da atual desnecessidade de incrementar a confiança dos consumidores, que passou a ser um risco para os orçamentos nacionais e familiares:

Os regimes de baixa proteção – responsabilidade do produtor, comércio eletrónico, práticas desleais – manter-se-ão no essencial. Não acredito que se criem novas medidas de proteção.

As diretivas e outros instrumentos de modificação da regulação europeia vão continuar na linha da uniformização ou da harmonização máxima, isto é, sem admitirem que os direitos nacionais adotem regimes mais protetores. Este regime limitativo vai provavelmente aplicar-se até em áreas em que antes vigorava a harmonização mínima, como já se viu com as diretivas de crédito ao consumo e das práticas desleais e com a diretiva de 2011 pomposamente intitulada como diretiva relativa aos direitos dos consumidores[13].

Em risco de extinção ou de enfraquecimento estão alguns institutos emblemáticos, como o direito de arrependimento, a responsabilidade do financiador pelas vicissitudes dos contratos financiados e a relevância contratual da publicidade. O elevado nível de exigência de deveres de informação pré-contratual poderá vir a estar também sob o alvo de críticas baseadas no custo para os empresários e, em consequência, degradado para o baixo nível contemplado na diretiva sobre comércio eletrónico.

Mas o neoliberalismo dominante não chegará ao ponto de retomar as bases materialmente desigualitárias do liberalismo clássico em que se fundavam a teoria e a prática dos contratos anteriores à segunda metade do século XX.

Acredito que a categoria de consumidor subsistirá como dado justificativo de especialidades relativas, por exemplo, o predomínio da forma escrita, a divulgação da taxa anual efetiva global (TAEG), a proibição de

---

10.09.84; Diretiva 2006/114/CE, de 12.12.06 (versão codificada), que passaram a aplicar-se apenas à proteção dos profissionais.

[13] Diretiva 2011/83/UE, de 25.10, que na verdade apenas reformula o regime dos contratos celebrados à distância e fora do estabelecimento.

cláusulas abusivas e a conformidade da coisa com o contrato de compra e venda.

Não há naturalmente razão para eliminar os regimes de escassa proteção, em nome dos quais se continuará a erguer a bandeira da diferenciação dos direitos dos consumidores (de modo similar ao que está sucedendo com os direitos dos trabalhadores).

Se assim for – e espero estar enganado – o direito do consumo definhará, tornando-se um tema anémico e frustrante, porque terá perdido os estímulos da inovação, da diferença e do contributo para o bem-estar. Em contrapartida, os comparatistas europeus acompanharão com interesse o progresso enraizado dos direitos dos consumidores no Brasil e talvez o seu surgimento na China e noutras novas sociedades de abundância onde se formam novas classes médias.

Como dizia, no dia 24 de janeiro passado, em Davos, Christine Lagarde, diretora do FMI, a economia global sofreu uma alteração geográfica muito relevante. Para o ano de 2013, o FMI prevê o crescimento do PIB mundial em 3,5%, enquanto o PIB da União Europeia decrescerá cerca de 0,2%. Este fenómeno, em boa parte fruto da política da Organização Mundial do Comércio, é em si mesmo positivo, porque marca o declínio da exploração do que era vítima o Terceiro Mundo, sujeito a políticas de restrição às importações e de esmagamento dos preços dos bens que produzia.

O Brasil beneficiará desta mutação. E a Europa? Haverá alternativa ao declínio determinado pelo desinteresse das políticas públicas em sustentar a espiral do consumo e do crédito ao consumo?

Alguns dirão – alguns já dizem – que é a hora de um novo direito do consumo em que os direitos se entrelaçam com os deveres dos consumidores, tendo especialmente em vista a proteção do ambiente e a promoção da poupança. Até agora tenho recusado que estes temas se harmonizem, mas os ventos dominantes podem alterar esta minha perspetiva.

Mais provável me parece que o mesmo espírito pioneiro e progressista que engendrou os direitos dos consumidores se volte agora para a reivindicação de políticas públicas e de adaptação do direito privado em domínios – a pobreza e a marginalização social – que até hoje escaparam a uma regulação jurídica coerente e empenhada. Na verdade, o direito do consumo moderno nunca cuidou da escassez e das carências mínimas do consumo. O direito e as políticas de consumo não tinham a pobreza como preocupação, antes eram impulsionados pelos interesses das classes médias, incluindo a classe média-alta. Talvez seja agora o tempo de, em vez de tratarmos de nós, beneficiários da proteção dos consumidores, passarmos a cuidar mais dos outros, os marginalizados.

Na Europa, e talvez nos Estados Unidos e no Japão, precisamente os pioneiros do direito do consumo, o decréscimo de rendimentos parece inevitável. Em tempo de vacas magras, um novo projeto económico, político e jurídico que seja motivador terá agora que se centrar na correção das desigualdades. Nesta política, os pobres não são os únicos destinatários, mas são as pessoas que mais precisam de proteção.

O direito dos pobres, que preconizo, será interdisciplinar, como é o direito do consumo, atravessando vários ramos do direito – penal, fiscal, segurança social, processo (em especial, o processo executivo e a insolvência), mas também o direito civil, em domínios como o arrendamento, o incumprimento das obrigações, as doações, associações e fundações. Tal como o direito do consumo, terá por finalidade a correção das desigualdades e, como incentivo político e pragmático, a paz social que toma o papel que, em relação ao consumo, vem sendo desempenhado pela concorrência e pela eficácia dos mercados.

Em paralelo, mas em contraste com o direito do consumo, cuja principal preocupação é a relação qualidade-preço, o direito dos pobres há de fixar-se nos problemas da escassez individual de dinheiro e do seu suprimento através de medidas compensatórias. Penso em especial na necessidade de corrigir a artificiosa construção segundo a qual o dinheiro é um bem inesgotável, não sendo a falta dele justificação para o incumprimento de obrigações pecuniárias [como agora se está vendo a propósito da impossibilidade efetiva de pagamento das dívidas contraídas para aquisição de casa para habitação].

Admito que esta minha visão cética seja frustrante, mas pode ser também motivadora para alguns. Findo o ciclo da estranha unanimidade em volta do direito do consumo, é tempo de regressar à reivindicação para salvaguarda dos direitos dos consumidores que estão ameaçados de extinção.

A Revisão Judicial dos Contratos de Consumo no Brasil[1]

OTÁVIO LUIZ RODRIGUES JÚNIOR[2]

1. Introdução

A revisão judicial dos contratos no Brasil é tema de grande interesse dogmático, o que se comprova mediante a simples observação da quan-

[1] Comunicação apresentada em Lisboa, na Faculdade de Direito da Universidade Nova de Lisboa, no dia 12.2.2013, no I Congresso Luso-brasileiro de Direito. Esta versão escrita incorpora, além das referências bibliográficas, outros elementos que não foram expostos na ocasião, dados os limites de tempo para as exposições. Parte deste texto reproduz o conteúdo do capítulo "Um 'modelo de revisão contratual por etapas' e a jurisprudência contemporânea do Superior Tribunal de Justiça", deste autor, publicado na seguinte obra coletiva: ANCONA LOPEZ, Teresa; LEMOS, Patrícia Faga Iglecias; RODRIGUES JUNIOR, Otávio Luiz. *Sociedade de risco e direito privado: desafios normativos, consumeristas e ambientais*. São Paulo: Atlas, 2013. p. 469--514. Vídeo disponível em http://justicatv.pt/index.php?p=2216

Abreviaturas: ARE – recurso extraordinário com agravo (recurso para o Supremo Tribunal Federal); Ag. – agravo de instrumento (recurso); AgRg – agravo regimental (recurso); art. – artigo; CCB – Código Civil brasileiro; CC/2002 – Código Civil de 2002 (Brasil); CDC – Código de Defesa do Consumidor (Brasil); DJ – Diário da Justiça (órgão de publicação das decisões judiciais); DJe – Diário da Justiça eletrônico; DJU – Diário da Justiça da União (órgão de publicação das decisões judiciais dos tribunais da União); ed. – edição; EDCl – embargos de declaração (recurso); MS – mandado de segurança (ação); rel. – relator; REsp – recurso especial (recurso para o Superior Tribunal de Justiça); RMS – recurso em mandado de segurança (recurso para o Superior Tribunal de Justiça); RT – Revista dos Tribunais (periódico – Brasil); STF – Supremo Tribunal Federal (Brasil); STJ – Superior Tribunal de Justiça (Brasil); t. – tomo; TJ – tribunal de justiça (em geral seguido da abreviatura da unidade federada brasileira,v.g., TJSP – Tribunal de Justiça do Estado de São Paulo); TRF – tribunal regional federal; v. – volume.

[2] Professor Doutor de Direito Civil da Faculdade de Direito da Universidade de São Paulo.

tidade de livros e artigos publicados no País sobre o tema, nos últimos dez anos.[3] A particularidade brasileira está na diferenciação de regimes

[3] A título de exemplo, citem-se diversos livros e artigos, publicados nos últimos dez anos, que utilizam "revisão judicial" como expressão genérica para compreender o problema da alteração das circunstâncias: RODRIGUES JUNIOR, Otavio Luiz. *Um "modelo de revisão contratual por etapas" e a jurisprudência contemporânea do Superior Tribunal de Justiça.* In. ANCONA LOPEZ, Teresa; LEMOS, Patrícia Faga Iglecias; RODRIGUES JUNIOR, Otavio Luiz. *Sociedade de risco e direito privado: desafios normativos, consumeristas e ambientais.* São Paulo: Atlas, 2013; LEVY, Daniel de Andrade. *A revisão contratual como condição para a incógnita da sociedade de risco.* In. ANCONA LOPEZ, Teresa; LEMOS, Patrícia Faga Iglecias; RODRIGUES JUNIOR, Otavio Luiz. *Sociedade de risco e direito privado: desafios normativos, consumeristas e ambientais.* São Paulo: Atlas, 2013; SANJAR, Marcio Alves. *Revisão contratual por onerosidade excessiva à luz das relações de consumo e do Código Civil.* In. ANCONA LOPEZ, Teresa; LEMOS, Patrícia Faga Iglecias; RODRIGUES JUNIOR, Otavio Luiz. *Sociedade de risco e direito privado: desafios normativos, consumeristas e ambientais.* São Paulo: Atlas, 2013; VIEGAS, Cláudia Mara de Almeida Rabelo. *A revisão judicial dos contratos sob a ótica do direito contemporâneo.* Curitiba: Juruá, 2012; ZANCHIM, Kleber Luiz. *Contratos empresariais: categoria: interface com contratos de consumo e paritários: revisão judicial.* São Paulo: Quartier Latin, 2012; NITSCHKE, Guilherme Carneiro Monteiro. *Revisão, resolução, reindexação, renegociação: o juiz e o desequilíbrio superveniente de contratos de duração. Revista trimestral de direito civil: RTDC,* v. 13, nº 50, p. 135-159, abr./jun. 2012; MARINELLI, Gabriel Machado. *O artigo 421 do Código Civil de 2002 como instrumento autônomo de revisão dos contratos e matriz de validade dos demais instrumentos previstos no Código Civil. Revista brasileira de direito civil, constitucional e relações de consumo,* v. 4, nº 13, p. 87-147, jan./mar. 2012; SCHMIDT NETO, André Perin. *Revisão dos contratos com base no superendividamento: do Código de defesa do consumidor ao Código Civil.* Curitiba: Juruá, 2012; SILVA, Luis Renato Ferreira da. *Revisão de contratos no Código civil: reflexões para uma sistematização das suas causas à luz da intenção comum dos contratantes.* In. LOTUFO, Renan; NANNI, Giovanni Ettore; MARTINS, Fernando Rodrigues (Coords). *Temas relevantes do direito civil contemporâneo: reflexões sobre os 10 anos do Código Civil.* São Paulo: Atlas, 2012; COSTA, José Eduardo da. *A revisão dos contratos: entre o* pacta sunt servanda *e o equilíbrio econômico.* In. LOTUFO, Renan; NANNI, Giovanni Ettore; MARTINS, Fernando Rodrigues (Coords). *Temas relevantes do direito civil contemporâneo: reflexões sobre os 10 anos do Código Civil.* São Paulo: Atlas, 2012; DIAS, Lucia Ancona Lopez de Magalhães. *Onerosidade excessiva e revisão contratual no direito privado brasileiro.* In. FERNANDES, Wanderley (Coord). *Contratos empresariais: fundamentos e princípios dos contratos empresariais.* 2ª ed. São Paulo: Saraiva: FGV, 2012; BORGES, Nelson. *Revisão das convenções nos ordenamentos jurídicos: da flexibilidade das obrigações.* Curitiba: Juruá, 2011; CORDEIRO, Carlos José; GOMES, Josiane Araújo.

jurídicos entre os contratos de consumo e os submetidos ao Código Civil, o que implica a existência de sérios problemas de qualificação jurídica das relações negociais, bem assim a necessidade de identificação da teoria prestigiada nas respectivas leis ordenadoras. Em Portugal, por efeito dos artigos 437º, 438º e 439º do Código Civil, a figura ligada a essas situações jurídico-negociais é conhecida singelamente por "*alteração das circunstân-*

Revisão judicial dos contratos como instrumento de equilíbrio econômico contratual. Revista Síntese de Direito Civil e Processual Civil, v. 12, nº 73, p. 125-138, set./out. 2011; OLIVEIRA, Roque Antonio Mesquita de; GUERRA, Alexandre Dartanhan de Mello. *A revisão judicial dos contratos bancários de concessão de crédito. Revista de Direito Bancário e do Mercado de Capitais,* v. 14, nº 52, p. 157-195, abr./jun. 2011; LEITE, Ruano Fernando da Silva. *Revisão contratual como instrumento de justiça social: uma visão crítica e emancipada do direito contemporâneo. Ciência Jurídica,* v. 24, nº 156, p. 197-220, nov./dez. 2010; ROCHA, Flávia Baldotto da; TRENTINI, Flavia. *A possibilidade de revisão judicial das obrigações: art. 317 do Código civil e o impacto da teoria da imprevisão no direito civil brasileiro. Revista Forense,* v. 106, nº 407, p. 547-557, jan./fev. 2010; JANTALIA, Fabiano. *A revisão judicial de taxas de juros em contratos bancários sob a perspectiva sinépica:* fiat justitia pereat mundus? *Revista de Direito Bancário e do Mercado de Capitais,* v. 12, nº 44, p. 46-74, abr./jun. 2009; JUNQUEIRA DE AZEVEDO, Antonio. *Relatório brasileiro sobre revisão contratual apresentado para as Jornadas Brasileiras da Associação Henri Capitant.* In. JUNQUEIRA DE AZEVEDO, Antonio. *Novos estudos e pareceres de direito privado.* São Paulo: Saraiva, 2009; CORDEIRO, Eros Belin de Moura. *Da revisão dos contratos.* Rio de Janeiro: Forense, 2009; CARUSO, Vladimir Mucury Cardoso. *Revisão contratual e lesão à luz do Código Civil de 2002 e da Constituição da República.* Rio de Janeiro: Renovar, 2008; ALVES JÚNIOR, Milton. *A revisão judicial dos contratos. Revista Magister de Direito Empresarial, Concorrencial e do Consumidor,* v. 2, nº 12, p. 48-66, dez./jan. 2006/2007; RODRIGUES JUNIOR, Otavio Luiz. *Revisão judicial dos contratos: autonomia da vontade e teoria da imprevisão.* 2ª ed. São Paulo: Atlas, 2006; KHOURI, Paulo R. Roque A. *A revisão judicial dos contratos no novo Código Civil, Código do Consumidor e Lei nº 8.666/93: A onerosidade excessiva superveniente.* São Paulo: Atlas, 2006; MACHUCA, Jacqueline. *A teoria da imprevisão e a revisão judicial dos contratos. Revista do Instituto de Pesquisas e Estudos,* nº 43, p. 315-328, mai./ago. 2005; VERAS, Ney Alves. *Revisão judicial dos contratos: o direito de ação e a intervenção do estado nas relações negociais.* São Paulo: LED, 2005; AZEVEDO, Marcelo Cândido de. *Revisão judicial dos contratos: uma abordagem funcional. Revista Nacional de Direito e Jurisprudência,* v. 5, nº 50, p. 49-62, fev. 2004; FIGUEIREDO, Alcio Manoel de Sousa. *Revisão do contrato: fundamentos da ordem civil-consumerista-constitucional para revisão e modificação dos contratos.* Curitiba: Juruá, 2004; EFING, Antônio Carlos. *Revisão contratual.* In. EFING, Antônio Carlos (Coord.). *Direito das relações contratuais.* Curitiba: Juruá, 2003.

cias". Sobre esses dispositivos, escreveu António Menezes Cordeiro: "Na sua simplicidade, esses preceitos são herdeiros de uma das mais complexas evoluções históricas que jamais informaram uma figura civil, com visíveis consequências actuais".[4]

Dá-se, por conseguinte, margem para o reconhecimento de dois importantes aspectos da questão: a) a amplitude do número de situações jurídico-negociais susceptíveis de serem "revistas judicialmente"; b) a promíscua invocação de diferentes – e muita vez incompatíveis – modelos teóricos para fundamentar (ou explicar) essa dita revisão judicial.[5]

Esse não é um privilégio brasileiro. Manuel Albaladejo, em 1989, fez um inventário sobre as justificações teóricas da alteração das circunstâncias no Direito espanhol, assim distribuídas: a) teoria da lesão superveniente; b) teoria da causa; c) cláusula *rebus sic stantibus*; d) teoria do enriquecimento sem causa; e) teoria do abuso do direito; f) teoria da boa-

---

[4] MENEZES CORDEIRO, António. *Tratado de Direito Civil português: Direito das Obrigações. Cumprimento e não cumprimento. Transmissão. Modificação e extinção. Garantias*. Coimbra: Almedina, 2010. v. 2., t. 4. p. 262.

[5] Não está correto Eros Belin de Moura Cordeiro (*Op. cit.*, p. 250) quando afirma que "(...) mais importante do que determinar a teoria adotada pela nova codificação é analisar se tais disposições atendem à realidade massificada atual". É absolutamente necessário distinguir os fundamentos que dão suporte à alteração das circunstâncias. Tal se justifica por razões de duas ordens: a) *metodológicas*: Não se pode manter o discurso puramente consequencialista, muita vez adotado no Brasil, quanto à dispensa dos critérios metodológicos em nome do pragmatismo na aplicação dos institutos e das categorias. O rigor nesse campo é fundamental em termos de *ônus argumentativo*, especialmente para o juiz, dado que a adoção de determinadas soluções deve ser *fundamentada* de maneira racional e não sob a cláusula do "*decido conforme minha consciência*" e outras tantas tão bem criticadas por Lênio Luiz Streck (*O que é isto – decido conforme minha consciência?* Porto Alegre: Livraria do Advogado, 2010. p 88), mormente quando a doutrina reproduz acriticamente o que os tribunais decidem: "É o império dos enunciados assertóricos que se sobrepõe à reflexão doutrinária"; b) *técnicas*: A escolha por um marco teórico presidiu a ação do legislador e isso implica limites objetivos ao poder interventivo do juiz. Se a teoria da imprevisão é aceita no Código Civil, não se pode simplesmente ignorar a necessidade de um "fato imprevisível" para se pretender a revisão do contrato. Sem esse elemento, ter-se-á uma revisão mais fácil, o que não é cabível no Código Civil, mas o é no Código do Consumidor.

-fé; g) caso de força maior.[6] Esse problema tende a se transferir para o plano normativo, na medida em que a Proposta de Anteprojeto de Lei de Modernização do Código Civil em Matéria de Obrigações e Contratos formulou nova redação para o art. 1.213 do Código Civil espanhol, que mistura diferentes fundamentos em um só dispositivo legal, ao exemplo da quebra da base do negócio, da onerosidade excessiva, da frustração do fim do contrato e da teoria do risco.[7]

As palavras de António Menezes Cordeiro são precisas: está-se diante de uma figura civil das mais complexas da História do Direito. Baseado em Aristide Chiotellis, o autor português ilustra esse quadro com a informação de que "em 1980, só no domínio da chamada base do negócio – e em língua alemã – estavam recenseadas 56 teorias diferentes".[8] Em trabalho reeditado em 2006, apresentou-se nada menos que doze "fundamentos teóricos" para a revisão judicial dos contratos por alteração superveniente das circunstâncias, conhecidas ou em uso no Direito brasileiro: 1) teoria da pressuposição; 2) teoria da vontade marginal; 3) teoria do erro; 4) teoria da base subjetiva do negócio; 5) teoria da base objetiva do negócio; 6) teoria do dever de esforço; 7) teoria da ruína ou da impossibilidade econômica; 8) teoria da boa-fé objetiva; 9) teoria da regra moral das obrigações; 10) teoria da equidade; 11) teoria da onerosidade excessiva; 12) teoria da imprevisão.[9]

---

[6] ALBALADEJO, Manuel. *Derecho Civil II: Derecho de Obligaciones. La obligación y el contrato en general.* 8ª ed. Bosch: Barcelona, 1989. v. 1. p. 485-486.

[7] *"Si las circunstancias que sirvieron de base al contrato hubieren cambiado de forma extraordinaria e imprevisible durante su ejecución de manera que ésta se haya hecho excesivamente onerosa para una de las partes o se haya frustrado el fin del contrato, el contratante al que, atendidas las circunstancias del caso y especialmente la distribución contractual o legal de riesgos, no le sea razonablemente exigible que permanezca sujeto al contrato, podrá pretender su revisión, y si ésta no es posible o no puede imponerse a una de las partes, podrá aquél pedir su resolución.*

La pretensión de resolución sólo podrá ser estimada cuando no quepa obtener de la propuesta o propuestas de revisión ofrecidas por cada una de las partes una solución que restaure la reciprocidad de intereses del contrato".

[8] MENEZES CORDEIRO, António. *Op. cit.* loc. cit.

[9] RODRIGUES JUNIOR, Otávio Luiz. *Revisão judicial dos contratos: autonomia da vontade e teoria da imprevisão.* 2ª ed. São Paulo: Atlas, 2006, p. 81-93. Essa relação de teorias é baseada na compilação feita anteriormente por Anísio José de Oliveira (*A teoria da imprevisão nos contratos.* 3ª ed. rev. e ampl. São Paulo: Leud, 2002).

Considerada a finalidade desta comunicação, que se limita ao exame dos problemas atuais da revisão dos contratos de consumo no Brasil, diversas questões deixarão de ser analisadas, especialmente as relativas ao Código Civil. A matéria aqui exposta dividir-se-á em três seções: a) os problemas de qualificação jurídica dos contratos de consumo; b) as teorias que fundamentam a revisão contratual no CDC e no Código Civil; c) dinâmica da revisão dos contratos de consumo.

2. Problemas de Qualificação e Contratos de Consumo

2.1. A transição de um modelo de tríplice para dúplice qualificação: os efeitos da vigência do Código Civil brasileiro de 2002

Antes da entrada em vigor do atual Código Civil brasileiro (Lei nº 10.406 de 10 de janeiro de 2002), ocorrida aos 11 de janeiro de 2003, em razão da *vacatio legis* de um ano, os contratos de Direito Privado poder-se-iam submeter a três regimes jurídicos diferentes, conforme sua qualificação. Um negócio como a compra e venda de um automóvel enquadrar-se-ia como um contrato de Direito Civil (sujeita às regras do Código Civil de 1916), de Direito do Consumo (submetida ao Código de Defesa do Consumidor – Lei nº 8.078, de 11 de setembro de 1990) e de Direito Comercial (com observância das regras do Código Comercial – Lei Imperial nº 556, de 25 de junho de 1850). Na hipótese de haver alegação de vícios redibitórios em uma compra e venda, os prazos decadenciais para a ação redibitória, conforme a qualificação do contrato, seriam de 15 (cível), 30 (consumo) ou 10 (comercial) dias. Esse simples exemplo é bastante revelador da complexidade dessas operações para um jurista, o que se dizer para os leigos.

Com a vigência do Código Civil de 2002, a parte relativa aos contratos mercantis do Código Comercial foi inteiramente revogada. Hoje, esse imponente monumento da cultura jurídica brasileira do século XIX permanece em vigor apenas no que se refere ao Direito Marítimo, embora haja em tramitação, no Congresso Nacional, um projeto de novo Código de Comércio.

O Direito Privado brasileiro contemporâneo, a despeito da inegável simplificação ocorrida desde 2002, continua a experimentar sérios problemas com a qualificação das relações jurídico-negociais a ele submetidas. Com a ordem constitucional de 1988, criou-se um novo tribunal federativo, o Superior Tribunal de Justiça – STJ, cuja função é a de uniformizar a interpretação do direito ordinário em todo o País, por um meio da impugnação dos acórdãos proferidos nos tribunais federais (atualmente em número de 5) e nos tribunais estaduais (em número de 26, mais o Tribunal de Justiça do Distrito Federal e Territórios, que tem jurisdição em Brasília – Distrito Federal), que se dá principalmente pelo chamado "recurso especial". O STJ, desde sua criação, enfrentou os problemas de qualificação dos contratos de Direito Privado. Somente em 2004 é que o STJ conseguiu pacificar sua jurisprudência sobre o tema, quando escolheu entre as duas teorias que forcejavam por prevalecer em seus acórdãos, a saber, a teoria maximalista (objetiva) e a teoria minimalista (finalista ou subjetiva).

A *teoria minimalista (finalista ou subjetiva)* foi acolhida pelo STJ, em definitivo, no julgamento, em Segunda Seção, do REsp 541.867/BA, Rel. Min. Pádua Ribeiro, Rel. p/ Acórdão o Min. Barros Monteiro, julgado aos 10/11/2004, publicado no DJ de 16/05/2005. Nesse julgamento, o STJ assentou que "[a] aquisição de bens ou a utilização de serviços, por pessoa natural ou jurídica, com o escopo de implementar ou incrementar a sua atividade negocial, não se reputa como relação de consumo e, sim, como uma atividade de consumo intermediária". No entanto, esse minimalismo não pode ser considerado puro e sim *mitigado* ou *moderado*, como se pode observar por diversas decisões do STJ, cujo exame se fará na subseção seguinte.

2.2. A qualificação dos contratos de consumo e a teoria minimalista mitigada: a necessidade (ainda) do exame casuístico

A decisão de 2004 do STJ em favor da teoria minimalista moderada foi de grande importância, dada a função de tribunal uniformizador do direito ordinário e sua interpretação no Brasil. Com o acórdão da Segunda Seção do STJ (órgão fracionário que reúne dos integrantes da Terceira e Quarta Turmas, responsáveis pelo julgamento das questões de Direito Privado), os juízos e tribunais inferiores, bem assim a doutrina e os praxistas, puderam orientar-se em uma questão central na economia dos contratos no Brasil.

No entanto, a mitigação da teoria minimalista tem sido frequente em vários arestos, quando estão presentes os consumidores profissionais e é demonstrada sua vulnerabilidade técnica, jurídica ou econômica.[10] Efetivamente, o STJ, passados quase 10 anos daquele histórico julgamento, continua vinculado à teoria minimalista moderada. No entanto, como já se expôs alhures, ainda se faz necessário o exame casuístico para se encontrar respostas relativas à qualificação dos contratos para além da simples enunciação da teoria minimalista moderada.[11]

É de se reportar que os juízos de primeiro grau conhecem das ações com pedido revisional, prolatando sentenças nas quais se analisam questões de facto e de direito, o que açambarca a validade de cláusulas contratuais e os elementos subjetivos que se exalçaram em seu cumprimento ou incumprimento. De acordo com a organização judiciária brasileira, essas sentenças são atacadas, de modo principal, por um recurso denominado de apelação, o qual devolve toda a matéria conhecida e julgada a um órgão colegiado fracionário (turma, câmara ou seção) do juízo de segundo grau (tribunal de justiça ou tribunal regional federal). É o que se chama, no Brasil, de efeito devolutivo do recurso de apelação. Essa devolução, quando a seu âmbito, é ampla, daí se referir à máxima romana *"tantum devolutum quantum appellatum"*. Os acórdãos dos tribunais locais, depois de exauridos todos os recursos contra suas decisões em seu próprio âmbito (embargos declaratórios, agravos regimentais ou embargos infringentes), podem ser submetidos ao controle do STJ, desde que comprovada a negativa de vigência ou a violação de alguma norma de direito federal ou quando o

---

[10] Um dos acórdãos reveladores do temperamento da teoria minimalista no STJ é o REsp 1010834/GO, Rel. Ministra Nancy Andrighi, Terceira Turma, julgado em 03/08/2010, DJe 13/10/2010: "2. Todavia, deve-se abrandar a teoria finalista, admitindo a aplicação das normas do CDC a determinados consumidores profissionais, desde que seja demonstrada a vulnerabilidade técnica, jurídica ou econômica. 3. Nos presentes autos, o que se verifica é o conflito entre uma empresa fabricante de máquinas e fornecedora de softwares, suprimentos, peças e acessórios para a atividade confeccionista e uma pessoa física que adquire uma máquina de bordar em prol da sua sobrevivência e de sua família, ficando evidenciada a sua vulnerabilidade econômica. 4. Nesta hipótese, está justificada a aplicação das regras de proteção ao consumidor, notadamente a nulidade da cláusula eletiva de foro".

[11] RODRIGUES JUNIOR, Otávio Luiz. *Um "modelo de revisão contratual por etapas" e a jurisprudência contemporânea do Superior Tribunal de Justiça...* item 2.2. p. 475-478.

acórdão se revelar dissonante de julgados de outros tribunais da federação sobre a mesma matéria. Trata-se de um mecanismo extremamente refinado de controle das jurisdições dos TJ's ou TRF's pelo STJ, nos termos do art. 105, inciso III, CF/1988, porquanto esse último não verifica a justiça da decisão no caso concreto, mas a tese abstraída do acórdão recorrido e se essa é incoerente com a interpretação prevalecente do direito ordinário na federação. Com isso, um artigo do Código Civil que haja sido interpretado no Estado do Amazonas por seu tribunal não poderá ser diferentemente interpretado pelo TJ do Estado de São Paulo.

O STJ, nesse aspecto, converte-se no último nível da jurisdição brasileira para a revisão dos critérios de qualificação jurídica dos contratos utilizados pelos TJ's ou TRF's. A jurisprudência do STF, que atua como corte constitucional e, residualmente, como instância de controle de violações à Constituição nos acórdãos dos TJ's, dos TRF's ou do STJ, tem sido uniforme em não reexaminar as escolhas, quanto à natureza ou à qualificação dos contratos de consumo, pelos tribunais locais ou pelo STJ.[12]

Estabelecidas essas questões de natureza processual, que interessam ao conhecimento das particularidades do sistema brasileiro e também para realçar a posição de centralidade do STJ no problema da qualificação dos negócios jurídicos de consumo, interessa agora expor uma tentativa de sistematização da casuística do STJ sobre o tema posto em causa.[13]

---

[12] "AGRAVO REGIMENTAL NO RECURSO EXTRAORDINÁRIO COM AGRAVO. PROCESSUAL CIVIL. COMPETÊNCIA. PLANO DE ASSISTÊNCIA À SAÚDE. ENTIDADE EMPREGADORA. RECONHECIMENTO DE RELAÇÃO DE CONSUMO. CÓDIGO DE DEFESA DO CONSUMIDOR. MATÉRIA INFRACONSTITUCIONAL. OFENSA REFLEXA. REEXAME DO CONJUNTO FÁTICO-PROBATÓRIO DOS AUTOS E ANÁLISE DE CLÁUSULAS CONTRATUAIS. SÚMULAS 279 E 454 DO STF. AGRAVO IMPROVIDO. I – É inadmissível o recurso extraordinário quando sua análise implica rever a interpretação de norma infraconstitucional que fundamenta a decisão *a quo*. A afronta à Constituição, se ocorrente, seria indireta. Precedentes. II – Inviável em recurso extraordinário o reexame do conjunto fático-probatório constante dos autos e de cláusulas contratuais. Incidência das Súmulas 279 e 454 do STF. Precedentes. III – Agravo regimental improvido" (STF. ARE 719425 AgR, Relator Ministro Ricardo Lewandowski, Segunda Turma, julgado em 07/05/2013, DJe-95 21-05-2013).

[13] Originalmente publicada em RODRIGUES JUNIOR, Otavio Luiz. *Um "modelo de revisão contratual por etapas" e a jurisprudência contemporânea do Superior Tribunal de*

A jurisprudência do STJ permite identificar um conjunto de pré--exclusões (Grupo 1), ora do Direito Civil (Grupo 1.1.), ora do Direito do Consumidor (Grupo 1.2), como se pode observar adiante:

Subgrupo 1.1. *Relações jurídico-negociais pré-excluídas do Direito Civil e sujeitas ao CDC:* a) contratos vinculados aos serviços de saúde privada,[14] independentemente da natureza jurídica da prestadora ou de sua finalidade econômica, dado que a avença se caracteriza pela cobertura de serviços médico-hospitalares[15]; b) contratos entre instituições financeiras e seus usuários[16] (inclusive pessoas jurídicas)[17], o que compreende também a gestão dos fundos de investimento e a necessária observância do dever de informação dos aplicadores[18] (vide exceções no *Grupo 2*); c) contrato de fornecimento de energia elétrica[19]; d) contrato de transporte aéreo de passageiros, afastando-se as regras de convenções internacionais, quando conflitarem com as normas do CDC[20]; e) contrato de administração imobiliária, que se caracteriza como uma relação autônoma entre o locador e "uma terceira pessoa física ou jurídica", que pode assumir funções como o mero "cumprimento de uma agenda de pagamentos (taxas, impostos e emolumentos) ou apenas à conservação do bem", mas ainda "à sua manutenção e até mesmo, em casos extremos, ao simples exercício da posse, presente uma eventual impossibilidade do próprio dono, tudo a evidenciar a sua destinação final econômica em relação ao contratante".[21]

Justiça... item 2.2., p. 475-478, e aqui atualizada, embora com a conservação literal de diversas partes do texto.

[14] Súmula STJ nº 469, DJe 6-12-2010.

[15] STJ, AgRg no Ag 1317109/RJ, Rel. Ministro Luis Felipe Salomão, Quarta Turma, julgado em 25/10/2011, DJe 04/11/2011)

[16] Súmula STJ nº 297, DJ 09/09/2004.

[17] STJ.REsp 1007692/RS, Rel. Ministra Nancy Andrighi, Terceira Turma, julgado em 17/08/2010, DJe 14/10/2010.

[18] STJ, REsp 1164235/RJ, Rel. Ministra Nancy Andrighi, Terceira Turma, julgado em 15/12/2011, DJe 29/02/2012.

[19] STJ, AgRg no Ag 1362438/RS, Rel. Ministro Luis Felipe Salomão, Quarta Turma, julgado em 17/11/2011, DJe 25/11/2011.

[20] STJ, AgRg no Ag 1410672/RJ, Rel. Ministro Sidnei Beneti, Terceira Turma, julgado em 09/08/2011, DJe 24/08/2011.

[21] STJ. Resp 509.304/PR, Rel. Ministro Ricardo Villas Bôas Cueva, Terceira Turma, julgado em 16/05/2013, DJe 23/05/2013.

Subgrupo 1.2. *Relações jurídico-negociais pré-excluídas do Direito do Consumidor e necessariamente submetidas ao Direito comum [especialmente o Direito Civil, mas excepcionalmente ao Direito Administrativo ou ao Direito Tributário]:* a) serviços jurídicos prestados por sindicato aos sindicalizados, embora a relação entre esses deva ser examinada conforme a natureza do serviço oferecido;[22] b) contratos de crédito educativo, que se destinem a subsidiar a educação superior em instituições privadas[23]; c) "contratos em que as partes ajustaram a construção conjunta de um edifício de apartamentos, a cada qual destinadas (*sic*) respectivas unidades autônomas, não se caracteriza, na espécie, relação de consumo, regendo-se os direitos e obrigações pela Lei n.4.591/64"[24]; d) relações de sancionamento fiscal, porque as multas tributárias sujeitam-se às normas de Direito Público,[25] tendo em consideração que "[a] obrigação tributária não constitui relação de consumo, de forma que inaplicável o art. 52, § 1º, do CDC";[26] e) relações condominiais ("não é relação de consumo a que se estabelece entre os condôminos e o Condomínio, referente às despesas para manutenção e conservação do prédio e dos seus serviços")[27]; f) relações locatícias prediais urbanas, equivalentes, em Portugal, aos arrendamentos urbanos, ("[a] Lei nº 8.078/90 – Cód. de Defesa do Consumidor – não se aplica às locações de imóveis urbanos, regidas pela Lei nº 8.245/91"[28]; g) relações entre o advogado e seu cliente.[29]

---

[22] STJ, REsp 1150711/MG, Rel. Ministro Luis Felipe Salomão, Quarta Turma, julgado em 06/12/2011, DJe 15/03/2012.

[23] STJ, REsp 1250238/RS, Rel. Ministro Castro Meira, Segunda Turma, julgado em 08/11/2011, DJe 22/11/2011.

[24] STJ, AgRg no Ag 1307222/SP, Rel. Ministra Nancy Andrighi, Terceira Turma, julgado em 04/08/2011, DJe 12/08/2011.

[25] STJ. REsp 963.528/PR, Rel. Ministro Luiz Fux, Corte Especial, julgado em 02/12/2009, DJe 04/02/2010.

[26] STJ. REsp 897.088/SP, Rel. Ministra Eliana Calmon, Segunda Turma, julgado em 04/09/2008, DJe 08/10/2008.

[27] STJ. REsp 441.873/DF, Rel. Ministro Castro Filho, Terceira Turma, julgado em 19/09/2006, DJ 23/10/2006, p. 295.

[28] STJ. AgRg no Ag 590.802/RS, Rel. Ministro Nilson Naves, Sexta Turma, julgado em 30/05/2006, DJ 14/08/2006, p. 340,

[29] "As prerrogativas e obrigações impostas aos advogados – como, v. g., a necessidade de manter sua independência em qualquer circunstância e a vedação à captação de causas ou à utilização de agenciador (arts. 31/ § 1º e 34/III e IV, da Lei nº 8.906/94) – evidenciam natureza incompatível com a atividade de consumo"

I CONGRESSO LUSO-BRASILEIRO DE DIREITO

É ainda possível organizar os casos em um segundo grupo (dito Grupo 2), no qual se encontram exceções às regras do *Grupo 1* ou hipóteses que não obedecem a padrões rígidos do minimalismo.

Vejam-se as espécies contidas no *Grupo 2*: a) por efeito da aplicabilidade do Código de Defesa do Consumidor, a seguradora não se pode recusar a renovar contrato de seguro de vida e nem pode alterar abruptamente as condições desses contratos, quando celebrados e mantidos há anos, época na qual o segurado ainda era jovem[30]; b) nas operações de mútuo bancário para obtenção de capital de giro, "não são aplicáveis as disposições da legislação consumerista, uma vez que não se trata de relação de consumo, pois não se vislumbra na pessoa da empresa tomadora do empréstimo a figura do consumidor final".[31] Em idêntico sentido, não tem natureza de consumo a relação obrigacional inerente à "taxa de desconto", cobrada em operações de antecipação de pagamento dos valores das transações realizadas com cartões de crédito[32]; c) não há relação do consumo na aquisição de bens ou na utilização de serviços por pessoa natural ou jurídica, com o fim de "implementar ou incrementar atividade negocial"[33]; d) o usuário de serviços odontológicos, que realiza tratamento bucal em clínica especializada, é hipossuficiente técnico e deve ser protegido pelas normas do CDC[34]; e) nos contratos de participação financeira, o vínculo societário não pode encobrir a relação de consumo, o que torna possível a incidência do CDC[35]; f) o "consumidor intermediário" poderá ser beneficiado com a aplicação do CDC, se existente a vulnera-

(REsp 532377/RJ, Rel. Ministro Cesar Asfor Rocha, Quarta Turma, julgado em 21/08/2003, DJ 13/10/2003, p. 373).

[30] STJ, AgRg no REsp 1248457/MG, Rel. Ministro Sidnei Beneti, Terceira Turma, julgado em 15/09/2011, DJe 04/10/2011.

[31] STJ, AgRg no REsp 956.201/SP, Rel. Ministro Luis Felipe Salomão, Quarta Turma, julgado em 18/08/2011, DJe 24/08/2011.

[32] STJ. REsp 910.799/RS, Rel. Ministro Sidnei Beneti, Terceira Turma, julgado em 24/08/2010, DJe 12/11/2010)

[33] STJ, AgRg no REsp 1049012/MG, Rel. Min. João Otávio de Noronha, Quarta Turma, DJe 08/06/2010.

[34] STJ, REsp 1178105/SP, Rel. Ministro Massami Uyeda, Rel. p/ Acórdão Ministra Nancy Andrighi, Terceira Turma, julgado em 07/04/2011, DJe 25/04/2011.

[35] STJ, AgRg no Ag 1336287/CE, Rel. Ministro Massami Uyeda, Terceira Turma, julgado em 22/03/2011, DJe 04/04/2011.

bilidade técnica, jurídica ou econômica em relação ao fornecedor.[36]Não é esse o caso de uma empresa que adquire o maquinário para ser usado em sua atividade de consumo intermediário, o que não permite a invocação das normas de Direito do Consumidor[37]; g) se os produtos ou serviços são utilizados na cadeia produtiva e não há desproporção manifesta "entre o porte econômico das partes contratantes, o adquirente não pode ser considerado consumidor e não se aplica o CDC, devendo eventuais conflitos serem resolvidos com outras regras do Direito das Obrigações"[38]; h) a distribuidora de combustíveis, que não mantém relação de consumo com o adquirente final, "mas excerce atividade-meio com as respectivas revendedoras", não se sujeita às regras do CDC[39]; i) a circunstância de uma pessoa "empregar em sua atividade econômica os produtos que adquire não implica, por si só, desconsiderá-la como destinatária final e, por isso, consumidora", no entanto, é necessário "considerar a excepcionalidade da aplicação das medidas protetivas do CDC em favor de quem utiliza o produto ou serviço em sua atividade comercial. Em regra, a aquisição de bens ou a utilização de serviços para implementar ou incrementar a atividade negocial descaracteriza a relação como de consumo"[40]; j) "[o] grande produtor rural é um empresário rural e, quando adquire sementes, insumos ou defensivos agrícolas para o implemento de sua atividade produtiva, não o faz como destinatário final," ao contrário das situações típicas de agricultura de subsistência, nas quais a vulnerabilidade é notória[41]; k) a existência de contrato administrativo afasta o regime das relações de consumo, o que só ocorrerá em casos excepcionais, "em que a Administração

[36] STJ, AgRg no Ag 1316667/RO, Rel. Ministro Vasco Della Giustina (Desembargador Convocado do TJ/RS), Terceira Turma, julgado em 15/02/2011, DJe 11/03/2011.

[37] STJ. REsp 863.895/PR, Rel. Ministro Aldir Passarinho Junior, Quarta Turma, julgado em 16/11/2010, DJe 01/12/2010.

[38] STJ, REsp 836.823/PR, Rel. Min. Sidnei Beneti, Terceira Turma, DJ de 23.08.2010.

[39] STJ, RESP 938.403/CE, Rel. Ministro Humberto Martins, Segunda Turma, julgado em 04/11/2010, DJE 17/11/2010.

[40] STJ. REsp 1038645/RS, Rel. Ministro Sidnei Beneti, Terceira Turma, julgado em 19/10/2010, DJe 24/11/2010.

[41] STJ. REsp 914.384/MT, Rel. Ministro Massami Uyeda, Terceira Turma, julgado em 02/09/2010, DJe 01/10/2010.

assume posição de vulnerabilidade técnica, científica, fática ou econômica perante o fornecedor"[42]; l) "[n]ão há relação de consumo nos moldes do artigo 29 do CDC quando o contratante não traduz a condição de potencial consumidor nem de parte aderente, firmando negócio jurídico produzido por acordo de vontades, na forma de contrato-tipo".[43]

2.3. Razões históricas dos problemas de qualificação e de um código de consumo autônomo: mitos sobre um "renascimento" do Direito Privado no Brasil

Todas essas dificuldades do sistema brasileiro de Direito Privado, no que se refere à qualificação dos contratos de consumo, encontram explicação em causas históricas e na opção do legislador pela codificação autônoma das normas de Direito do Consumidor.

A ideia de uma "codificação das relações de consumo" no Brasil é tributária do processo de redemocratização, cujo início se deu em 1985, com a eleição indireta de Tancredo Neves e de José Sarney para a Presidência e a Vice-presidência da República. Antes de sua vitória nas urnas do colégio eleitoral (um corpo de parlamentares a quem a então vigente Constituição de 1967/1969 cometia a escolha dos presidentes), Tancredo Neves, em discurso proferido na Comissão de Defesa da Câmara dos Deputados, em 21.11.1984, em plena campanha, declarou que não desejava prevalecessem no Brasil "as teses que reduziam a defesa do consumidor a uma mera função fiscalizadora, fonte de mal entendidos e desconfianças entre as forças da produção e do consumo".[44]

Um dos primeiros atos do governo da chamada Nova República, relativamente ao tema, foi baixar o Decreto nº 91.469, de 24.7.1985, que criou o Conselho Nacional de Defesa do Consumidor. Uma das atribuições desse plexo era "propor o aperfeiçoamento, a compilação ou a revogação de

---

[42] STJ. RMS 31.073/TO, Rel. Ministra Eliana Calmon, Segunda Turma, julgado em 26/08/2010, DJe 08/09/2010.

[43] STJ. REsp 655.436/MT, Rel. Ministro João Otávio de Noronha, Quarta Turma, julgado em 08/04/2008, DJe 28/04/2008.

[44] Conforme citado por: AMARAL, Luiz Otávio de Oliveira. *História e fundamentos do Direito do Consumidor. Revista dos Tribunais*, v. 648, p. 31, out./1989.

textos normativos relativos às relações de consumo" (art. 2º, inciso VIII). A Constituição de 1988, em seu art. 5º, inciso XXXII, afirmou que caberia ao Estado promover a "defesa do consumidor", na forma da lei. O art. 48 do Ato das Disposições Constitucionais Transitórias determinou expressamente que: "O Congresso Nacional, dentro de cento e vinte dias da promulgação da Constituição, elaborará código de defesa do consumidor".

É nítida a opção histórica do Brasil por um código autônomo para as relações de consumo, diferentemente do que se deu na Alemanha, com a *Schuldrechtsmodernisierungsgesetz*, em vigor desde 2002, ou na Polônia, que incorporou ao Código Civil o conceito de consumidor (art. 22, acrescido). Um dos efeitos colaterais de tantos problemas de qualificação está na dualidade de códigos. É de se supor que, se fosse alterado o Código Civil de 1916, para nele se incluírem regras específicas para as relações de consumo, essas questões restariam atenuadas. No entanto, é impossível desconhecer que a via brasileira, para além de ser um imperativo constitucional, teve efeitos simbólicos e pedagógicos. O CDC é uma lei que goza de invulgar prestígio social e conseguiu desenvolver em torno de si um sentimento popular extremamente favorável.

Outro ponto que precisa ser observado é que as disputas entre minimalistas e maximalistas devem ser contextualizadas com a incapacidade de o Código Civil de 1916 tutelar as relações de consumo ou, para ser mais exato, as relações não paritéticas. A *consumerização* – para se valer de um neologismo criticável – dos contratos atendia a um propósito ideológico de conferir maior proteção aos vulneráveis. Não é de se estranhar que o ápice dos conflitos de qualificação tenha-se dado na década de 1990, quando conviveram o CDC e o Código de 1916. É igualmente compreensível que a divisão de águas na jurisprudência do STJ tenha ocorrido em 2004, portanto, dois anos após a entrada em vigor do CC/2002, diploma que positivou cláusulas gerais, conceitos indeterminados e princípios como a função social, a boa-fé objetiva e os bons costumes.

Quanto a esse último ponto, deve-se evitar algumas confusões que se mostram infelizmente corriqueiras na doutrina nacional. A boa-fé objetiva não é uma "criação" do codificador de 2002. No Direito brasileiro, tem-se regra expressa sobre o que os alemães denominam de *Treu und Glaben* desde 1850, bem antes do BGB positivá-la em seu famoso § 242. Trata-se do art.131 do Código Comercial, cuja redação é uma prova eloquente do refinamento da cultura jurídica do Império do Brasil:

"Art. 131 – Sendo necessário interpretar as cláusulas do contrato, a interpretação, além das regras sobreditas, será regulada sobre as seguintes bases:

1 – *a inteligência simples e adequada, que for mais conforme à boa fé, e ao verdadeiro espírito e natureza do contrato, deverá sempre prevalecer à rigorosa e restrita significação das palavras;*

2 – as cláusulas duvidosas serão entendidas pelas que o não forem, e que as partes tiverem admitido; e as antecedentes e subsequentes, que estiverem em harmonia, explicarão as ambíguas;

3 – o fato dos contraentes posterior ao contrato, que tiver relação com o objeto principal, será a melhor explicação da vontade que as partes tiverem no ato da celebração do mesmo contrato;

4 – o uso e prática geralmente observada no comércio nos casos da mesma natureza, e especialmente o costume do lugar onde o contrato deva ter execução, prevalecerá a qualquer inteligência em contrário que se pretenda dar às palavras;

5 – nos casos duvidosos, que não possam resolver-se segundo as bases estabelecidas, decidir-se-á em favor do devedor".

Antes de 2002, a jurisprudência também já prestigiava a boa-fé objetiva em diversos julgados, especialmente do STJ, graças ao ministro Ruy Rosado de Aguiar Júnior, que fora discípulo de Clóvis Veríssimo do Couto e Silva, professor da Faculdade de Direito da Universidade Federal do Rio Grande do Sul, grande impulsionador do diálogo da civilística brasileira com as dogmáticas alemã e francesa da segunda metade do século XX.[45] Na dogmática, o desenvolvimento desses princípios e cláusulas gerais também se encontrava bastante avançado. Na verdade, consi-

[45] Vejam-se alguns exemplos: "Estabelecimento bancário que põe à disposição dos seus clientes uma área para estacionamento dos veículos assume o dever, derivado do principio da boa-fé objetiva, de proteger os bens e a pessoa do usuário. O vínculo tem sua fonte na relação contratual de fato assim estabelecida, que serve de fundamento à responsabilidade civil pelo dano decorrente do descumprimento do dever" (STJ. AgRg no Ag 47.901/SP, Rel. Ministro Ruy Rosado de Aguiar, Quarta Turma, julgado em 12/09/1994, DJ 31/10/1994, p. 29505); "Nas circunstancias do negócio, o credor tinha o dever, decorrente da boa-fé objetiva, de adotar medidas oportunas para, protegendo seu crédito, impedir a alienação dos apartamentos a terceiros adquirentes de boa-fé" (STJ. REsp 32.890/SP, Rel. Ministro Ruy Rosado de Aguiar, Quarta Turma, julgado em 14/11/1994, DJ 12/12/1994, p. 34350). Em outros acórdãos da década de 1990, deu-se aplicação a figuras da parcelares da boa-fé objetiva como o *venire contra factum proprium* (*v.g.*,

derava-se insuficiente e desatualizado o projeto de Código Civil, que viria a ser aprovado no inicio do século XXI, quanto à boa-fé objetiva, ao estilo da crítica de Antonio Junqueira de Azevedo, que até hoje é uma referência no Direito Privado do País.[46]

A "função social", que se costuma apresentar como uma grande novidade pós-Código de 2002, é resultante da Constituição de 1967/1969, baixada em plena ditadura militar no Brasil.[47] Sua construção dogmática esteve ligada, especialmente nos anos 1980, ao problema fundiário. Com o Código de 2002, no entanto, houve sua consagração expressa no art. 421 ("A liberdade de contratar será exercida em razão e nos limites da função social do contrato"), que parece excessivo ao vincular o exercício da liberdade contratual (*rectius*) não somente aos *limites,* mas à *função social* como sua *causa*. Como se fosse possível exigir que todos contratem *para* realizar uma função social.

A despeito das aproximações de caráter principiológico entre o CDC e o CCB, remanescem pontos sensíveis de diferenciação dos regimes contratuais a eles submetidos, o que se nota com maior nitidez no problema de sua revisão e nas teorias que lhes servem de fundamento. É disso que se cuidará na seção seguinte.

STJ. REsp 95.539/SP, Rel. Ministro Ruy Rosado de Aguiar, Quarta Turma, julgado em 03/09/1996, DJ 14/10/1996, p. 39015).

[46] JUNQUEIRA DE AZEVEDO, Antônio. *Insuficiências, deficiências e desatualização do projeto de Código Civil na questão da boa-fé objetiva nos contratos. Revista dos Tribunais,* São Paulo, v. 89, nº 775, p. 11-17, maio 2000.

[47] "A maior parte dos constitucionalistas não atribuem às constituições do período militar a primazia na introdução do conceito jurídico de 'função social da propriedade'. Essa é uma perspetiva que merece reservas. Na verdade, a inserção da 'função social da propriedade' no ordenamento jurídico brasileiro é resultado de uma lenta evolução, iniciada formalmente em 1934 e concluída em 1967/1969. A Constituição de 1988, nesse sentido, valeu-se da contribuição teórica e legislativa do século XX, que, ao exemplo do que já demonstrado, não foi alheia ao Direito Civil" (RODRIGUES JUNIOR, Otavio Luiz, *Propriedade, função social e Constituição. Exame crítico de um caso de constitucionalização do Direito Civil. Revista da Faculdade de Direito da Universidade de Lisboa,* v. 51, p. 207-236, 2010).

3. Teorias Utilizadas para a Revisão Contratual no CC/2002 e no CDC na Jurisprudência do STJ

3.1. Teorias da imprevisão e da onerosidade excessiva: fundamentos da revisão contratual no CC/2002[48]

A *alteração das circunstâncias* no Código Civil tem como núcleo os arts. 478[49], 479[50] e 480[51], os quais deixam evidente a utilização simultânea de duas construções teoréticas: a *teoria da imprevisão* e a *teoria da onerosidade excessiva*, o que implica diversos efeitos práticos, sendo o principal deles o controle da intervenção judicial nos negócios privados, na medida em que o elemento da *imprevisão* serve para excluir diversas hipóteses de fato.

O codificador civil usou da *onerosidade excessiva* para qualificar o desequilíbrio entre as prestações, que seria o elemento visível, em termos econômico-financeiros, da alteração das circunstâncias. Mas, aditou-lhe a qualificação da *imprevisibilidade* do fato extraordinário e superveniente, de molde a que o juiz consultasse o sentido da imprevisão, historicamente construído com base na pré-exclusão de fenômenos macroeconômicos que atingiram o Brasil em diversas ocasiões históricas. Como já demonstrado alhures, não se consideram imprevisíveis, nos termos da jurisprudência, a *mudança de padrão monetário (RT634/83)*; a *inflação (RT388/134; RT655/151; RT659/141; RT 654/157; RT 643/87)*; a *recessão econômica (RT 707/102; RT 697/125)*; *os planos econômicos (RT 788/271)*; o *aumento do déficit público*; a *majoração* ou a *minoração de alíquotas*; a *variação de taxas cam-*

---

[48] Esta subseção reproduz, em diversos trechos, partes literais do capítulo publicado em: RODRIGUES JUNIOR, Otávio Luiz. Um *"modelo de revisão contratual por etapas" e a jurisprudência contemporânea do Superior Tribunal de Justiça...* p. 495-496.

[49] "Art. 478. Nos contratos de execução continuada ou diferida, se a prestação de uma das partes se tornar excessivamente onerosa, com extrema vantagem para a outra, em virtude de acontecimentos extraordinários e imprevisíveis, poderá o devedor pedir a resolução do contrato. Os efeitos da sentença que a decretar retroagirão à data da citação".

[50] "Art. 479. A resolução poderá ser evitada, oferecendo-se o réu a modificar equitativamente as condições do contrato".

[51] "Art. 480. Se no contrato as obrigações couberem a apenas uma das partes, poderá ela pleitear que a sua prestação seja reduzida, ou alterado o modo de executá-la, a fim de evitar a onerosidade excessiva".

biais e a *desvalorização monetária.*[52] No STJ, em acórdão mais antigo, já se afirmou que "[a] escalada inflacionária não é um fator imprevisível, tanto mais quando avençada pelas partes a incidência de correção monetária".[53]

O Brasil, nomeadamente após a proclamação da República em 1889, de facto, experimentou variegadas crises econômicas, além de alterações do padrão monetário. Em 1942, o cruzeiro substituiu o réis. No período de 1967-1970, cunhou-se o cruzeiro novo. A partir de 1970, voltou--se ao cruzeiro, que perdurou até 1986, ano da adoção do cruzado. Em 1989, introduziu-se o cruzado novo. No ano seguinte, voltou-se ao cruzeiro, que se manteve até 1993, quando se adotou o cruzeiro real. Desde 1994, a moeda brasileira é o real. Essa enunciação é representativa de dois fenômenos bem conhecidos dos nacionais: a inflação (que chegou a níveis quase hiperinflacionários nos anos 1980-1990) e os "planos econômicos", como ficaram conhecidas as ações governamentais de intervenção macroeconômica, que interferiram no câmbio, na taxa de juros, nos fundos de investimento e, como ocorreu em 1989, que chegaram ao ponto de se confiscar os depósitos bancários de todos os brasileiros. Diante desse quadro de instabilidade econômica permanente, é compreensível que os tribunais prestigiassem a tese da previsibilidade dessas crises. É de se dizer que, mesmo antes do Código de 2002, os tribunais já aplicavam a teoria da imprevisão desde a primeira metade do século XX no País.

João Guimarães Rosa, um dos maiores escritores brasileiros do último século, em seu livro *Grande Sertão: Veredas*, pela boca de suas personagens, disse que "viver é um negócio muito perigoso".[54] Parece que, ao menos para os tribunais, contratar no Brasil era um negócio perigosíssimo...

Considerando-se as opções legislativas de 2002, é inadequado o recurso à cláusula *rebus sic stantibus*, à alteração da base do negócio ou à pressuposição como fundamento para se resolver problemas ligados à alteração das circunstâncias, ao menos se for invocar os arts. 478-480 do Código Civil. Só se pode admitir essa utilização sob o signo da retórica ou

---

[52] RODRIGUES JUNIOR, Otávio Luiz. *Revisão judicial dos contratos...* p. 134 e ss.

[53] STJ. REsp 87226/DF, Rel. Min. Costa Leite, Terceira Turma, julgado em 21/05/1996, DJ 05/08/1996, p. 26352.

[54] ROSA, João Guimarães. *Grande sertão: veredas.* Rio de Janeiro: Nova Aguillar, 1994. v.2. p. 7.

de uma sinonímia excessivamente generosa. Em ambos os casos, ter-se-
-ia de arcar com o custo da perda de rigor terminológico e da confusão
quanto aos pressupostos inerentes a cada teoria. Dito de outro modo, se
o acórdão de um tribunal brasileiro justifica a revisão do contrato com a
cláusula *rebus sic stantibus*, que tem por efeito liberar a parte do cumprimento prestacional, por meio do alargamento fictício das hipóteses de
resolução não culposa, ele não poderia falar em eventos imprevisíveis.[55]

Com a retirada da imprevisão, derruem-se os limites estabelecidos no
art. 478 do Código Civil, que, como exposto, têm sua *ratio essendi* na con-
tenção do poder interventivo do juiz. Não se cuida de mera filigrana, mas de
compromisso com a vontade expressa do legislador em modelar a alteração
das circunstâncias para as relações paritéticas. Da mesma maneira, em se
tratando de um contrato administrativo, não é admissível que se chame de
"repactuação" o que seria um caso de "reajuste" ou de "imprevisão".

Outra fórmula bastante usada é a da "onerosidade excessiva superveniente", em contraponto à onerosidade excessiva contemporânea ao
contrato. Essa terminologia só se justifica no CDC, que adota o marco
da onerosidade excessiva quando do nascimento do contrato ou quando
da apreciação de eventos posteriores a sua conclusão, conforme se lê de
seu art. 6º, inciso V, que descreve como direito básico do consumidor
"a modificação das cláusulas contratuais que estabeleçam prestações
desproporcionais ou sua revisão em razão de fatos supervenientes que as
tornem excessivamente onerosas".

---

[55] Na doutrina ainda há alguns autores que identificam de modo absoluto a cláusula *rebus sic stantibus* com manifestações teóricas contemporâneas, ao exemplo da
imprevisão ou da onerosidade excessiva: MORAES, Renato José de. *Cláusula* rebus sic
stantibus. São Paulo: Saraiva, 2001. *passim.* Veja-se a crítica de Antonio Junqueira de
Azevedo (Relatório brasileiro sobre revisão contratual apresentado para as Jornadas
Brasileiras da Associação Henri Capitant. In. JUNQUEIRA DE AZEVEDO, Antônio. *Novos
estudos e pareceres de direito privado.* São Paulo: Saraiva, 2009. p. 189): "Pode-se dizer que,
no direito brasileiro, perdurou sempre, nesta matéria, desde a Independência (1822)
até meados do século passado, a teoria da cláusula *rebus sic stantibus.* Essa expressão
é ainda utilizada como verbete, nos repertórios de jurisprudência, para encontrar
decisões sobre revisão contratual. Todavia, como se sabe, a teoria da cláusula *rebus sic
stantibus* não é intelectualmente satisfatória, porque, supondo a existência de *cláusula,*
exigiria que ela proviesse da vontade das partes e, no entanto, seu significado é justamente o de aplicação nos casos não-previstos pelas partes; há *contradictio in terminis*".

A "onerosidade excessiva superveniente", no Direito Civil brasileiro, só pode ser compreendida se lhe for associada à *imprevisão*, como faz muito adequadamente Paulo R. Roque A. Khouri.[56] Sem ela, os regimes do Código Civil e do Código do Consumidor se equipararão, ao menos na alteração das circunstâncias, o que é contrário à escolha legislativa.[57]

3.2. Teoria da onerosidade excessiva: fundamento para a revisão contratual no CDC[58]

O codificador civil, como exposto na subseção anterior, foi bem mais restritivo à intervenção judicial nos contratos. Em relação ao Direito do Consumidor, ver-se-á que a opção foi mais aberta, daí a tentativa, ainda hoje persistente, de se requalificar diversos negócios jurídicos para esse direito especial.

A estrutura das invalidades no CDC é bem menos esquemática que sua equivalente no Direito Civil. O magistrado terá a seu dispor várias técnicas para declarar inexistentes, nulas, anuláveis ou ineficazes as cláusulas

---

[56] "Para além do requisito comum da onerosidade excessiva, o regime geral, em todos os seus dispositivos, que aqui serão tratados, com exceção do Código de Defesa do Consumidor, vão exigir ainda a presença de um fato superveniente extraordinário e imprevisível" (KHOURI, Paulo R. Roque A. *Op. cit.* p. 28).

[57] Nesse sentido: "O regime geral do Código Civil é intencionalmente mais exigente que o do Código do Consumidor. Este basta-se com aqueles fatores porque pressupõe um outro: a fraqueza relativa do consumidor perante o fornecedor. Por isso permite a revisão do contrato logo que a prestação se torne excessivamente onerosa" (ASCENSÃO, José de Oliveira. *Alteração das circunstâncias e justiça contratual no novo Código Civil. Revista Trimestral de Direito Civil: RTDC*, v. 7, nº 25, p. 93-118, jan./mar. 2006. p. 101). Idem: OLIVEIRA, James Eduardo C. M. *Código Civil anotado e comentado: doutrina e jurisprudência.* 2ª ed. Rio de Janeiro: Forense, 2010. p. 497; DIAS, Lucia Ancona Lopez de Magalhães. *Onerosidade excessiva e revisão contratual no direito brasileiro.* FERNANDES, Wanderley (Coord.) *Contratos empresariais: fundamentos e princípios dos contratos empresariais.* São Paulo: Saraiva: FGV, 2007. p. 348-350. Contrariamente: BRITO, Rodrigo Toscano de. *Onerosidade excessiva e a dispensável demonstração de fato imprevisível para a revisão ou resolução dos contratos.* BARROSO, Lucas Abreu (Org). *Introdução crítica ao Código Civil.* Rio de Janeiro: Forense, 2006. p. 119 e ss.

[58] Esta subseção reproduz, em diversos trechos, partes literais do capítulo publicado em: RODRIGUES JUNIOR, Otávio Luiz. *Um "modelo de revisão contratual por etapas" e a jurisprudência contemporânea do Superior Tribunal de Justiça...*, p. 499-500 e p.479-483.

do contrato de consumo, como se observa do *caput* do art. 51 do CDC, que declara "nulas de pleno direito" diversas provisões negociais, conquanto debaixo dessa rubrica estejam não somente nulidades, mas outras situações que se enquadrariam no plano da existência ou no plano da eficácia.

Ocorre que a identificação das situações típicas da alteração das circunstâncias é facilitada por haver o legislador optado pela *teoria da onerosidade excessiva*, o que é bem notável em variegados dispositivos do CDC (art. 6º, inciso V; art. 39, inciso V; art. 51, parágrafo primeiro, inciso III e art. 51, parágrafo segundo).[59] A lei assegura que são "direitos básicos do

---

[59] JUNQUEIRA DE AZEVEDO, António. *Relatório brasileiro...* p. 185. Em idêntica posição: "Note-se que, no âmbito do Código de Defesa do Consumidor, os pressupostos para a revisão do contrato cujo equilíbrio tenha sido afetado por onerosidade excessiva decorrente de 'fatos supervenientes' não incluem a 'extrema vantagem' para a outra parte, tampouco a imprevisibilidade do evento causador da onerosidade excessiva (mas apenas a sua superveniência). Necessária, pois, uma análise prévia quanto a se os contratos que se busca rever estão, ou não, regidos pelo Código de Defesa do Consumidor, observando que, em caso afirmativo, isso reduziria o ônus argumentativo da parte autora em eventual pleito revisional" (PERLINGEIRO, Flávia Martins Sant'Anna; BARBOSA, Marcelo Garcia Simões. *A teoria da imprevisão, a onerosidade excessiva e o equilíbrio econômico-financeiro de contratos à luz da crise econômica mundial de 2008/2009. Revista de Direito Bancário e do Mercado de Capitais*, v. 13, nº 47, p. 124-163, jan./mar. 2010). É bastante curioso notar que, a despeito da menção legislativa expressa à onerosidade excessiva em diversos artigos do CDC (art. 6º, inciso V; art. 39, inciso V; art. 51, parágrafo primeiro, inciso III e art. 51, parágrafo segundo), essa não é uma posição unânime. Há autores que fundamentam a alteração das circunstâncias no CDC nas seguintes construções: a) "teoria da base do negócio jurídico por onerosidade excessiva", o que é uma mescla de dois fundamentos bem diferentes (ALMEIDA, João Batista de. *A revisão dos contratos no Código do consumidor. Revista de Direito do Consumidor.* São Paulo: RT, v. 33, p. 143, jan. 2000); (b) a teoria da quebra da base do negócio, posto que reconheça ter a jurisprudência geralmente optado "pela interpretação literal do texto do art. 6, V, do CDC", o que implica dizer a teoria da onerosidade excessiva (MARQUES, Cláudia Lima. *Sociedade de informação e serviços bancários: primeiras observações. Revista de direito do consumidor*, nº 39, p. 49-74, jul./set. 2001. nota de rodapé 97). Em idêntico sentido: SILVA, Luiz Renato Ferreira da. *Causas de revisão judicial dos contratos bancários. Revista de direito do consumidor*, nº 26, p. 125-135, abr./jun. 1998; CAVALIERI FILHO, Sergio. *Programa de direito do consumidor.* São Paulo: Atlas, 2008. p. 109. É bem provável que se tenham esses autores impressionado pelo fato de que o Código Civil italiano de 1942, verdadeira *sedes materiae* da teoria da onerosidade excessiva, em seu art. 1.467, tenha

consumidor" a "a modificação das cláusulas contratuais que estabeleçam prestações desproporcionais ou sua revisão em razão de fatos supervenientes que as tornem excessivamente onerosas"[60].

No Direito do Consumidor brasileiro, havendo o elemento da onerosidade excessiva, o juiz deverá distinguir entre o *sinalagma genético* e o *sinalagma funcional*. Se a cláusula propicia a ocorrência de onerosidade excessiva é porque ela estabeleceu "prestações desproporcionais" *ab initio*. Nessa hipótese, não se está diante da "onerosidade excessiva superveniente" e sim de uma *cláusula abusiva*, conforme o art. 51, inciso IV, CDC, que assim considera as disposições que "estabeleçam obrigações consideradas iníquas, abusivas, que coloquem o consumidor em desvantagem exagerada, ou sejam incompatíveis com a boa-fé ou a equidade".

A alteração das circunstâncias não *é* uma cláusula. O câmbio nas circunstâncias pode *afetar* cláusulas do negócio, mas isso ocorre pela ação exterior de *fatos supervenientes que as tornem excessivamente onerosas*, como muito bem distinguiu o inciso V do art. 6º, CDC.

Encontrando-se diante da *onerosidade excessiva*, de caráter *superveniente*, é simplesmente necessária a utilização dos marcos dessa teoria, sem recurso à *imprevisão*, muito menos se exigem outros constructos, como a base do negócio, a pressuposição ou a *rebus sic stantibus*.

Essa diferenciação, como se tem insistido neste texto, é invulgar e causa efeitos de significativa importância prática.

A jurisprudência do STJ é um bom índice de aplicação desse modelo de distinção entre fundamentos teóricos.

Em 1994, como informado na subseção 3.1, o Brasil adotou o Real como novo padrão monetário, o qual permanece até hoje e é um símbolo

---

mencionado a superveniência de "eventos extraordinários e imprevisíveis" como elementos causais da onerosidade excessiva da prestação devida. O CDC, porém, cuidou dessa onerosidade *sem exigir a imprevisão como elemento qualificador dos eventos supervenientes*. Essa importante omissão do legislador brasileiro é que permite se falar em uma teoria da onerosidade excessiva "à brasileira". Outro ponto que reforça o distanciamento entre a alteração da base e o CDC é que os requisitos para o modelo alemão são bem mais complexos que os presentes no CDC. Sobre isso, remete-se o leitor para a análise da Lei de Modernização do Direito das Obrigações de 2002, que positivou no BGB a teoria da base do negócio no novo § 313: RODRIGUES JUNIOR, Otavio Luiz. *Revisão judicial dos contratos...*, p. 48-50.

[60] Art. 6º, inciso V, CDC.

do longo período de estabilidade econômico-financeira que experimenta o País há quase 20 anos. Numa tentativa de reforçar a credibilidade da moeda para o público interno, o Governo Federal manteve a paridade de câmbio entre o Real e o Dólar norte-americano de 1 para 1. Essa paridade era relativa, no entanto, milhares de brasileiros adquiriram bens de consumo por meio de financiamentos bancários, especialmente automóveis, cujo pagamento era feito em prestações, cujo valor estava atrelado ao câmbio. Com a crise internacional de 1999, que começou nos chamados "tigres asiáticos", depois se alastrando para a China, a Rússia, o México e o Brasil, as autoridade monetárias nacionais romperam essa equivalência monetária, de modo abrupto. Com isso, um mutuário teve o valor de sua dívida triplicado de um mês para o outro.

Essa alteração de circunstâncias levou milhares de devedores aos tribunais brasileiros, alegando que se deu uma superveniente onerosidade excessiva em seus contratos de consumo e pediram a revisão desses negócios, de molde a que os bancos suportassem todo o impacto do fim da paridade cambial. A questão chegou ao STJ, que produziu o mais importante grupo de casos sobre os fundamentos teóricos da revisão contratual dos últimos 20 anos.[61] É o famoso grupo de casos dos "contratos de arrendamento mercantil" (*leasing*), o contrato pelo qual os automóveis foram adquiridos.

A solução do caso implicava tomar partido em relação a dois problemas: a) a qualificação jurídica das relações obrigacionais, se cíveis ou de consumo; b) a possibilidade de revisão contratual.

Os problemas de qualificação foram resolvidos pelo STJ, especialmente por serem os contratos bancários. A tendência por considerar essas espécies como submetidas ao CDC já havia no início da primeira década do século XXI, o que veio a se confirmar com a edição, aos 12.5.2004, da Súmula STJ nº 297, com o seguinte teor: "O Código de Defesa do Consumidor é aplicável às instituições financeiras".

A implicação natural dessa escolha pretoriana seria afastar a teoria da imprevisão, presente no Código Civil de 2002 (arts. 478-480), e usar

---

[61] Há uma tese dedicada especialmente ao exame desse grupo de casos, com análise detalhada dos principais acórdãos e dos votos de cada um dos participantes das sessões de julgamento: FREITAS FILHO, Roberto. *Intervenção judicial nos contratos e aplicação dos princípios e das cláusulas gerais: O caso do leasing.* Porto Alegre: Sergio Antonio Fabris, 2009. p. 89-140.

exclusivamente a teoria da onerosidade excessiva. Esse é um ponto de grande relevo: a imprevisão mostrar-se-ia incompatível com a ideia de variação cambial, dada a sólida jurisprudência brasileira de todo o século XX, no sentido de não assimilar certos fenômenos ou acontecimentos econômicos como fatos imprevisíveis.[62] Admitida a onerosidade excessiva como fundamento teórico, a revisão contratual impor-se-ia.

O acórdão representativo da orientação final do STJ sobre o caso foi RESP nº 472.594/SP, apreciado em 12.2.2003, vencido o relator ministro Carlos Alberto Menezes Direito. As distinções entre relações cíveis e de consumo evidenciaram-se: "Admissível, contudo, a incidência da Lei nº 8.078/90, nos termos do art. 6º, V, quando verificada, em razão de fato superveniente ao pacto celebrado, consubstanciado, no caso, por aumento repentino e substancialmente elevado do dólar, situação de onerosidade excessiva para o consumidor que tomou o financiamento". Não se apelou para a teoria da imprevisão, muito menos se qualificou a variação cambial como um elemento imprevisível. O STJ também reconheceu a existência de onerosidade excessiva e a necessidade de rever o contrato. No entanto, não o fez de modo a que o consumidor ganhasse integralmente a demanda. A escola foi no sentido de se deveria dividir os ônus entre o fornecedor e o consumidor, com a repartição dos índices de perda.[63]

Em outro grupo de casos, no qual o fim da paridade cambial esteve no centro da controvérsia, o STJ não permitiu a revisão dos contratos por considerar esse fato absolutamente previsível. O grupo de casos da "venda de safra futura de soja" tem o seguinte quadro fático: o preço da saca de soja, que foi inicialmente ajustado em vários contratos, sofreu uma substancial majoração em face da crise de 1999, o que implicou a alteração das circunstâncias [*terminologia não usada pelas partes, nem pelo acórdão*] e a necessidade de se rever o negócio jurídico, a fim de lhe preservar o equilíbrio. Em um dos julgados, assim se fundamentou a decisão: "O caso dos autos tem peculiaridades que impedem a aplicação da teoria da imprevisão, de que trata o art. 478 do CC/2002: (...) (iii) a variação cambial que alterou a cotação

---

[62] Sobre isso, veja-se ampla demonstração, inclusive com pesquisa empírica em: RODRIGUES JUNIOR, Otávio. *Op. cit.* p. 128-134.

[63] STJ. REsp 472594/SP, Rel. Ministro Carlos Alberto Menezes Direito, Rel. p/ Acórdão Ministro Aldir Passarinho Junior, Segunda Seção, julgado em 12/02/2003, DJ 04/08/2003, p. 217.

da soja não configurou um acontecimento extraordinário e imprevisível, porque ambas as partes contratantes conhecem o mercado em que atuam, pois são profissionais do ramo e sabem que tais flutuações são possíveis".[64]

Nos contratos paritéticos, com partes atuando profissionalmente, a natureza *previsível* desses eventos econômicos é elemento impeditivo da revisão, nos termos do art. 479 do CC/2002.

4. Dinâmica da Revisão dos Contratos de Consumo no Brasil[65]

4.1. Considerações gerais

A comunicação, nas seções precedentes, ofereceu uma visão atual dos 2 principais problemas que interessam ao conhecimento da revisão dos contratos de consumo no Brasil, a saber, sua qualificação e seus fundamentos teóricos.

Importa agora apresentar, de modo esquemático, a dinâmica dessa revisão, tomando-se por base as questões: a) quais contratos podem ser revistos?; b) como e quando se pode pedir da revisão? c) quem pode e contra quem se pode pedir a revisão?; d) o que se diferencia da revisão contratual nos limites do CDC?; e) como a teoria da onerosidade excessiva se aplica? É do que se cuidará nas subseções seguintes.

4.2. Pressupostos formais

4.2.1. Suporte negocial

Qualquer contrato de consumo, seja ele unilateral ou bilateral, comutativo e oneroso, serve de suporte para a aplicação da teoria da onerosidade excessiva. Essa amplitude explica-se pela incidência do princípio da interpretação mais favorável ao consumidor (art. 47, CDC). No que se refere aos contratos aleatórios, vale a mesma regra que foi estabelecida

---

[64] STJ. REsp 936.741/GO, Rel. Ministro Antônio Carlos Ferreira, Quarta Turma, julgado em 03/11/2011, DJe 08/03/2012.

[65] Esta seção reproduz, em diversos trechos, partes literais do capítulo publicado em: RODRIGUES JUNIOR, Otávio Luiz. *Um "modelo de revisão contratual por etapas" e a jurisprudência contemporânea do Superior Tribunal de Justiça...* p. 507-513.

para os contratos de direito comum: poderão ocorrer alterações circunstanciais na execução das cláusulas de cunho não aleatório.

A abertura para outras modalidades de contratos é decorrência de ser este um direito protetivo. Nos contratos de consumo, há um sinalagma amplo, que se não acomoda aos padrões tradicionais de comutatividade, o que se extrai do princípio do equilíbrio contratual no Direito do Consumidor. O número de contratos unilaterais envolvendo questões de consumo, ainda que não desnaturados em bilaterais imperfeitos, especialmente no âmbito das relações bancárias, é imenso.

4.2.2. Forma de arguição

A alteração das circunstâncias por onerosidade excessiva deverá ser arguída no Poder Judiciário.

Quanto à arbitragem, que é franqueada no direito comum, há severas restrições no CDC, a começar pelo art. 51, inciso VII, que considera abusiva a cláusula que determine sua utilização compulsória pelas partes. Para o STJ, é proibida "a imposição compulsória de cláusula arbitral em contratos de adesão firmados sob a vigência do Código de Defesa do Consumidor".[66] Na prática, a arbitragem se tornou inviável nas relações de consumo. Segundo a experiência do que comumente ocorre, os consumidores não *propõem* a inclusão de cláusula arbitral em seus negócios.[67] Não sendo cláusula de estilo nos contratos, o que é ilícito, é invulgar o pedido de sua inserção pela parte vulnerável.[68]

---

[66] STJ. AgRg nos EDcl no Ag 1101015/RJ, Rel. Ministro Aldir Passarinho Junior, Quarta Turma, julgado em 17-3-2011, DJe 23/03/2011.

[67] Na doutrina, há quem conteste essa posição do STJ: "A arbitragem não é, em sua essência, contrária aos interesses do consumidor. Em algumas circunstâncias a arbitragem pode proporcionar o acesso do consumidor à Justiça, ao viabilizar-lhe condições mais favoráveis economicamente e em lapso temporal atraente. Uma arbitragem que contemple garantias referentes a custas e sucumbência para o consumidor no procedimento arbitral, bem como qualidade, expertise da decisão proferida e celeridade no resultado, representará um acesso facilitado à obtenção de sua pretensão" (TIMM, Luciano Benetti; MOSER, Luiz Gustavo Meira. *Vícios e abusividade do compromisso arbitral? Revista de Arbitragem e Mediação*, v. 7, nº 24, p. 42-57, jan./mar. 2010).

[68] Para José Geraldo Brito Filomeno (*Conflitos de consumo e juízo arbitral. Revista de Direito do Consumidor*, nº 21, p. 38-50, jan./mar. 1997. p. 49-50), a Lei nº 9.307, de

4.2.3. Momento de arguição

É lícito, por uma notável peculiaridade do Direito brasileiro, pedir a revisão de contratos: a) modificados por novação ou prévias renegociações;[69] b) extintos, o que se admitiu como decorrência natural da possibilidade de se rever contratos novados. O STJ consolidou essa orientação na Súmula nº 286 ("A renegociação de contrato bancário ou a confissão da dívida não impede a possibilidade de discussão sobre eventuais ilegalidades dos contratos anteriores"); c) com prestações devidas e não pagas, por efeito da mora, desde que se comprove que a cláusula ou a cobrança foram abusivas.

Quanto à legitimidade do devedor moroso para requerer a revisão do contrato, a posição doutrinária clássica no Brasil sempre foi no sentido

---

23.9.1996, que dispõe sobre a arbitragem, deve ser considerada incompatível com o CDC, porque "induz à aceitação de sua instituição em contratos de adesão, infringindo os princípios da vulnerabilidade, boa-fé e equidade que devem presidir as relações de consumo, já que compulsória essa instituição, se pactuada em cláusula compromissória sendo exigível, inclusive judicialmente".

[69] Essa posição foi defendida pioneiramente no Brasil por Claudia Lima Marques (*Contratos no Código de Defesa do Consumidor*. 3ª ed. rev. São Paulo: RT, 1999. p. 564) no final do século XX, com sólidos argumentos: "Através da teoria contratual normal a solução para esse problema não é da mais fácil, pois que o contrato chegou a seu fim, seu bom fim, que é o adimplemento através da novação, da confissão de dívida ou da renegociação contratual. Teoricamente o primeiro contrato foi extinto. Como propor um exame judicial do conteúdo de um contrato extinto? Parece-me que aqui há de se avançar e aprofundar a análise, pois somente a aceitação de uma espécie nova de pós-eficácia dos contratos, baseada na boa-fé necessária às relações de consumo, pode propor uma solução para esse problema (...). O exame judicial do conteúdo do contrato extinto é possível, justamente através da nova visão continuada e de longa duração das relações de consumo que se compõem de vários e múltiplos contratos (...)". Na jurisprudência do STJ: "Ambas as Turmas integrantes da Segunda Seção desta Corte Superior já manifestaram o entendimento segundo o qual a possibilidade de revisão de contratos bancários permitida pela Súmula 286/STJ se estende também a situações de extinção contratual decorrentes de quitação. Se é possível a revisão de contratos de mútuo já quitados para a finalidade de repetição de indébito e a revisão de contratos bancários anteriores já extintos em decorrência de contrato de renegociação de dívida (Súmula 286), pelo mesmo motivo nada obsta a que a revisão abranja faturas de cartão de crédito já quitadas anteriormente ao período em que o saldo devedor deixou de ser honrado pela devedora" (STJ. AgRg no AgRg no REsp 933.221/RS, Rel. Ministra Maria Isabel Gallotti, Quarta Turma, julgado em 26/10/2010, DJe 16/11/2010).

da impossibilidade, seja nos contratos de consumo[70], seja nos contratos de Direito Civil,[71] até por influência do art. 438º do Código Civil português.[72]

Esse é um importante problema ligado ao estudo da alteração das circunstâncias, pois define as condições para se requerer a intervenção judicial no contrato. A tese negativa baseia-se em dois pontos. O *primeiro* está

---

[70] ARRUDA ALVIM, José Manoel *et al*. *Código do consumidor comentado*. 2ª ed. São Paulo: RT, 1995. p. 65; GRINOVER, Ada Pellegrini *et al*. *Código de Defesa do Consumidor: comentado pelos autores do anteprojeto*. 6ª ed. rev. atual. e ampl. Rio de Janeiro: Forense Universitária, 1999. p. 311; DONNINI, Rogério Ferraz. *A revisão dos contratos no Código Civil e no Código de Defesa do Consumidor*. São Paulo: Saraiva, 1999.p. 172.

[71] *"È appena il caso di dire Che nessun rimedio è concesso se l'eccessiva onerosità è sopravvenuta durante la mora del debitore: ogni aggravio derivante dal ritardo deve pesare sul debitore che ne è responsabile"* (TRIMARCHI, Pietro. *Istituzioni di diritto privato*. 19ª ed. Milano: A. Giuffrè, 2011. p. 336). Com semelhante formulação: "O contratante prejudicado ingressará em juízo no curso de produção dos efeitos do contrato, pois que se este já estiver executado não tem mais cabimento qualquer intervenção. É igualmente necessário que o postulante exija em Juízo a resolução do contrato. Mesmo em caso de extrema onerosidade, é vedado ao queixoso cessar pagamento e proclamar diretamente a resolução" (PEREIRA, Caio Mário da Silva. *Instituições de direito civil*. Atualizado por Régis Fichtner. 16ª ed. Rio de Janeiro: Forense, 2012. v. 3. p. 141); GOMES, Orlando. *Contratos*. Atualizado por Antonio Junqueira de Azevedo e Francisco Paulo de Crescenzo Marino. 26ª ed. Rio de Janeiro: Forense, 2007. p. 224; ROPPO, Enzo. *O contrato*. Tradução de Ana Coimbra e M. Januário C. Gomes. Coimbra: Almedina, 2009. p. 264; MARTINS-COSTA, Judith. *Comentários ao novo Código civil*. (Arts. 304 a 388), Do direito das obrigações. Do inadimplemento e da extinção das obrigações. Coordenador: Sálvio de Figueiredo Teixeira. 2ª ed., 2ª tiragem. Rio de Janeiro: Forense, 2006. v. 5, t. I p. 311-312; JUNQUEIRA DE AZEVEDO, Antonio. *Relatório brasileiro...* p. 191. Ressalve-se a posição divergente de Sílvio de Salvo Venosa (*Direito civil: Teoria geral das obrigações e teoria geral dos contratos*. 5ª ed. São Paulo: Atlas, 2005. v. 2. p. 498-499: "A doutrina e algumas legislações também mencionam como requisito a *ausência de mora do devedor*. No entanto, devemos tomar cuidado com esse aspecto. O devedor somente pode beneficiar-se da revisão se não estiver em mora no que diga respeito ao cumprimento das cláusulas contratuais não atingidas pela imprevisão, isto porque o inadimplemento poderá ter ocorrido justamente pela incidência do fenômeno. Não podemos considerar, nesse caso, em mora o devedor se a falta não lhe é imputável".

[72] FERNANDES, Luís A. Carvalho. *A teoria da imprevisão no direito civil português*. Lisboa: Quid Juris, 2001. p. 291.

em que, se existe a mora, o devedor não pode pedir a revisão. Apenas aquele que cumpre suas obrigações pode pretender em juízo o reconhecimento da alteração das circunstâncias. É a única forma de se distinguir entre o devedor de má fé, que deseja protelar o cumprimento de sua prestação, e aquele de boa fé, que está oprimido pela superveniência dos fatos e, com isso, demanda em juízo antes que seja levado ao inadimplemento. O *segundo* ponto é que a revisão tem de ser útil ao contrato em execução. A mora pressupõe a suspensão parcial do negócio, o qual pode ser levado a uma situação extrema de inutilidade das prestações ou de resolução negocial.

O STJ preferiu não examinar esse problema sob esse enfoque clássico. O tribunal tentou estabelecer critérios definidores das hipóteses de fato constitutivas da mora. A qualificação jurídica da mora foi colocada em segundo plano e passou-se a trabalhar com hipóteses de fato que pré--excluam o devedor dos efeitos da mora. Se, para o Código Civil, "[n]ão havendo fato ou omissão imputável ao devedor, não incorre este em mora" (art. 396), a técnica do STJ consistiu em selecionar quais seriam esses fatos não imputáveis ao devedor.

Complementarmente, o STJ deu interpretação literal ao art. 401, inciso I, do Código Civil, por meio da Súmula STJ nº 380, de 22-4-2009: "A simples propositura da ação de revisão de contrato não inibe a caracterização da mora do autor". O enunciado, que meramente consolida a posição do tribunal em um grupo de casos, afastou a tese defendida em muitos recursos especiais no sentido de que a pretensão revisional teria o efeito de purgar a mora, como se a ação proposta, *de per si*, equivalesse ao oferecimento da prestação "mais a importância dos prejuízos decorrentes do dia da oferta".

O STJ, embora tenha produzido formulações muito genéricas, possivelmente utilizáveis em outros contratos, forjou seu entendimento em um grupo de casos de contratos financeiros, quase todos feneratícios e, alguns deles, vinculados à aquisição de bens ou insumos. Por esse motivo, não fica muito clara a distinção entre *contratos de direito comum* (civil e comercial) e *contratos de direito especial* (consumidor, precisamente). Como o STJ já qualificou como sujeitos às normas especiais de Direito do Consumidor os contratos bancários, com as pré-exclusões indicadas anteriormente (subseção 2.2), essa distinção perdeu importância prática, conquanto se revista de interesse teórico.

4.2.4. Ônus da prova

O ônus da prova, diferentemente do Direito Civil, segue as normas específicas do Direito do Consumidor, que prestigia sua inversão. É sempre de ser observado que essa valoração dá-se caso a caso, considerando-se a verossimilhança do que alegado e a hipossuficiência do consumidor.[73]

4.3. Pressupostos subjetivos

4.3.1. Legitimidade para sua arguição

No Direito do Consumidor brasileiro, há polêmica doutrinária sobre se apenas os consumidores são legitimados ativos para as ações com pedido de revisão dos contratos.

Partilha-se de posição de doutrina respeitável no sentido que se não se pode limitar a legitimidade dessas ações aos consumidores.[74] A pretensão dos fornecedores, contudo, deve ser exercida com base em critérios distintos e mais restritivos, tais como: (a) a apreciação dos pedidos do fornecedor será feita pelo juiz sempre levando em conta a condição do consumidor de agente vulnerável; (b) o fornecedor terá sua pretensão limitada à revisão do contrato, enquanto o consumidor poderá requerer

---

[73] Na jurisprudência do STJ, em geral, aplica-se o óbice da Súmula STJ nº 7 para não conhecer do capítulo do recurso sobre a inversão do ônus da prova, recomendando-se a matéria ao que decidido nos tribunais locais, mas com a ressalva de que esse exame deve seguir parâmetros objetivos: "A inversão do ônus da prova em processo decorrente de relação consumerista é verificada caso a caso, em atendimento à verossimilhança das alegações e hipossuficiência do consumidor, cujo reexame encontra o óbice de que trata o verbete nº 7, do STJ" (STJ. AgRg no Ag 828.618/PR, Rel. Ministra Maria Isabel Gallotti, Quarta Turma, julgado em 06/09/2011, DJe 13-9-2011). Na doutrina, há posições que defendem a pura e simples inversão do ônus da prova: EFING, Antônio Carlos; GIBRAN, Fernanda Maria. *A comprovação da onerosidade excessiva nos contratos bancários: uma nova reflexão a partir da realidade brasileira. Revista de Direito do Consumidor*, v. 16, nº 63, p. 27-51, jul./set. 2007.

[74] KHOURI, Paulo R. Roque A. *Op. cit.* p. 46.

sua resolução ou sua revisão, além de pretender sejam declaradas nulas as cláusulas.[75]

4.3.2. Qualidades da parte legítima

O consumidor ou o fornecedor que pretendam em juízo, com base na alteração das circunstâncias, devem estar em situação de regularidade com suas obrigações. Evidentemente, e com maior razão, em face do consumidor, abrem-se as portas para o debate sobre o que é *estar em mora*, quando as prestações exigidas são consideradas abusivas. Como anotado na subseção 4.2.3, a mora não é mais *de per si* um impeditivo ao ajuizamento das ações revisionais. O problema assumiu caráter bem mais complexo.

4.4. Pressupostos objetivos

4.4.1. Afastamento de figuras jurídicas similares

A onerosidade excessiva não se confunde com a *impossibilidade jurídica* ou a *impossibilidade material* (ambas objetivas e absolutas).

No que se refere à invocação da *impossibilidade econômica pessoal*, que permanecesse afastada para os contratos de Direito Civil, a situação é diferente no direito especial dos consumidores. E deve ser vista sob dois enfoques:

a) *Ruína econômica superveniente do consumidor*. Em determinadas atividades econômicas e considerada a falta de controle objetivo das ofertas de bens e serviços, que se timbram pelo uso de técnicas abusivas de concessão de crédito, é possível, em caráter excepcional, admitir a revisão do contrato sob esse fundamento.[76] Por honestidade intelectual, é importante deixar claro que esses elementos

---

[75] RODRIGUES JUNIOR, Otavio Luiz. *Revisão judicial dos contratos...* p. 207-208.

[76] Não se chega, porém, ao ponto de se admitir, abstraída a questão do superendividamento e suas variáveis, a "exceção de ruína econômica pessoal" fundada na perda do emprego para se permitir a revisão do contrato com base no CDC. Contra-

(natureza da atividade e utilização de técnicas abusivas de oferta) são essenciais para caracterizar essa excepcionalidade. E, ainda, a depender do desenvolvimento de padrões normativos específicos para o *superendividamento*, será o caso de se retirar essa hipótese do modelo e situá-la como uma figura jurídica autônoma, ainda que se valha de conceitos comuns, como a onerosidade excessiva. Essa possibilidade decorre do projeto de reforma do CDC, que deve incluir dispositivo sobre o superendividamento no texto dessa lei.

b) *Alteração da realidade macroeconômica*. Essa alteração (mudança de padrão monetário, elevação de taxas de juros, planos de estabilização) tem sido comumente deduzida para suportar a revisão dos contratos de consumo. Os casos sobre a variação do dólar norte--americano são exemplares quanto a essa diferença entre o Direito do Consumidor e o Direito Civil. A ausência do pressuposto da imprevisibilidade do fato torna mais ampla a pretensão do consumidor nas ações que visam à intervenção judicial nos contratos.[77]

4.4.2. Dispensa do pressuposto da natureza imprevisível do fato

Como demonstrado na subseção 3.2, o CDC *exonerou* o consumidor de demonstrar o caráter imprevisível do fato superveniente. O art. 6º, inciso V, é objetivo ao *timbrar como direito básico do consumidor a revisão contratual* como efeito de eventos *apenas* supervenientes, que tornem as prestações "excessivamente onerosas". No Brasil, é inadequado justificar a intervenção judicial, nos contratos de consumo, com a teoria da imprevisão. Dispensa-se a qualificação do fato como imprevisível, o que dilata o poder de modificação do juiz.[78]

---

riamente: MARQUES, Claudia Lima. *Contratos no Código de Defesa do Consumidor*. 3ª ed. rev. São Paulo: RT, 1999. p. 414.

[77] Essa é a posição dominante na doutrina brasileira: DONNINI, Rogério Ferraz. *Op. cit*. p. 171; MARQUES, Claudia Lima. *Contratos...* p. 413; RODRIGUES JUNIOR, Otavio Luiz. *Revisão judicial dos contratos...* p. 211. E, como visto no item 3.2, no estudo do grupo de casos dos contratos de arrendamento mercantil indexados pelo dólar norte-americano, essa é também a orientação que tem prevalecido no STJ.

[78] MARQUES, Claudia Lima. *Contratos...* p. 413.

4.4.3. Interpretação da conduta do agente

No Direito do Consumidor brasileiro, como já exposto, é desnecessário qualificar os fatos supervenientes como imprevisíveis. Desse modo, é importante analisar a conduta do consumidor sob a luz de certos critérios, em tudo semelhantes aos do direito comum: *probidade, exação, cálculo e prudência*. O consumidor não se pode aproveitar dos benefícios da legislação protetiva e agir sob o signo da intemperança e da irresponsabilidade ao assumir obrigações quando contrata. Proteção não se confunde com franquia absoluta e indulgência plenária para o ilícito.

Evidentemente que os conceitos do direito comum hão de ser amoldados à realidade do direito especial. O abuso na oferta de crédito ou a falta de informações enfraquece o dever de agir com cautela e cálculo. Débora Gozzo analisa o princípio da *transparência* e destaca que ele se compõe de dois elementos, sob o aspecto meramente formal: a) *elemento objetivo*: associado às ideias de "clareza" e "nitidez", o que guarda fidelidade à "forma pela qual a informação é transmitida ao consumidor, tanto na fase da oferta (...) quanto na fase contratual (...)"; b) *elemento subjetivo*: relacionado à "compreensão" do consumidor sobre as informações que lhes foram transmitidas e isso se conecta a seu poder intelectivo.[79] A vulnerabilidade do consumidor pressupõe a assimetria informacional nos campos técnico e jurídico, o que não se pode confundir com seu total alheamento da realidade ou oligofrenia técnico-jurídica.

4.4.4. Alteração superveniente das circunstâncias

No CDC, a onerosidade excessiva é uniforme quanto a seus pressupostos. Por uma questão puramente ordenatória é que se observa a aplicação dessa teoria na quebra do sinalagma genético (o que é chamado por muitos doutrinadores de "lesão consumerista") e do sinalagma funcional (que também é referida por "onerosidade excessiva superveniente"). A distinção é fundada, em larga medida, nesse critério temporal, daí a

---

[79] Gozzo, Débora. *Transparência, informação e relação médico-paciente*. In. Gozo, Débora (Coord). *Informação e direitos fundamentais: A eficácia horizontal das normas constitucionais*. São Paulo: Saraiva, 2012. p. 83.

importância para o modelo de se destacar a superveniência da alteração das circunstâncias como *pressuposto objetivo* autônomo.

4.4.5. Caracterização da onerosidade excessiva

A onerosidade excessiva é central na doutrina eleita pelo CDC para regular os casos de alteração das circunstâncias. Sua ocorrência é que torna visível o desequilíbrio econômico do contrato. Sua formulação dispensa a natureza imprevisível dos fatos determinantes do desequilíbrio das prestações, no que se exalça a diferença do modelo brasileiro e sua matriz italiana.

No CDC, a onerosidade excessiva: a) tem caráter exclusivamente econômico, não compreendendo situações morais ou físicas; b) reflete-se no desequilíbrio entre as prestações; c) é autônoma, sendo irrelevante ter ocorrido *vantagem extrema para a outra parte*. O juiz não investigará a seu respeito, quando decidir a causa;[80] d) deve ser interpretada em consonância com os princípios da equivalência material, da boa-fé objetiva e da vulnerabilidade do consumidor.

4.5. Efeitos do reconhecimento da onerosidade excessiva

O consumidor, no Direito brasileiro, terá direito a pretender a resolução, a modificação ou a anulação da cláusula contratual abusiva. A identificação da *superveniência* de fatos que tornem as prestações excessivamente onerosas não se confunde com a natureza abusiva da cláusula. Ela pode ter sido originalmente equânime, mas por força desses eventos, criaram-se obrigações insuportáveis, o que abre margem para que o consumidor demande a *resolução* ou a *revisão* do contrato. É uma prerrogativa *ad libitum* do consumidor, posto que, nas relações de consumo, tem sucesso o princípio da preservação do contrato, que ganha expressão peculiar no art. 51, parágrafo segundo, CDC: "A nulidade de uma cláusula contratual abu-

---

[80] HORA NETO, João. *A resolução por onerosidade excessiva no novo Código Civil: uma quimera jurídica? Revista de Direito Privado*, nº 16, p. 148-160, out./dez. 2003. p. 153.

siva não invalida o contrato, exceto quando de sua ausência, apesar dos esforços de integração, decorrer ônus excessivo a qualquer das partes".[81]

O fornecedor, porém, só poderá requerer a revisão do contrato, o que se fundamenta no princípio da vulnerabilidade e na experiência do que comumente ocorre, pois, "caso assim não ocorresse, na maioria das situações, os fornecedores optariam pela resolução e não pela revisão".[82]

5. Conclusões

Encerra-se esta comunicação, que se apresenta como um relatório sobre o estado da arte da revisão dos contratos do consumo no Brasil, tendo como importantes referências o debate doutrinário e a orientação jurisprudencial consolidada do STJ, o tribunal ordinário máximo em questões de Direito Privado no Brasil.

Os contratos de consumo são qualificados no Brasil sob os marcos da teoria minimalista moderada, apesar da necessidade de se conhecer uma vasta casuística, tal como se procurou sistematizar nesta comunicação. A teoria da onerosidade excessiva é central na revisão dos contratos de consumo. A caracterização dos fatos como imprevisíveis interessa ao Direito Civil, por efeito de razões históricas, que, no Brasil, subordinaram os contraentes aos efeitos das crises econômicas.

A dinâmica da revisão contratual no CDC condiciona-se a diversos pressupostos formais, subjetivos e objetivos, ao estilo do que se informou na seção 4.

Reproduz-se aqui uma peculiar observação, que já foi lançada em outro texto:

> "No Brasil, é bem provável que se esteja a iniciar um processo de discussão sobre princípios e cláusulas gerais muito próximo do incendiário debate ocorrido na Alemanha na primeira parte do século XX, envolvendo as escolas do Positivismo, do Direito Livre e da Jurisprudência dos Interesses, sobre a boa-fé objetiva. Como elegantemente escreveram Reinhard Zimmermann e Simon Whittaker, o § 242, BGB, continente da boa-fé objetiva, foi visto ora

---

[81] DONNINI, Rogério Ferraz. *Op. cit.* p. 169; CAVALIERI FILHO, Sérgio. *Op. cit.* p. 164; ALMEIDA, João Batista de. *Op. cit.* p. 148.

[82] RODRIGUES JUNIOR, Otavio Luiz. *Revisão judicial dos contratos...* p. 217.

como a 'fonte da praga perniciosa que corrói da forma mais sinistra o núcleo de nossa cultura jurídica' ou foi celebrado como a 'rainha das regras'".[83]

Essa perspectiva sobre o início de uma "revisão da revisão contratual" no Brasil não desmerece o elevado nível de refinamento a que o Direito do Consumidor atingiu no País, em larga medida como resultante do imenso laboratório em que se constituíram as crises econômicas cíclicas do século XX e da tradição jurídico-privatista que remonta a nomes como Teixeira de Freitas e Clóvis Beviláqua, que, por sua vez, não desmereceram a herança recebida da cultura jurídica portuguesa, uma das mais sérias e respeitáveis da Europa, até aos dias atuais.

---

[83] RODRIGUES JUNIOR, Otávio Luiz. *Um "modelo de revisão contratual por etapas" e a jurisprudência contemporânea do Superior Tribunal de Justiça...* p. 513.

Venda de Bens de Consumo[1]

JORGE MORAIS CARVALHO[2]

1. Introdução – o Decreto-Lei nº 67/2003 e o seu âmbito de aplicação

O contrato de compra e venda é aquele "pelo qual se transmite a propriedade de uma coisa, ou outro direito, mediante um preço" (artigo 874º do Código Civil).

Um subtipo do contrato de compra e venda é o contrato de compra e venda para consumo[3], ao qual se aplica, para além das regras gerais do Código Civil, da Lei de Defesa do Consumidor e de outros diplomas transversais de proteção dos consumidores (regimes dos contratos celebrados à distância ou no domicílio ou das práticas comerciais desleais, entre outros), o Decreto-Lei nº 67/2003, de 8 de abril[4].

---

[1] Vídeo disponível em http://justicatv.pt/index.php?p=2228

[2] Professor Convidado da Faculdade de Direito da Universidade Nova de Lisboa.

[3] Para uma análise mais desenvolvida dos vários aspetos tratados neste texto, v. Jorge Morais Carvalho, *Manuel de Direito do Consumo*, Almedina, Coimbra, 2013, pp. 163 e seguintes.

[4] Este diploma, alterado pelo Decreto-Lei nº 84/2008, de 21 de maio, transpôs para o ordenamento jurídico português a Diretiva nº 1999/44/CE, do Parlamento Europeu e do Conselho, de 25 de maio, relativa a certos aspetos da venda de bens de consumo e das garantias a ela relativas.

I CONGRESSO LUSO-BRASILEIRO DE DIREITO

O n.º 1 do artigo 1.º-A determina que o diploma "é aplicável aos contratos de compra e venda celebrados entre profissionais e consumidores". Assim, o regime aplica-se, em primeiro lugar, a contratos de compra e venda de bens de consumo. Trata-se do âmbito de aplicação natural do diploma.

Estão em causa bens de consumo, pelo que o diploma não se aplica quando não exista uma relação de consumo, o que acontece numa relação entre profissionais ou numa relação entre não profissionais.

O diploma aplica-se a coisas móveis e a coisas imóveis [artigo 1.º-B, alínea *b*), do Decreto-Lei n.º 84/2008]. Encontram-se abrangidos pelo diploma quaisquer bens corpóreos, independentemente das suas características concretas, equiparando-se os suportes material e eletrónico, com inclusão de bens fornecidos através da internet[5].

Desde que se trate de uma relação de consumo, encontram-se abrangidos quer os bens novos quer os bens usados. O n.º 2 do artigo 5.º reconhece-o ao estabelecer que o prazo para o exercício dos direitos, no caso de coisa móvel usada, "pode ser reduzido a um ano, por acordo das partes".

O diploma aplica-se ainda a outros contratos onerosos de transmissão de bens, nomeadamente a contratos de troca de bens de consumo[6]. Para além de estes contratos se encontrarem abrangidos no espírito do diploma, justifica-se a invocação da extensão operada pelo artigo 939.º do Código Civil, que estatui que "as normas da compra e venda são aplicáveis aos outros contratos onerosos pelos quais se alienam bens ou se esta-

---

[5] Mário Tenreiro e Soledad Gómez, "La Directive 1999/44CE sur Certains Aspects de la Vente et des Garanties des Biens de Consommation", in *Revue Européenne de Droit de la Consommation*, n.º 5, 2000, pp. 5-39, p. 12, nota 26; Dário Moura Vicente, "Comércio Electrónico e Responsabilidade Empresarial", in *Direito da Sociedade da Informação*, Vol. IV, 2003, pp. 241-288, p. 252, nota 22; Robert Bradgate e Christian Twigg-Flesner, *Blackstone's Guide to Consumer Sales and Associated Guarantees*, Oxford University Press, Oxford, 2003, p. 30.

[6] Luís Menezes Leitão, "O Novo Regime da Venda de Bens de Consumo", in *Estudos do Instituto de Direito do Consumo*, Vol. II, 2005, pp. 37-73, p. 40, nota 8; João Calvão da Silva, *Venda de Bens de Consumo*, 4ª edição, Almedina, Coimbra, 2010, p. 61; Manuel Januário da Costa Gomes, "Ser ou Não Ser Conforme, Eis a Questão – Em tema de Garantia Legal de Conformidade na Venda de Bens de Consumo", in *Cadernos de Direito Privado*, n.º 21, 2008, pp. 3-20, p. 7.

VENDA DE BENS DE CONSUMO

beleçam encargos sobre eles, na medida em que sejam conformes com a sua natureza e não estejam em contradição com as disposições legais respetivas".

Deve considerar-se contrato de troca de bens de consumo o contrato através do qual o consumidor e o profissional transmitem reciprocamente a propriedade de duas coisas distintas. Apenas o bem adquirido pelo consumidor é um bem de consumo, nomeadamente para efeitos da proteção conferida pelo Decreto-Lei nº 67/2003.

A venda em processo executivo não se encontra abrangida pelo regime do Decreto-Lei nº 67/2003[7], por duas razões: em primeiro lugar, não se pode considerar que exista nestes casos uma relação jurídica de consumo, uma vez que o vendedor (quer seja o Estado, o agente de execução ou, numa interpretação muito alargada do conceito, o credor que é pago pelo valor do bem em causa) não pode ser qualificado como profissional, porque pode não ter um contacto mínimo com o bem ou conhecimentos específicos na área que permitam garantir a conformidade; em segundo lugar, o artigo 908º do Código de Processo Civil, na redação do Decreto-Lei nº 38/2003, de 8 de Março, regula especificamente os casos em que "existe falta de conformidade com o que foi anunciado" no processo que antecedeu a venda executiva, podendo o comprador pedir a anulação da venda e uma indemnização, nos termos gerais[8]. Saliente-se, contudo, que, na interpretação da expressão "falta de conformidade com o que foi anunciado", podem e devem ter-se em conta, na medida em que se adequem ao processo de venda executiva dos bens, os critérios constantes do nº 2 do artigo 2º do Decreto-Lei nº 67/2003.

O nº 2 do artigo 1º-A estende a aplicação do regime, "com as necessárias adaptações, aos bens de consumo fornecidos no âmbito de um contrato de empreitada ou de outra prestação de serviços, bem como à locação de bens de consumo".

---

[7] Contra: João Calvão da Silva, *Venda de Bens de Consumo*, cit., pp. 62 e 63; Sandra Bauermann, "A Transposição da Diretiva 1999/44/CE para o Direito Português e Breves Considerações sobre Algumas Soluções Adotadas pela Espanha e Alemanha", in *Revista Portuguesa de Direito do Consumo*, nº 51, 2007, pp. 229-253, p. 239.

[8] Como refere José Lebre de Freitas, *A Acção Executiva – Depois da Reforma da Reforma*, 5ª edição, Coimbra Editora, Coimbra, 2009, p. 342, basta "que a identidade ou as qualidades do bem vendido divirjam das que tiverem sido anunciadas".

Quando a lei se refere a bens fornecidos no âmbito de um contrato de prestação de serviços, abrange apenas, dentro destes contratos, aqueles em que é entregue ao consumidor um bem de que este não dispunha anteriormente. O diploma não se aplica portanto a todos os contratos de empreitada, mas apenas àqueles em que está em causa uma obra nova não resultante de atividade predominantemente intelectual e que consista num resultado positivo[9]. Deve entender-se que o diploma também se aplica a um contrato pelo qual o profissional se obriga a transformar um bem do consumidor desde que essa intervenção se destine a torná-lo num bem que possa ser qualificado como novo[10].

O Decreto-Lei nº 67/2003 aplica-se aos contratos de empreitada em que seja entregue um bem imóvel a um consumidor, independentemente de este ser ou não o proprietário do terreno e dos materiais[11]. Na construção de imóvel, o aspeto relevante é a existência de um bem novo no comércio jurídico, ao qual se aplica o regime de proteção definido legalmente.

O nº 4 do artigo 2º estende, ainda, a aplicação do diploma a um específico contrato misto de compra e venda e de prestação de um serviço, equiparando a falta de conformidade do bem à "falta de conformidade resultante de má instalação do bem de consumo [...] quando a instalação fizer parte do contrato de compra e venda e tiver sido efetuada pelo vendedor, ou sob sua responsabilidade, ou quando o produto, que se prevê que seja instalado pelo consumidor, for instalado pelo consumidor e a má instalação se dever a incorreções existentes nas instruções de montagem".

O diploma não se aplica a outros contratos de prestação de serviço[12] e, em especial, aos contratos de empreitada que tenham por objeto a repa-

---

[9] Sobre o enquadramento do contrato de empreitada, em especial a delimitação face a outros tipos ou subtipos contratuais, cfr. Carlos Ferreira de Almeida, *Contratos*, Vol. II, 3ª edição, Almedina, Coimbra, 2012, pp. 151 e seguintes.

[10] Giovanna Capilli, "Las Garantías en la Venta de Bienes de Consumo", trad. de María Teresa Álvarez Moreno, in *Anuario de Derecho Civil*, Vol. LX, nº 4, 2007, pp. 1679-1728, p. 1699.

[11] Pedro Romano Martinez, "Empreitada de Bens de Consumo – A Transposição da Directiva nº 1999/44/CE pelo Decreto-Lei nº 67/2003", in *Estudos do Instituto de Direito do Consumo*, Vol. II, 2005, pp. 11-35, p. 15.

[12] Ao contrário, no direito brasileiro, prevê-se a responsabilidade do fornecedor por vício do produto e do serviço (respetivamente, artigos 18 e 20 do Código de Defesa do Consumidor, aprovado pelo Decreto nº 2.181, de 20 de março de 1997)

ração ou a limpeza de um bem[13], o que não afeta a sua eventual qualificação como contratos de consumo, para efeitos de outros diplomas, nomeadamente a Lei de Defesa do Consumidor. O diploma aplica-se, contudo, às peças novas que sejam inseridas num bem no âmbito da reparação, uma vez que, neste caso, o contrato não é apenas de empreitada de reparação mas também de compra e venda (ou de empreitada que consista no fornecimento) da peça inserida no bem e este insere-se no âmbito de aplicação do Decreto-Lei nº 67/2003[14].

No que respeita aos contratos de locação de bens de consumo, a sua inclusão neste regime reflete mais uma inovação da lei portuguesa face ao diploma comunitário[15]. Nos termos do artigo 1022º do Código Civil, "locação é o contrato pelo qual uma das partes se obriga a proporcionar à outra o gozo temporário de uma coisa, mediante retribuição", dizendo-se "arrendamento quando versa sobre coisa imóvel [.... e] aluguer quando

---

[13] João Calvão da Silva, *Venda de Bens de Consumo*, cit., p. 66; Fernando de Gravato Morais, *União de Contratos de Crédito e de Venda para o Consumo*, Almedina, Coimbra, 2004, p. 423; João Cura Mariano, *Responsabilidade Contratual do Empreiteiro pelos Defeitos da Obra*, 3ª edição, Almedina, Coimbra, 2008, pp. 232 e 241; Paulo Mota Pinto, "Conformidade e Garantias na Venda de Bens de Consumo – A Directiva 1999/44/CE e o Direito Português", in *Estudos de Direito do Consumidor*, nº 2, 2000, pp. 197-331, pp. 220 e 221; Carlos Ferreira de Almeida, "Orientações de Política Legislativa Adoptadas pela Directiva 1999/44/CE sobre Venda de Bens de Consumo. Comparação com o Direito Português Vigente", in *Themis – Revista da Faculdade de Direito da Universidade Nova de Lisboa*, Ano II, nº 4, 2001, pp. 109-120, p. 118; Luís Menezes Leitão, *Direito das Obrigações*, Vol. III, 7ª edição, Almedina, Coimbra, 2010, p. 140; Pedro Romano Martinez, "Empreitada de Bens de Consumo – A Transposição da Directiva nº 1999/44/CE pelo Decreto-Lei nº 67/2003", cit., p. 15, e Joana Galvão Teles, Jorge Morais Carvalho, Pedro Félix e Sofia Cruz, "Venda de Bens de Consumo: Garantia das Peças Inseridas num Bem no Âmbito da sua Reparação", in *Conflitos de Consumo*, Almedina, Coimbra, 2006, pp. 225-244, pp. 241 e seguintes.

[14] Joana Galvão Teles, Jorge Morais Carvalho, Pedro Félix e Sofia Cruz, "Venda de Bens de Consumo: Garantia das Peças Inseridas num Bem no Âmbito da sua Reparação", cit., p. 244; Francisco Luís Alves, "A Responsabilidade nas Reparações: do Contrato de Empreitada às Garantias de Consumo", in *Boletim da Ordem dos Advogados*, nº 30, 2004, pp. 26-29, p. 28.

[15] Sara Larcher, "Contratos Celebrados Através da Internet: Garantias dos Consumidores contra Vícios na Compra e Venda de Bens de Consumo", in *Estudos do Instituto de Direito do Consumo*, Vol. II, 2005, pp. 141-253, p. 172.

incide sobre coisa móvel" (artigo 1023º). Encontram-se abrangidos, por um lado, quer os contratos de arrendamento[16] quer os contratos de aluguer e, por outro lado, formas contratuais que têm grande afinidade com a locação (encontrando-se por vezes entre a locação e a compra e venda ou tendo uma forte componente de financiamento) e que não se encontram reguladas no Código Civil, como a locação financeira[17], o aluguer de longa duração[18] ou o aluguer operacional de veículos, entre outras[19].

O artigo 4º, nº 6, estabelece que "os direitos atribuídos pelo presente artigo transmitem-se a terceiro adquirente do bem". Deve, no entanto, operar-se uma restrição desta norma, pois o seu espírito apenas abrange o terceiro adquirente que pudesse ser qualificado como consumidor se tivesse sido parte no primeiro contrato.

O diploma não se aplica aos contratos de doação para consumo, bastante comuns, uma vez que as empresas utilizam, em muitos situações, estratégias comerciais que passam pela oferta de bens ou de serviços aos consumidores, em especial na forma de brindes. No caso de o bem não ser conforme com o contrato, o consumidor não pode socorrer-se do regime do Decreto-Lei nº 67/2003, aplicando-se as regras gerais, nomeadamente da Lei de Defesa do Consumidor.

2. Conceito e critérios de conformidade do bem com o contrato

O Decreto-Lei nº 67/2003 acolheu no direito português a noção de conformidade com o contrato, estabelecendo o nº 1 do artigo 2º que "o

---

[16] Sobre o equilíbrio subjacente a este contrato, cfr. Jorge Alberto Aragão Seia, "A Defesa do Consumidor e o Arrendamento Urbano", in *Estudos de Direito do Consumidor*, nº 4, 2002, pp. 21-42, p. 26.

[17] Acórdão do Tribunal da Relação do Porto, de 8 de Março de 2007, Processo nº 0730688 (Teles de Menezes).

[18] Acórdão do Tribunal da Relação do Porto, de 17 de Junho de 2004, Processo nº 0433085 (Teles de Menezes).

[19] Armando Braga, *A Venda de Coisas Defeituosas no Código Civil – A Venda de Bens de Consumo*, Vida Económica, Porto, 2005, pp. 64 e 65; João Calvão da Silva, *Venda de Bens de Consumo*, cit., p. 67; Manuel Januário da Costa Gomes, "Ser ou Não Ser Conforme, Eis a Questão – Em tema de Garantia Legal de Conformidade na Venda de Bens de Consumo", cit., p. 7.

VENDA DE BENS DE CONSUMO

vendedor tem o dever de entregar ao consumidor bens que sejam conformes com o contrato de compra e venda"[20].

A conformidade é avaliada pela operação que consiste em comparar
a prestação estipulada no contrato e a prestação efetuada[21]. O elemento
relevante é o contrato, não sendo possível nem desejável o estabelecimento uniforme, pela lei, das características e qualidades do bem ou serviço[22].

Essencial, neste ponto, é estabelecer, por um lado, os critérios de
determinação da prestação que foi acordada entre as partes e, por outro
lado, saber como e em que momento ou momentos avaliar se a obrigação
foi cumprida.

O artigo 2º do Decreto-Lei nº 67/2003 contém critérios que têm como
objetivo definir os elementos que integram o contrato. Mais do que caracterizar o que é ou não conforme com o contrato, como se retiraria da letra
do corpo do nº 2 (*"presume-se que os bens de consumo não são conformes com o
contrato [...]"*), pretende nestas normas precisar-se o que é que consta do
contrato, para depois, no momento do cumprimento, aferir se o objeto
prestado corresponde ao objeto contratado.

Tal como no diploma comunitário, o diploma de transposição consagra um sistema de presunções. Na formulação pela positiva (Diretiva nº
1999/44/CE), a presunção significa que o consumidor ainda pode provar a desconformidade do contrato, apesar de esta não resultar dos critérios expressamente definidos na norma. Na formulação pela negativa
(Decreto-Lei nº 67/2003), a presunção deixa de fazer sentido, uma vez
que a verificação da desconformidade por referência aos critérios defini-

---

[20] No direito brasileiro, o conceito utilizado é o de "vício de qualidade ou quantidade" (artigo 18 do Código de Defesa do Consumidor).

[21] Carlos Ferreira de Almeida, *Direito do Consumo*, Almedina, Coimbra, 2005,
p. 159; Maria Ângela Bento Soares e Rui Manuel Moura Ramos, *Contratos Internacionais*, Almedina, Coimbra, 1986, p. 90; Xavier O'Callaghan, "Nuevo Concepto de la
Compraventa cuando el Comprador es Consumidor", in *Revista de Derecho Privado*,
2005, pp. 23-41, p. 33.

[22] Thierry Bourgoignie, "À la Recherche d'un Fait Générateur de Responsa-
bilité Unique et Autonomie dans les Rapports de Consommation: Le Défaut de
Conformité à l'Attente Légitime du Consommateur", in *Law and Diffuse Interests in
the European Legal Order – Liber Amicorum Norbert Reich*, Nomos Verlagsgesellschaft,
Baden-Baden, 1997, pp. 221-243, p. 232.

I CONGRESSO LUSO-BRASILEIRO DE DIREITO

dos afasta a possibilidade lógica de prova em contrário, não sendo possível provar a conformidade de um bem desconforme. Se, por exemplo, o bem não corresponder à descrição feita pelo vendedor, este nada pode alegar no sentido de que o bem é conforme com o contrato. Portanto, o nº 2 do artigo 2º do Decreto-Lei nº 67/2003 deve ser interpretado no sentido de não consagrar uma presunção.

O consumidor tem de provar um facto que dê origem à desconformidade[23], como por exemplo uma declaração do vendedor. O vendedor pode negar a verificação do facto, no exemplo dado a sua declaração, mas, se não a puser em causa, não tem a possibilidade de fazer prova de que o bem é conforme com o contrato; isto porque o consumidor conseguiu demonstrar a desconformidade.

A grande vantagem da adoção da noção de conformidade (ou de desconformidade) consiste em, através de uma fórmula simples ("moderna e flexível"[24]), conseguir reunir-se num mesmo grupo (o do incumprimento da obrigação) uma série de situações que tinham um tratamento distinto: o vício ou defeito (da coisa ou do direito), a falta de qualidade do bem, a diferença de identidade e a diferença de quantidade[25].

Vejamos então os critérios definidos legalmente.

Em primeiro lugar, nos termos da primeira parte da alínea *a*) do nº 2 do artigo 2º, importa para a definição do objeto contratual "a descrição que dele é feita pelo vendedor". Por descrição deve entender-se qualquer declaração do vendedor, quer esta seja dirigida ao público, através de um cartaz colocado junto do bem ou de um catálogo, quer seja dirigida diretamente ao consumidor[26]. A descrição feita pelo vendedor integra o con-

---

[23] Luís Menezes Leitão, "O Novo Regime da Venda de Bens de Consumo", cit., p. 46.

[24] R.H.C. Jongeneel, "The Sale of Goods in The Netherlands Civil Code: A Contribution to the Discussion about the Green Paper on Guarantees for Consumer Goods and After-Sales Services", in *Consumer Law Journal*, Vol. 3, 1995, pp. 143--148, p. 148.

[25] Carlos Ferreira de Almeida, *Direito do Consumo*, cit., p. 161; Sara Larcher, "Contratos Celebrados Através da Internet: Garantias dos Consumidores contra Vícios na Compra e Venda de Bens de Consumo", cit., p. 179; Giovanna Capilli, "Las Garantías en la Venta de Bienes de Consumo", cit., p. 1688.

[26] Sara Larcher, "Contratos Celebrados Através da Internet: Garantias dos Consumidores contra Vícios na Compra e Venda de Bens de Consumo", cit., p. 186.

teúdo do contrato, devendo a prestação recair sobre o objeto acordado, ou seja, sobre o objeto que tem as características descritas e que cumpre os objetivos referidos pelo vendedor, exigindo-se uma correspondência "absoluta" e não apenas "razoável"[27].

Em segundo lugar, a parte final da alínea *a)* do n.º 2 do artigo 2.º determina que o bem não é conforme com o contrato se não possuir "as qualidades do bem que o vendedor tenha apresentado ao consumidor como amostra ou modelo". O objeto acordado entre as partes é, portanto, um bem igual à amostra ou modelo, devendo ter as mesmas qualidades ou características.

Em terceiro lugar, os bens não são conformes com o contrato se não forem "adequados às utilizações habitualmente dadas aos bens do mesmo tipo", nos termos da alínea *c)* do n.º 2 do artigo 2.º. A análise da conformidade, para efeitos desta alínea, é feita objetivamente[28], tendo em conta as utilizações habituais dadas ao bem. Não releva aqui que o consumidor tenha referido apenas uma utilização ou até que tenha indicado que não ia utilizar o bem num determinado sentido. Este deve ser apto para todas as utilizações habituais.

Em quarto lugar, a alínea *b)* do n.º 2 do artigo 2.º determina que o bem não é conforme com o contrato se não for adequado "ao uso específico para o qual o consumidor o [...] destine e do qual tenha informado o vendedor quando celebrou o contrato e que o mesmo tenha aceitado". Para além das utilizações habituais, o bem também tem de ser adequado aos usos específicos a que o consumidor o destine[29]. Para tal é necessário que tenha havido acordo das partes no sentido da inclusão desse uso no âmbito do contrato. Apesar de o preceito se referir a uma *informação* da parte do consumidor, o que está em causa é a inclusão desse uso no conteúdo do contrato. Portanto, deve ser feita uma referência ao uso especí-

---

[27] Robert Bradgate e Christian Twigg-Flesner, *Blackstone's Guide to Consumer Sales and Associated Guarantees*, cit., p. 55.

[28] Luís Menezes Leitão, "O Novo Regime da Venda de Bens de Consumo", cit., p. 49.

[29] No direito brasileiro, considera-se que constituem vícios de qualidade aqueles que tornem o bem impróprio ou inadequado ao consumo a que se destinam, sendo impróprios ao consumo os "bens que se revelem inadequados ao fim a que se destinam" (artigo 18, § 6.º). Parece admitir-se aqui a relevância quer das utilizações habituais quer do uso específico acordado.

fico em algum momento, prévio à celebração do contrato, a qual integra o contrato se o vendedor a tiver aceitado. A aceitação consiste, na maioria dos casos, na não contradição em relação ao uso específico referido pelo consumidor[30].

Em quinto lugar, os bens não são conformes com o contrato se "não apresentarem as qualidades e o desempenho habituais[31] nos bens do mesmo tipo e que o consumidor pode razoavelmente esperar, atendendo à natureza do bem e, eventualmente, às declarações públicas sobre as suas características concretas feitas pelo vendedor, pelo produtor ou pelo seu representante, nomeadamente na publicidade ou na rotulagem" (alínea *d*) do nº 2 do artigo 2º). Esta alínea refere-se às qualidades e ao desempenho dos bens do mesmo tipo. Não estão em causa as utilizações habituais, a que alude a alínea *c*), mas as próprias características do bem de consumo objeto do contrato. Com efeito, o bem deve apresentar todas as particularidades – quer ao nível da sua essência quer no que respeita à sua performance (incluindo a durabilidade do bem[32]) – que o consumidor possa razoavelmente esperar, dentro dos limites da norma (a natureza do bem e as declarações públicas do vendedor, do produtor ou do seu representante).

Para a determinação das qualidades e do desempenho que o consumidor pode razoavelmente esperar, deve ter-se em conta, em primeiro

---

[30] Luís Menezes Leitão, "O Novo Regime da Venda de Bens de Consumo", cit., p. 48.

[31] A razoabilidade já constitui um critério limitativo suficientemente objetivo para que a análise das qualidades e do desempenho tenha como referência a habitualidade, bastando-se a possibilidade lógica (e razoável). Neste sentido: Luís Menezes Leitão, "O Novo Regime da Venda de Bens de Consumo", cit., pp. 50 e 51; Nuno Tiago Trigo dos Reis, *A Eficácia Negocial da Mensagem Publicitária*, Faculdade de Direito da Universidade de Lisboa, Lisboa, 2007 (policopiado), p. 44. Contra: Paulo Mota Pinto, "Conformidade e Garantias na Venda de Bens de Consumo – A Directiva 1999/44/CE e o Direito Português", cit., p. 241; Sara Larcher, "Contratos Celebrados Através da Internet: Garantias dos Consumidores contra Vícios na Compra e Venda de Bens de Consumo", cit., pp. 192 e 193.

[32] Mário Tenreiro, "La Proposition de Directive sur la Vente et les Garanties des Biens de Consommation", in *Revue Européenne de Droit de la Consommation*, nº 3, 1996, pp. 187-225, p. 198; Nuno Tiago Trigo dos Reis, *A Eficácia Negocial da Mensagem Publicitária*, cit., p. 43.

lugar, a natureza do bem. As qualidades e o desempenho que o consumidor pode razoavelmente esperar podem não ser os mesmos se o bem for novo ou usado[33], se o bem for de uma ou de outra categoria, se o bem for de um ou de outro material, entre outras distinções baseadas nas características dos bens. Está aqui em causa a natureza do bem e não o seu preço, pelo que não deve relevar, neste âmbito, se aquilo que se pode esperar do bem é mais ou menos tendo em conta a contraprestação. A ideia de que, se o preço for baixo, o consumidor deve ter menos expectativas no que respeita às qualidades do bem, não pode ser acolhida, uma vez que este critério, para além de não ter base na letra da lei, contraria o espírito do diploma. Com efeito, pretende instituir-se um regime avançado na proteção dos consumidores, que afaste no essencial a ideia de que o comprador se deve acautelar e que imponha ao vendedor o cumprimento das promessas feitas (o *caveat emptor* deu lugar ao *caveat venditor*)[34].

Na determinação das qualidades e do desempenho que o consumidor pode razoavelmente esperar, deve ter-se em conta, em segundo lugar, as declarações públicas do vendedor, do produtor ou do representante deste. Está em causa, no essencial, o conteúdo das mensagens publicitárias e das indicações contidas nos rótulos[35].

O nº 4 do artigo 2º equipara à falta de conformidade do bem "a falta de conformidade resultante de má instalação do bem de consumo", "quando a instalação fizer parte do contrato de compra e venda e tiver sido efetuada pelo vendedor, ou sob sua responsabilidade, ou quando o produto, que se prevê que seja instalado pelo consumidor, for instalado pelo consumidor e a má instalação se dever a incorreções existentes nas instruções de montagem". Ao equiparar a falta de conformidade da instalação à falta de conformidade do bem, exige a lei no fundo que a instalação do bem seja conforme com o contrato. Trata-se, nestes casos, de um contrato misto de compra e venda de um bem e de prestação do serviço de instalação do mesmo, só se considerando que o cumprimento é conforme se

---

[33] Calvão da Silva, *Venda de Bens de Consumo*, cit., p. 89.

[34] Luís Menezes Leitão, "O Novo Regime da Venda de Bens de Consumo", cit., p. 45; Paolo Gallo, "Assimetrie Informative e Doveri di Informazione", in *Rivista di Diritto Civile*, Ano LIII, nº 5, 2007, pp. 641-680, p. 676.

[35] O artigo 18 do Código de Defesa do Consumidor brasileiro também inclui entre os vícios de qualidade os decorrentes de disparidade com as indicações constantes da rotulagem ou da publicidade.

se verificar a conformidade em relação às obrigações resultantes dos dois tipos contratuais. A falta de conformidade também se verifica no caso de a má instalação resultar de incorreções nas instruções de montagem. Neste caso, a instalação tanto pode ser feita pelo consumidor – refere-o expressamente a norma – como por um terceiro, não relevando o cuidado com que foi feita, mas tão-só a inaptidão das instruções para uma correta instalação do bem.

Nos termos do nº 3 do artigo 2º, "não se considera existir falta de conformidade, na aceção do presente artigo, se, no momento em que for celebrado o contrato, o consumidor tiver conhecimento dessa falta de conformidade ou não puder razoavelmente ignorá-la ou se esta decorrer dos materiais fornecidos pelo consumidor". Esta norma abrange duas situações distintas: por um lado, a definição do conteúdo do contrato, importante para saber que objeto deve ser prestado, pelo que apenas relevam critérios subjetivos[36]; por outro lado, a possibilidade de imputação da falta de conformidade a um facto do consumidor.

A norma é clara ao estabelecer que o conhecimento tem como referência o momento da celebração do contrato e não o do cumprimento da obrigação de entrega por parte do vendedor. Assim, não releva para efeitos deste regime a circunstância de o consumidor se aperceber da falta de desconformidade no momento da entrega, pelo que não existe qualquer ónus de examinar a coisa comprada[37].

3. Entrega do bem em conformidade com o contrato

O artigo 3º, nº 1, do Decreto-Lei nº 67/2003 determina que "o vendedor responde perante o consumidor por qualquer falta de conformidade que exista no momento em que o bem lhe é entregue". Portanto, o momento relevante para determinar se o bem se encontra em conformidade com o contrato é o da entrega. A circunstância de o bem

---

[36] Mário Tenreiro, "La Proposition de Directive sur la Vente et les Garanties des Biens de Consommation", cit., p. 197.

[37] Pedro Romano Martinez, "Empreitada de Consumo", in *Themis – Revista da Faculdade de Direito da UNL*, Ano II, nº 4, 2001, pp. 155-171, p. 28. Contra: Luís Menezes Leitão, "O Novo Regime da Venda de Bens de Consumo", cit., p. 54.

ser conforme no momento da celebração do contrato, se este for anterior à entrega, não exonera o vendedor do dever de entregar o bem em conformidade com o contrato. O risco transfere-se, portanto, com a entrega[38].

A conclusão acerca da existência de falta de conformidade do bem com o contrato não se encontra ligada à circunstância de se tratar de compra e venda de coisa genérica ou de coisa específica. Em ambos os casos, torna-se necessário analisar o conteúdo do contrato para determinar se o bem entregue se encontra em conformidade com esse conteúdo. Tratando-se de coisa genérica, o objeto do contrato é caracterizado pelos elementos a partir dos quais as partes compõem o género. No caso de coisa específica, o objeto do contrato é um bem concreto e individualizado, mas definido pelas partes como um bem com características determinadas. Verifica-se falta de conformidade quer se a obrigação for genérica e o vendedor entregar uma coisa não abrangida no género definido pelas partes quer se a obrigação for específica e o vendedor entregar o bem acordado, não tendo este as características ou qualidades definidas contratualmente pelas partes.

---

[38] Neste sentido: Paulo Mota Pinto, "Conformidade e Garantias na Venda de Bens de Consumo – A Directiva 1999/44/CE e o Direito Português", cit., p. 250; Luís Menezes Leitão, "O Novo Regime da Venda de Bens de Consumo", cit., pp. 55 a 59; Nuno Pinto Oliveira, *Contrato de Compra e Venda – Noções Fundamentais*, Almedina, Coimbra, 2007, p. 323; Manuel Januário da Costa Gomes, "Ser ou Não Ser Conforme, Eis a Questão – Em tema de Garantia Legal de Conformidade na Venda de Bens de Consumo", cit., p. 15; Sara Larcher, "Contratos Celebrados Através da Internet: Garantias dos Consumidores contra Vícios na Compra e Venda de Bens de Consumo", cit., p. 196; Mª Dolores Mezquita García-Granero, "Los Plazos en la Compraventa de Consumo. Estudio Comparativo de la Cuestión en el Derecho Español y Português", in *Estudos de Direito do Consumidor*, nº 6, 2004, pp. 151-202, p. 154, nota 5; Giovanna Capilli, "Le Garanzie nella Vendita di Beni di Consumo", in *I Diritti dei Consumatori*, Vol. II, G. Giappichelli Editore, Torino, 2009, p. 534. Contra: Fernando de Gravato Morais, *União de Contratos de Crédito e de Venda para o Consumo*, cit., pp. 114 e 115; João Calvão da Silva, *Venda de Bens de Consumo*, cit., p. 98; Patrícia da Guia Pereira, "Cláusulas Contratuais Abusivas e Distribuição do Risco", in *Sub Judice – Justiça e Sociedade*, nº 39 – Cláusulas Contratuais Gerais Abusivas, 2007, pp. 91-113, p. 105; Nuno Aureliano, *O Risco nos Contratos de Alienação – Contributo para o Estudo do Direito Privado Português*, Almedina, Coimbra, 2009, p. 383.

A presunção de anterioridade da falta de conformidade está prevista no nº 2 do artigo 3º, que estatui que "as faltas de conformidade que se manifestem num prazo de dois ou de cinco anos a contar da data da entrega de coisa móvel corpórea ou de coisa imóvel, respetivamente, presumem-se existentes já nessa data, salvo quando tal for incompatível com a natureza da coisa ou com as características da falta de conformidade". Alarga-se o prazo da presunção previsto no diploma comunitário de seis meses para dois anos. Esta presunção liberta o consumidor da difícil[39] prova da existência de falta de conformidade no momento da entrega do bem, não deixando no entanto de ter de provar a falta de conformidade. O vendedor pode ilidir a presunção, provando que a falta de conformidade não existia no momento da entrega, devendo-se a facto posterior que não lhe seja imputável, por exemplo o uso incorreto do bem pelo consumidor.

4. Direitos do consumidor

O nº 1 do artigo 4º do Decreto-Lei nº 67/2003 estabelece que, "em caso de falta de conformidade do bem com o contrato, o consumidor tem direito a que esta seja reposta sem encargos, por meio de reparação ou de substituição, à redução adequada do preço ou à resolução do contrato". O consumidor também pode invocar a exceção de não cumprimento do contrato e exigir uma indemnização em consequência da desconformidade, desde que se encontrem verificados os respetivos pressupostos.

Ao contrário do diploma comunitário, a letra do diploma de transposição não estabelece uma hierarquia entre os vários direitos, soluções ou remédios para fazer face a uma situação de desconformidade. A escolha do consumidor apenas se encontra limitada pela impossibilidade ou pelo abuso do direito, nos termos gerais (artigo 4º, nº 5).

A questão tem sido objeto de ampla discussão doutrinária e jurisprudencial, mesmo antes do Decreto-Lei nº 67/2003. Note-se que a Lei de

---

[39] João Calvão da Silva, *Venda de Bens de Consumo*, cit., pp. 101 e 102; Armando Braga, *A Venda de Coisas Defeituosas no Código Civil – A Venda de Bens de Consumo*, cit., p. 68.

VENDA DE BENS DE CONSUMO

Defesa do Consumidor, na versão originária (artigo 12º), também não estabelecia, pelo menos expressamente, uma hierarquia entre os direitos, sendo menos clara do que a lei atual, na medida em que não se referia expressamente a qualquer limitação na escolha de uma das soluções (impossibilidade ou abuso de direito)[40].

Tendo já sido proferidas dezenas de decisões sobre a questão, não é possível definir uma orientação dominante da jurisprudência dos tribunais superiores, uma vez que esta tem oscilado entre as duas soluções.

Também a doutrina se encontra dividida[41].

---

[40] No direito brasileiro, a hierarquia é reduzida. Em regra, sendo o vício sanável com a substituição das partes afetadas (primeiro remédio), o profissional tem trinta dias para o fazer (ou outro prazo definido pelas partes, nunca inferior a sete ou superior a cento e oitenta dias); caso não o faça, o consumidor pode imediatamente optar por qualquer uma das outras soluções previstas na lei, nomeadamente a resolução do contrato. Se o vício não for sanável com a substituição das partes afetadas ou se se tratar de bem essencial, o consumidor pode optar logo pela resolução do contrato (artigo 18 do Código de Defesa do Consumidor). Sobre este aspeto, Cláudia Lima Marques, Antônio Herman Benjamin e Bruno Miragem, *Comentários ao Código de Defesa do Consumidor*, Editora Revista dos Tribunais, São Paulo, 2003, p. 289; Zelmo Denari, "Eficácia do Tempo nas Relações de Consumo", in *Revista do Advogado*, Ano XXVI, nº 89 – 15 Anos de Vigência do Código de Defesa do Consumidor, 2006, pp. 114-118, p. 117.

[41] A favor da existência de hierarquia: Pedro Romano Martinez, "Empreitada de Bens de Consumo – A Transposição da Directiva nº 1999/44/CE pelo Decreto-Lei nº 67/2003", cit., pp. 31 e 32; Fernando de Gravato Morais, *União de Contratos de Crédito e de Venda para o Consumo*, cit., p. 117. Contra a existência de hierarquia: Luís Menezes Leitão, "O Novo Regime da Venda de Bens de Consumo", cit., p. 58; Sara Larcher, "Contratos Celebrados Através da Internet: Garantias dos Consumidores contra Vícios na Compra e Venda de Bens de Consumo", cit., p. 205; Paulo Mota Pinto, "O Anteprojeto de Código do Consumidor e a Venda de Bens de Consumo", in *Estudos do Instituto de Direito do Consumo*, Vol. III, 2006, pp. 119-134, p. 131; Nuno Pinto Oliveira, *Contrato de Compra e Venda – Noções Fundamentais*, cit., p. 320; Diovana Barbieri, "The Binding of Individuals to Fundamental Consumer Rights in the Portuguese Legal System: Can/Should it be Thought of in Terms of Direct Horizontal Effect?", cit., p. 690; Assunção Cristas, "É Possível Impedir Judicialmente a Resolução de um Contrato?", in *Estudos Comemorativos dos 10 Anos da Faculdade de Direito da Universidade Nova de Lisboa*, Vol. II, Almedina, Coimbra, 2008, pp. 53-79, p. 56, nota 2.

A lei atual parece clara não só no sentido de não existir uma ordem entre os direitos mas também no sentido de a escolha caber ao consumidor[42]. O nº 5 do artigo 4º estabelece que "o consumidor pode exercer qualquer dos direitos", exceto nos casos enunciados no preceito de impossibilidade ou de abuso do direito.

A impossibilidade constitui um limite material à escolha do consumidor. Sendo impossível o cumprimento pelo profissional da obrigação resultante de um dos direitos, o consumidor deixa de poder exercer esse direito. Trata-se de limite resultante da própria natureza das coisas, sendo até dispensável a referência legal[43].

Quanto ao abuso do direito, não parece adequado defender-se que neste caso os requisitos para a sua verificação são menos exigentes do que os do artigo 334º do Código Civil[44], pelo que tem de se verificar este preceito para concluir acerca do caráter abusivo da escolha feita pelo consumidor, limite que sempre existiria, mesmo na ausência de referência legal[45], embora o seu efeito pedagógico não seja negligenciável. O artigo 334º estabelece que "é ilegítimo o exercício de um direito, quando o titular exceda manifestamente os limites impostos pela boa-fé, pelos bons costumes ou pelo fim social ou económico desse direito", entendendo-se que a desproporcionalidade entre a vantagem do titular e a desvantagem de outrem pode caber no âmbito deste preceito, desde que se encontrem verificados os demais pressupostos.

Refira-se ainda que, em regra, a não reposição da conformidade do bem com o contrato por parte do vendedor, nomeadamente através de reparação, afasta a qualificação como abusiva da escolha pelo consumidor de outro direito, por exemplo a resolução do contrato[46].

---

[42] Carlos Ferreira de Almeida, *Direito do Consumo*, cit., p. 164.

[43] Pedro Romano Martinez, "Empreitada de Bens de Consumo – A Transposição da Directiva nº 1999/44/CE pelo Decreto-Lei nº 67/2003", cit., p. 30.

[44] Pedro Romano Martinez, "Empreitada de Bens de Consumo – A Transposição da Directiva nº 1999/44/CE pelo Decreto-Lei nº 67/2003", cit., p. 30; Luís Menezes Leitão, "O Novo Regime da Venda de Bens de Consumo", cit., p. 59.

[45] Paulo Mota Pinto, "O Anteprojecto de Código do Consumidor e a Venda de Bens de Consumo", cit., p. 131.

[46] Sentença do Julgado de Paz de Lisboa, de 31 de Dezembro de 2008, Processo nº 613/2008 (João Chumbinho).

4.1. Reparação

Em caso de falta de conformidade do bem com o contrato, um dos direitos que o consumidor pode exercer consiste em exigir ao vendedor que a conformidade seja reposta através de reparação.

A reparação é na sua essência uma operação material sobre a coisa, transformando-a no sentido de esta passar a estar conforme com o contrato. Também se deve considerar tratar-se de reparação no caso de não ser necessária uma intervenção direta na coisa, mas um ato que, não afetando diretamente o bem, altera alguma qualidade ou faculdade a este inerente. É o caso de a desconformidade resultar da falta de um registo, de uma garantia ou do cumprimento de uma obrigação, constituindo a reparação a realização do registo, a concessão da garantia ou o cumprimento da obrigação. Neste sentido, a alínea *h*) do artigo 1º-B, aditado pelo Decreto-Lei nº 84/2008, define reparação em termos amplos como "a reposição do bem de consumo em conformidade com o contrato"[47].

Nos termos do nº 2 do artigo 4º do Decreto-Lei nº 67/2003, a reparação deve ser realizada dentro de um prazo razoável e tendo em conta a natureza do defeito, se se tratar de um imóvel, e num prazo de 30 dias, tratando-se de um bem móvel[48]. Em qualquer caso, exige-se a sua realização sem grave inconveniente para o consumidor.

O incumprimento do prazo para a reparação, para além de fazer o vendedor incorrer em responsabilidade contra-ordenacional, atribui ao consumidor o direito de optar imediatamente por outra solução. Apesar de não se encontrar expressamente prevista na lei[49], esta solução resulta do espírito do regime, podendo escolher-se outro direito, nomeadamente a

---

[47] O equivalente, no direito brasileiro, à reparação do direito português, é "a substituição das partes viciadas" (artigo 18 do Código de Defesa do Consumidor). Cláudia Lima Marques, *Contratos no Código de Defesa do Consumidor*, 5ª edição, Editora Revista dos Tribunais, São Paulo, 2006, p. 1153, refere que "o fornecedor pode tentar consertar o vício durante 30 dias".

[48] No direito brasileiro prevê-se igualmente um prazo de 30 dias para a reposição da conformidade, mas este prazo pode ser alterado pelas partes, não podendo, contudo, ser inferior a 7 dias ou superior a 180 dias (artigo 18, § 1º e 2º).

[49] Esta possibilidade encontra-se expressamente prevista no artigo 18 do Código de Defesa do Consumidor brasileiro.

resolução do contrato, sempre que o anterior não tenha reposto a conformidade no bem[50].

A conformidade tem de ser reposta sem encargos. A reparação do bem não deve, assim, implicar qualquer custo para o consumidor. O nº 3 esclarece que os encargos são as "despesas necessárias para repor o bem em conformidade com o contrato, incluindo, designadamente, as despesas de transporte, de mão-de-obra e material". A lista não é exaustiva, pelo que inclui outras despesas relativas à reposição da conformidade do bem, como custos com peritagens ou avaliações. Portanto, o consumidor não tem de pagar qualquer valor associado à reparação, incluindo o envio do bem para o vendedor.

4.2. Substituição

Em caso de falta de conformidade do bem com o contrato, outro dos direitos que o consumidor pode exercer consiste em exigir ao vendedor que a conformidade seja reposta através de substituição do bem.

A substituição consubstancia duas obrigações: a devolução do bem pelo comprador ao vendedor e a entrega de um novo bem pelo vendedor ao comprador. Entre as duas obrigações existe um sinalagma, pelo que o vendedor se pode recusar a entregar o novo bem no caso de o comprador não entregar o bem que tem em seu poder.

Tal como a reparação, a substituição deve ser feita dentro de um prazo razoável, se se tratar de um imóvel, e dentro do prazo de 30 dias, se estiver em causa um bem móvel, em ambos os casos sem grave inconveniente para o consumidor (artigo 4º, nº 2). Deve analisar-se casuisticamente o preenchimento destes conceitos, mas estatisticamente a substituição será mais rápida do que a reparação.

A substituição deve ser feita sem encargos para o consumidor, pelo que as despesas de devolução do bem desconforme e envio do novo bem ficam a cargo do profissional.

---

[50] Giovanna Capilli, "Las Garantías en la Venta de Bienes de Consumo", cit., p. 1714.

4.3. Resolução do contrato

A resolução do contrato implica a destruição dos seus efeitos, tendo em princípio eficácia retroativa, nos termos do artigo 434º do Código Civil. Neste caso, o fundamento da resolução é a desconformidade do bem com o contrato, ou seja, o incumprimento da obrigação por parte do vendedor.

A resolução do contrato é feita por declaração do consumidor dirigida ao profissional[51], nos termos gerais do nº 1 do artigo 436º do Código Civil.

O direito de resolução pode ser exercido "mesmo que a coisa tenha perecido ou se tenha deteriorado por motivo não imputável ao comprador", nos termos do nº 4 do artigo 4º do Decreto-Lei nº 67/2003. Esta norma aplica-se no caso de o bem não ser conforme com o contrato por outra causa que não o perecimento ou deterioração da coisa e, durante o período em que se revela a falta de conformidade, o bem perecer ou deteriorar-se. Estabelece-se neste caso que o risco corre por conta do vendedor a partir do momento em que se revela a falta de conformidade . A referência à imputabilidade do evento a uma das partes no final do preceito é desnecessária, uma vez que a dúvida apenas poderia existir em relação às situações em que aquele não é imputável a qualquer uma delas, questão que o preceito vem regular. Afasta-se, assim, a aplicação do nº 2 do artigo 432º do Código Civil, que estabelece que "a parte [...] que, por circunstâncias não imputáveis ao outro contraente, não estiver em condições de restituir o que houver recebido não tem o direito de resolver o contrato". Portanto, se o bem desconforme com o contrato perecer ou se deteriorar após a denúncia e antes da reposição da conformidade pelo vendedor, o consumidor pode resolver o contrato. Só não será assim se o perecimento ou deterioração da coisa lhe for imputável.

4.4. Redução do preço

Em caso de falta de conformidade do bem com o contrato, o consumidor pode também exercer o direito de redução do preço. Trata-se prova-

---

[51] Fernando de Gravato Morais, *União de Contratos de Crédito e de Venda para o Consumo*, cit., p. 181.

velmente do direito estatisticamente menos utilizado pelos consumidores, não deixando no entanto de ser expressamente conferido pelo artigo 4º do Decreto-Lei nº 67/2003.

O exercício deste direito pressupõe a vontade do consumidor de ficar com o bem, mesmo desconforme[52].

Este diploma não contém qualquer elemento para a determinação do valor da redução, mas este deve ser apurado com recurso a critérios objetivos, não estando na dependência de uma avaliação subjetiva do valor da falta de conformidade pelo consumidor. Na falta de outros critérios, podem ser aplicadas as normas do Código Civil que regulam a redução do preço no caso de venda que fica limitada a parte do seu objeto (artigo 884º), de venda de bens onerados (artigo 911º) e de empreitada defeituosa (artigo 1222º)[53].

A redução do preço corresponde ao valor da desvalorização do bem, visando o equilíbrio das prestações[54]. Deve ser feita uma avaliação da percentagem de desvalorização do bem, tendo em conta a desconformidade com o contrato[55], ou da utilidade patrimonial ainda assim retirada do que foi prestado[56]. A aplicação da percentagem ao preço pago determina o valor da redução, devendo o vendedor restituir montante correspondente na consequência do exercício do direito pelo consumidor.

Na prática, o exercício não judicial deste direito depende da existência de um acordo entre o vendedor e o comprador quanto ao valor da redução. Ao contrário das outras soluções, nesta o remédio tem de ser quantificado, pelo que é necessário um maior diálogo entre as partes. Talvez

---

[52] Fernando de Gravato Morais, *União de Contratos de Crédito e de Venda para o Consumo*, cit., p. 162.

[53] Pedro Romano Martinez, "Empreitada de Bens de Consumo – A Transposição da Directiva nº 1999/44/CE pelo Decreto-Lei nº 67/2003", cit., p. 32.

[54] Miguel Teixeira de Sousa, *"O Cumprimento Defeituoso e a Venda de Coisas Defeituosas"*, in *Ab Vno ad Omnes – 75 Anos da Coimbra Editora*, Coimbra Editora, Coimbra, 1998, pp. 567-585, p. 582; Fernando de Gravato Morais, *União de Contratos de Crédito e de Venda para o Consumo*, cit., pp. 162 e 163.

[55] Rui Bayão de Sá Gomes, *"Breves Notas sobre o Cumprimento Defeituoso no Contrato de Empreitada"*, in *Ab Vno ad Omnes – 75 Anos da Coimbra Editora*, Coimbra Editora, Coimbra, 1998, pp. 587-639, p. 624.

[56] Jorge Mattamouros Rezende, "Jogo de Futebol. Desconformidade", in *Conflitos de Consumo*, Almedina, Coimbra, 2006, pp. 153-155, p. 155.

por esta razão, trata-se do direito estatisticamente menos utilizado pelos consumidores.

5. Prazos

A matéria dos prazos encontrava-se integralmente tratada na versão originária do artigo 5º do Decreto-Lei nº 67/2003. O Decreto-Lei nº 84/2008 revogou uma parte deste artigo, passando as respetivas normas para o artigo 5º-A.

Separou-se assim a matéria relativa ao designado *prazo da garantia* e a dos *prazos para exercício de direitos* (um relativo à *denúncia da falta de conformidade* e outro respeitante à *caducidade da ação*)[57], conforme as respetivas epígrafes.

5.1. Prazo da garantia legal de conformidade

A lei começa por regular o prazo dentro do qual o consumidor tem direito a reagir face a uma manifestação da falta de conformidade do bem.

O consumidor tem direito à entrega de um bem em conformidade com o contrato, respondendo o vendedor por qualquer desconformidade (artigos 2º, nº 1, e 3º, nº 1), e presume-se que as faltas de conformidade que se manifestem no prazo de dois ou cinco anos a contar da data da entrega, consoante se trate de bem móvel ou imóvel, existiam já nessa data (artigo 3º, nº 2).

Diz-nos agora o nº 1 do artigo 5º que os direitos de reparação do bem, substituição do bem, redução do preço e resolução do contrato só podem ser exercidos quando a falta de conformidade se manifestar num prazo

---

[57] O Código de Defesa do Consumidor brasileiro prevê apenas um prazo de caducidade do direito de reclamar (a contar da data em que o vício se evidencia), que é de 30 dias no que respeita a bens não-duráveis e de 90 dias em relação aos bens duráveis (artigo 26). Cláudia Lima Marques, *Contratos no Código de Defesa do Consumidor*, cit., p. 1187, embora reconheça que a norma "não é de todo translúcida", aponta no sentido de que se refere "à decadência do direito «de reclamar» *judicialmente*, isto é, a decadência do *direito* à satisfação contratual perfeita, obstada por um vício de inadequação do produto ou serviço".

de dois ou cinco anos a contar da data da entrega, consoante se trate de bem móvel ou imóvel. Equipara-se assim o prazo da garantia legal de conformidade ao da presunção de anterioridade, pelo que coincide o prazo dentro do qual o consumidor pode reagir a uma manifestação de falta de conformidade do bem com a presunção de anterioridade dessa falta de conformidade. Portanto, o consumidor que pretende exercer um dos direitos previstos na lei não tem a seu cargo, em nenhum momento, o ónus da prova da existência da falta de conformidade no momento da entrega. Apenas tem de provar que a falta de conformidade se manifestou dentro do prazo previsto.

No caso de um bem imóvel, releva qualquer desconformidade do bem com o contrato que se manifeste num prazo de cinco anos a contar da data da entrega.

No caso de um bem móvel, os direitos podem ser exercidos pelo consumidor se a falta de conformidade se manifestar num prazo de dois anos a contar da data da entrega. Este prazo não pode, em geral, ser reduzido por acordo das partes, exceto quando se trate de coisa móvel usada (note-se que, tratando-se de coisa imóvel, é irrelevante a circunstância de ser nova ou usada), em que admite que as partes convencionem a redução do prazo para um ano (artigo 5º, nº 2).

O nº 6 do artigo 5º foi aditado pelo Decreto-Lei nº 84/2008 e estabelece que, no caso de o consumidor optar pela substituição do bem, o segundo bem (ou *bem sucedâneo*, nos termos da lei) tem um novo prazo de garantia legal de conformidade de dois ou cinco anos, conforme se trate de móvel ou imóvel (o prazo pode ser de um ano, se se tratar de coisa móvel usada e tiver havido acordo no contrato quanto à redução do prazo).

O nº 7 do artigo 5º determina que o prazo se suspende, "a partir da data da denúncia, durante o período em que o consumidor estiver privado do uso dos bens". A suspensão do prazo está diretamente relacionada com o período em que se verifique a desconformidade, independentemente da solução que o consumidor adote. A partir do momento em que o consumidor denuncia ao vendedor a falta de conformidade do bem com o contrato, suspende-se o prazo, apenas recomeçando a sua contagem no momento em que o bem é novamente entregue ao consumidor, já em conformidade com o contrato.

5.2. Prazo para denúncia da falta de conformidade

O nº 2 do artigo 5º-A do Decreto-Lei nº 67/2003 estabelece que, "para exercer os seus direitos, o consumidor deve denunciar ao vendedor a falta de conformidade num prazo de dois meses, caso se trate de bem móvel, ou de um ano, se se tratar de bem imóvel, a contar da data em que a tenha detetado".

Na ausência de denúncia, os direitos do consumidor caducam (artigo 5º-A, nº 5).

A denúncia tem como objetivo informar o vendedor de que o bem não se encontra em conformidade com o contrato, pelo que se revela desnecessária se o consumidor tiver conhecimento de que o vendedor sabe da desconformidade. É o que sucede, nomeadamente, se o próprio profissional reconhecer a falta de conformidade (artigo 331º, nº 2, do Código Civil). Em sede de empreitada defeituosa, o nº 2 do artigo 1220º do Código Civil também estabelece que "equivale à denúncia o reconhecimento, por parte do empreiteiro, da existência do defeito". Este princípio, embora não se encontre expressamente consagrado no Decreto-Lei nº 67/2003, está abrangido no espírito do regime e resulta da razão de ser da exigência de denúncia.

Com a consagração de um prazo curto para a denúncia da falta de conformidade, procura garantir-se a resolução rápida do problema, permitindo a ambas as partes a regularização da situação em pouco tempo[58]. Acrescente-se que a proximidade em relação à intervenção no bem pode facilitar o sucesso da operação. Trata-se, assim, de norma que limita de forma significativa a capacidade de intervenção do consumidor, mas que encontra justificação adequada[59].

O prazo conta-se a partir da data em que o consumidor deteta a falta de conformidade, não relevando a mera possibilidade de a conhecer[60]. Assim, o prazo começa a correr a partir da data em que o consumidor

---

[58] Pedro Romano Martinez, "Empreitada de Consumo", cit., p. 33.

[59] Em sentido contrário, Jean Calais-Auloy, "Une Nouvelle Garantie pour l'Acheteur: La Garantie de Conformité", in *Revue Trimestrielle de Droit Civil*, nº 4, 2005, pp. 701-712, p. 708.

[60] Fernando de Gravato Morais, *União de Contratos de Crédito e de Venda para o Consumo*, cit., p. 141.

I CONGRESSO LUSO-BRASILEIRO DE DIREITO

toma conhecimento de que o bem adquirido não se encontra em conformidade com o contrato.

5.3. Prazo de caducidade da ação

Após a denúncia da falta de conformidade, a lei impõe um prazo para o consumidor exercer judicialmente os direitos de reparação do bem, substituição do bem, redução do preço ou resolução do contrato. O nº 3 do artigo 5º-A estabelece que os direitos caducam decorridos dois anos a partir da data da denúncia se se tratar de um bem móvel (novo ou usado) e três anos tratando-se de bem imóvel.

Este prazo foi alargado pelo Decreto-Lei nº 84/2008. O prazo originário era de seis meses, nos termos do nº 4 do artigo 5º, revogado pelo diploma referido, independentemente de se tratar de bem móvel ou imóvel. Este prazo de seis meses, para além de diminuir a proteção do consumidor em caso de empreitada defeituosa, uma vez que o nº 1 do artigo 1224º do Código Civil previa um prazo de um ano, implicava uma transposição incorreta da Diretiva 1999/44/CE[61], que determina que o prazo de caducidade não pode "ser inferior a dois anos a contar da data da entrega" (artigo 5º, nº 1).

Os direitos do consumidor caducam no prazo de dois ou três anos a contar da denúncia, respetivamente se se tratar de bem móvel ou imóvel. Aplicam-se as regras gerais sobre caducidade, pelo que tem de se observar se se verifica alguma causa impeditiva, nos termos do artigo 331º do Código Civil. É especialmente relevante o nº 2, que estatui que impede "a caducidade o reconhecimento do direito por parte daquele contra quem deva ser exercido". Assim, se o vendedor admitir a falta de conformidade, o prazo de caducidade da ação deixa de correr, podendo o direito ser exercido pelo consumidor após o seu termo. A questão era mais relevante

---

[61] António Pinto Monteiro, "Garantias na Venda de Bens de Consumo – A Transposição da Directiva 1999/44/CE para o Direito Português", in *Estudos de Direito do Consumidor*, nº 5, 2003, pp. 123-137, pp. 135 e 136; Paulo Mota Pinto, "O Anteprojecto de Código do Consumidor e a Venda de Bens de Consumo", cit., p. 127; Mário Frota, "Garantia das Coisas Móveis Duradouras", in *Revista Portuguesa de Direito do Consumo*, nº 53, 2008, pp. 28-42, p. 34.

face ao prazo apertado de seis meses, mas a norma continua a aplicar-se com os novos prazos.

Os prazos de caducidade da ação encontram-se na disponibilidade das partes, pelo menos no que respeita ao seu alargamento, pelo que, nos termos do n.º 2 do artigo 333.º do Código Civil, que remete para o artigo 303.º do mesmo diploma, não é de conhecimento oficioso[62].

Nos termos do n.º 4 do artigo 5.º-A, o prazo de caducidade da ação suspende-se em dois casos: "durante o período de tempo em que o consumidor estiver privado do uso dos bens com o objetivo de realização das operações de reparação ou substituição" e "durante o período em que durar a tentativa de resolução extrajudicial do conflito de consumo que opõe o consumidor ao vendedor ou ao produtor, com exceção da arbitragem".

6. Responsabilidade (direta) do produtor

A Diretiva 1999/44/CE não consagrou a responsabilidade direta do produtor pela falta de conformidade dos bens[63].

Portugal não esperou por uma intervenção da União Europeia e consagrou a responsabilidade direta do produtor no artigo 6.º do Decreto-Lei n.º 67/2003[64], sem prejuízo da responsabilidade do vendedor. Assim, face a uma falta de conformidade do bem (móvel ou imóvel) com o contrato, o

---

[62] Sentença do Centro Nacional de Informação e Arbitragem de Conflitos de Consumo, de 22 de Novembro de 2010 (Carlos Ferreira de Almeida).

[63] A responsabilidade a que se faz referência neste ponto é a responsabilidade do produtor perante o consumidor pela reposição da conformidade num bem de consumo prestado em desconformidade com o contrato. Não está em causa a responsabilidade do produtor pelos danos resultantes de morte ou lesão pessoal e os danos causados em coisa diversa do bem defeituoso, questão tratada pelo Decreto-Lei n.º 383/89, de 6 de novembro, alterado pelo Decreto-Lei n.º 131/2001, de 24 de abril. O Código de Defesa do Consumidor brasileiro também distingue a responsabilidade pelo fato do produto ou serviço (artigos 12 e seguintes) e a responsabilidade por vício do produto ou serviço (artigos 18 e seguintes).

[64] A doutrina mostra-se, no essencial, favorável a esta solução: Calvão da Silva, *Venda de Bens de Consumo*, cit., p. 127; Luís Menezes Leitão, "O Novo Regime da Venda de Bens de Consumo", cit., p. 62; José A. Engrácia Antunes, *Direito dos Contratos Comerciais*, Almedina, Coimbra, 2009, p. 283.

consumidor pode dirigir-se quer ao vendedor quer ao produtor, podendo até exigir simultaneamente a ambos a satisfação da sua pretensão. Se o produtor for o vendedor, não se aplica esta norma, devendo ser responsabilizado nos termos gerais do diploma.

No entanto, a responsabilidade do produtor não é tão ampla como a responsabilidade do vendedor, tornando assim o exercício dos direitos perante este último mais vantajoso para o consumidor.

Em primeiro lugar, o nº 1 do artigo 6º refere-se a *coisa defeituosa* e não a *falta de conformidade com o contrato*. O objetivo é claramente optar nesta sede por uma conceção objetiva de defeito, não relevando as circunstâncias concretas relativas ao contrato celebrado. Uma vez que o produtor não é parte no contrato com o consumidor, considera-se que não é responsável por qualquer falta de conformidade que resulte das declarações dos contraentes. No entanto, deve considerar-se incluída no conceito de *defeito* qualquer falta de conformidade derivada de elementos contratualmente relevantes que resultem de declarações do produtor, situação bastante comum, tendo em conta que uma boa parte das mensagens introduzidas nos rótulos e na publicidade tem essa origem.

Em segundo lugar, o consumidor apenas pode exercer o direito de reparação do bem ou o direito de substituição do bem. Os direitos de redução do preço e de resolução do contrato não podem ser exercidos, solução compreensível, dado não existir contrato entre consumidor e produtor, passível de ser resolvido ou de ver reduzida a prestação[65]. Esta conclusão poderia ser contornada, considerando-se que se trata de direito a indemnização, restituindo-se o consumidor dos danos causados pelo defeito.

Em terceiro lugar, ao contrário do que sucede no que respeita à responsabilidade do vendedor, a escolha entre os dois remédios previstos não é livre. A redação do nº 1 do artigo 6º foi alterada pelo Decreto-Lei nº 84/2008, tendo passado a escolha a caber ao consumidor (antes cabia ao vendedor). Em contrapartida, a norma passou a prever critérios para controlar essa escolha. A opção encontra-se limitada, num primeiro momento, pela impossibilidade da operação. Trata-se de um limite lógico, não podendo ser exigida uma operação que não seja possível. Encontra-se ainda limitada por um critério de proporcionalidade. Esta é aferida "tendo

---

[65] João Calvão da Silva, *Venda de Bens de Consumo*, cit., p. 130.

em conta o valor que o bem teria se não existisse falta de conformidade, a importância desta e a possibilidade de a solução alternativa ser concretizada sem grande inconveniente para o consumidor". É necessário analisar o valor do bem em conformidade com o contrato, concluindo-se no sentido da inexigibilidade da reparação ou da substituição no caso de esse valor ser reduzido. Também não pode ser exigida uma ou ambas as soluções se, em comparação com a relevância da falta de conformidade, a solução for dispendiosa para o produtor, sendo que parece consagrar-se nesta norma que, perante um defeito insignificante, o consumidor nada pode pedir ao produtor. Por fim, se o consumidor optar por um dos direitos, o produtor pode socorrer-se do outro, bastando para tal que esta solução não cause inconveniente ao consumidor. Permite-se assim que o produtor obste à substituição do bem no caso de conseguir repará-lo num prazo aceitável.

Pode, portanto, concluir-se que a preferência da lei é clara no sentido de responsabilizar o vendedor pela falta de conformidade do bem, sem prejuízo do direito de regresso deste contra o produtor ou genericamente contra aquele a quem tenha adquirido o bem.

7. Garantia voluntária

A matéria da garantia voluntária, também designada garantia comercial, não é exclusiva da venda de bens de consumo, mas tem com esta grande afinidade, encontrando-se regulada no artigo 9º do Decreto-Lei nº 67/2003.

A alínea *g*) do artigo 1º-B do Decreto-Lei nº 67/2003, aditado pelo Decreto-Lei nº 84/2008, define garantia voluntária como "qualquer compromisso ou declaração, de carácter gratuito ou oneroso, assumido por um vendedor, por um produtor ou por qualquer intermediário perante o consumidor, de reembolsar o preço pago, substituir, reparar ou ocupar-se de qualquer modo de um bem de consumo, no caso de este não corresponder às condições enumeradas na declaração de garantia ou na respectiva publicidade".

A principal característica da garantia é a vinculação do emitente a uma prestação (devolver o preço ou substituir ou reparar o bem) no caso de se verificar determinado evento (facto relativo ao bem, abrangido pelo conteúdo da declaração, direta ou indiretamente, incluindo a publicidade).

A garantia pode ser gratuita ou onerosa.

A garantia pode ser prestada por qualquer pessoa. Em regra, o garante é o produtor, o vendedor ou um terceiro com interesse na satisfação do consumidor (por exemplo, o operador de telecomunicações, no que respeita ao telemóvel vendido).

Um primeiro aspeto que deve ser salientado é a total independência entre a denominada *garantia legal*, que consiste na obrigação de cumprimento em conformidade com o contrato, e a *garantia voluntária*. A primeira não é afetada nem pode ser afastada pela segunda[66]. A garantia legal vincula o vendedor e o produtor (este, nos termos do artigo 6º do Decreto-Lei nº 67/2003), independentemente da sua vontade, enquanto a garantia voluntária depende de uma declaração do emitente.

Face à lei portuguesa, ninguém – nem o vendedor, nem o produtor – é obrigado a prestar uma garantia voluntária. Trata-se de um ato de autonomia, cabendo a decisão a quem pretenda prestar a garantia. No entanto, quem o fizer, encontra-se vinculado ao cumprimento do dever previsto no artigo 9º do Decreto-Lei nº 67/2003.

Assim, a declaração de garantia tem de ser transmitida através de um suporte durável (artigo 9º, nº 2), garantindo-se com esta exigência a permanência, a acessibilidade e a inalterabilidade da informação nele contida. Tem de ser emitida por escrito (em papel ou através de documento informático). É o que resulta da exigência de redação "de forma clara e concisa na língua portuguesa" do proémio do nº 3. Exige-se que o conteúdo da garantia seja claro para um consumidor normal daquele bem e que o documento contenha apenas a informação relevante, tendo em conta a vinculação a que o emitente se sujeita, e seja redigido em língua portuguesa.

O incumprimento dos deveres impostos pelos nºs 2 e 3 do artigo 9º não afeta a validade da garantia, mantendo-se o garante vinculado à realização das prestações prometidas (nº 5 do artigo 9º).

Na generalidade dos bens duráveis, o produtor presta uma garantia voluntária, com o objetivo principal de aumentar a confiança dos consumidores nos bens, potenciando-se assim as trocas comerciais e o funcionamento do mercado[67].

---

[66] É esta também a regra no direito brasileiro (cfr. artigos 24 e 50 do Código de Defesa do Consumidor).

[67] Carlos Ferreira de Almeida, *Direito do Consumo*, cit., p. 177.

Globalização por Extratos de Jurisprudência: Sumulário Judicial Globalizado[1]

Luiz Roberto Sabbato[2]

A "Europa dos Seis", instaurada com o "Tratado do Carvão e do Aço", passou pela "Europa dos Doze" e é hoje a "Europa dos Vinte e Sete", consolidada nos Tratados de MAASTRICHT e de LISBOA.

A liberdade irrestrita de locomoção é aspiração antiga do homem, que vem se desenhando em estágios pouco a pouco aceitáveis para atingir o objetivo do que se resolveu denominar "globalização". Surge o sonho do cidadão do mundo, livre para deslocar-se com seus bens e habilidades na promoção da convivência pacífica e harmoniosa entre todos os seres do planeta.

A caminho desse objetivo a "GLOBALIZAÇÃO" vem se costurando através da formação de regiões macroeconômicas, aproximando os homens pelo comércio para, em seguida, levá-los a instituições capazes de intercambiar hábitos, cultura e aspirações.

Atualmente o planeta conta com 17 (dezassete) regiões macroeconômicas.

Iniciada pela aproximação comercial, a construção da Europa Unida, hoje repousando não só no comércio, mas no Direito e na Justiça em todas

---

[1] Vídeo disponível em http://justicatv.pt/index.php?p=2232
[2] Desembargador do Tribunal de Justiça do Estado de São Paulo.

as suas ramificações, consagra e consolida um mecanismo de proteção e segurança para todos os cidadãos europeus.

O Parlamento Europeu equalizou normas jurídicas em extenuante estudo do sistema legislativo dos países cooperados.

O mecanismo se solidificou nos Tribunais de Justiça das Comunidades Europeias.

Seria possível universalizar um sistema semelhante, levando a humanidade a concretizar a velha aspiração de irmanar-se em torno de um tratamento justo e igualitário?

Seria insanidade acenar com a criação de instituições de alto custo financeiro, a exemplo do Parlamento Europeu e dos Tribunais de Justiça das Comunidades Europeias.

O Parlamento Europeu, hoje com três sedes, uma na França, outra na Bélgica e outra em Luxemburgo, conta com 736 deputados e um orçamento que em 2010 alcançou a cifra de 123 bilhões de euros aproximadamente, com mais 300 milhões de reserva.

Só o Tribunal de Justiça das Comunidades Europeias de segundo grau, por sua vez, sediado em Luxemburgo, aplica 40% do seu orçamento em traduções para os juízes que o integram. Desconheço o orçamento.

Desconheço também o orçamento total do sistema europeu, mas, levando em consideração apenas as despesas que gravam o parlamento, afirmo com razoável margem de certeza, em vista da realidade financeira e econômica da comunidade mundial, que não teríamos condições de instalar o mesmo modelo em cada país do planeta.

Ponderado, nada obstante, que não estamos desprovidos de estratégias e expedientes para obter os mesmos benefícios com menos despesas, anoto que se a garantia do sistema está na linguagem comum dos operadores do Direito, em busca do sonho de dar à humanidade tratamento justo e igualitário, na uniformização, enfim, ou mais propriamente, no tratamento jurisdicional uniforme para os países interessados em se congregar, com um pouco de engenhosidade se prescindirá de um tratado internacional e, sequer, de um mecanismo jurisdicional comunitário de uniformização, institucionalizado por um processo legislativo de difícil, senão impossível, realização, consideradas as diferenças regionais dos povos.

Resumindo, proponho um esforço da magistratura portuguesa e da magistratura brasileira para, em seguida, contaminar a magistratura internacional, visando criar um conjunto de regras sem necessidade de um processo legislativo, aplicando-as somente pelo poder da jurisdição.

Lembro que o Executivo e o Legislativo, alternando-se em importância segundo o regime de cada nação, sempre reservaram ao Judiciário a posição de terceiro poder.

Lembro ainda que muitas vezes o Estado de Direito é desafiado pelo Executivo e pelo Legislativo, mas poucos são os que procuram as garantias constitucionais no Judiciário, não só por hipossuficiência, como também por desconhecimento da jurisdição.

Não raramente medidas de austeridade ferem profundamente direitos coletivos e individuais, acontecendo que seus criadores e executores as concebem e empregam na certeza de que, por estatística irrefragável e às vezes por perigoso fisiologismo acabarão por vergar a sociedade, sempre fiados na fragilidade do Judiciário.

Se por esforço de nossa inteligência e obstinação estruturarmos um sistema capaz de sustentar a força das nossas decisões, certamente seremos mais respeitados e nos ombrearemos em importância como poder de Estado, com autoridade suficiente para restaurar o Direito e a Justiça.

Historicamente sem recursos, porém, como poderá o Judiciário sobrepor-se para ganhar autoridade neste cenário tão desfavorável?

A estratégia requer muito trabalho e não será fácil. Mas não é impossível.

Basta, na operação da engenhosidade dos operadores do Direito, onde se destacam as autoridades máximas do Judiciário de cada país congregado, iniciando por Portugal e Brasil, que instituam juízos, quando não vinculantes ao menos preponderantes e os reduzam a extratos de jurisprudências, ou súmulas na nomenclatura jurídica brasileira, para ganhar uniformização supranacional no trato dos seus respectivos jurisdicionados.

No início deste esforço de uniformização instituiríamos observatórios supranacionais, que se reuniriam e se comprometeriam, por protocolo, a realizar um estudo de equalização, descortinando as igualdades e as desigualdades.

As orientações desiguais seriam desconsideradas.

As iguais seriam aproveitadas na compilação de um documento consolidado, válido para todos os países sem desafio à Constituição de cada qual.

Em seguida todos os países cooperariam na formação cada vez mais ampla de novos julgamentos que, em progresso constante pela igualdade de resultados, acabariam por formar a consolidação de súmulas, ou extratos de jurisprudência, juízos preponderantes ou "stare decisis et non quieta movere" sintetizados, que poderíamos chamar de SUMULÁRIO JUDICIAL GLOBALIZADO, espécie de Código Bustamante sem processo ou conteúdo legislativo, mas, apenas, jurisdicional, viabilizado aos jurisdicionados, pessoas físicas ou jurídicas, através de tutelas jurisdicionais em casos concretos, sustentáveis em todos os tribunais dos países congregados, sem necessidade de tratado internacional. Bastaria a assinatura de protocolos no âmbito do Judiciário de cada país congregado.

Resumindo, a justiça globalizada do direito positivo seria regulada por súmulas ou extratos de juízos preponderantes ou mesmo vinculantes, na aplicação uniforme de regras do mesmo conteúdo ou natureza, embora emanadas de países diferentes, que dariam segurança às relações jurídicas de toda natureza, comercial, civil, penal e consumerista.

Embora não impossível, a construção da globalização por súmulas ou extratos jurisprudenciais acarretará extenuante trabalho de cooperação entre os construtores, operadores do direito globalizado.

Ao contrário da construção da Europa, porém, será menos dispendiosa e resultará em proveito da segurança jurídica mundial, só assim articulada com proficiência para evitar crises e desequilíbrios que não raramente, via bolsa de valores, obstruem o progresso das nações.

Os observatórios supranacionais constituiriam uma dependência das escolas oficiais de magistratura de cada país, valendo dizer, em outras palavras, que os observatórios já existem fisicamente, sendo de rigor, apenas, a criação de um departamento dentro de cada escola oficial, o departamento de direito supranacional. Os trabalhos de compilação poderiam se desenvolver através de um sistema de revezamento, como acontece com as instituições da UNIÃO EUROPÉIA na rotatividade das presidências.

A cada dois anos as escolas de cada país se revezariam na presidência do esforço sumular. Exercendo a presidência a escola se encarregaria de acumular as informações das presididas, cotejando temas e jurisprudências a respeito para, ao cabo, fazer um esforço de redação, onde estivesse contido todo o pensamento jurisprudencial comunitário, comum, enfim, a todos os países congregados.

Por esse sistema, em resumo, a escola presidente, com o auxílio das presididas, se encarregaria de coligir e resumir julgados semelhantes, reduzindo-os a abstrações que orientariam indistintamente a jurisprudência de todos os Estados congregados.

Assim, por exemplo, vindo Portugal a ocupar o trabalho pioneiro de equalização, poder-se-ia fixar, primeiramente, as relações consumeristas em vista do Tratado de LISBOA, considerados os objetivos do diploma segundo o Conselho da Europa.

A tendência da jurisdição europeia é de inverter o ônus da prova quando, nas disputas entre o fornecedor e o consumidor, se mostra necessário comprovar a consistência do produto ou do serviço. Assim, exemplificativamente, nas relações entre o hospital e o paciente, em julgado extraído da jurisprudência francesa.

Esta presunção de culpa admite prova em contrário: pertence ao estabelecimento de saúde comprovar que respeitou todas as regras de assepsia: utilização de material descartável, esterilização de material reciclável (produção de bons esterilizadores, por exemplo), assepsia do bloco operatório... Fala-se assim da inversão do encargo da prova destinado a desonerar a vítima da "diabolica probatio" (Cour de Cassation – Civile, 1ère Chambre, 21 Mai 1996, Internet, www.laportedudroit.com/htm/droitmedical).

O mesmo ocorre em Portugal e no Brasil, de sorte que as Cortes Superiores dos nossos países, com inclusão da França, poderiam resumir o pensamento jurisprudencial dominante com o seguinte enunciado sumular:

Cabe ao fornecedor comprovar a boa qualidade de seus produtos ou serviços.

Ainda no campo do Direito Consumerista, anoto que no Brasil o Supremo Tribunal Federal instituiu a Súmula Vinculante nº 25:

É ilícita a prisão civil de depositário infiel, qualquer que seja a modalidade do depósito.

Se em Portugal a jurisprudência se mostrar em igual sentido, sem preocupação com a técnica e por uma redação perfunctória, creio que a orientação para os dois países poderia ser assim redigida:

É ilícita a prisão civil fundada em violação às obrigações do depositário.

No Direito Tributário, por outro lado, poder-se-ia cogitar de equalizações se os tribunais superiores dos países congregados, por exemplo, entendessem que não cabe tributação sobre operações de *leasing* quando não há opção de compra. A matéria ainda não se encontra pacificada no Brasil, mas prepondera a jurisprudência no sentido de que nestas hipóteses não cabe tributação. No Brasil, portanto, poder-se-ia construir o seguinte enunciado sumular:

O ICMS (Imposto sobre Circulação de Mercadorias e Serviços) não incide sobre operações de leasing quando não há opção de compra.

Tendo em conta que em Portugal vigora o CIVA (Código do Imposto sobre o Valor Acrescentado), o enunciado sumular poderia ser:

Não incide IVA (Imposto sobre o Valor Acrescentado) sobre operações de leasing sem opção de compra.

Em Portugal e no Brasil, num esforço de equalização, adotar-se-ia a seguinte redação:

Não há fato gerador de tributo nas operações de leasing sem opção de compra.

Enfim, sem predicamentos para fazer leis, pode o Judiciário de cada país congregado fazer extratos de julgamentos predominantes.

Esses extratos, embora não vinculantes, é o que melhor podemos fazer, por ora, em prol da segurança jurídica para os que desejam desenvolvimento sem assombro, sem surpresas, sem crises ou, ao menos, com crises mitigadas por um bom sistema defensivo, capaz de atrair o capital de investimentos estrangeiros com perfeito conhecimento das regras do jogo, um SUMULÁRIO INTERNACIONAL DE JURISPRUDÊNCIA, verdadeira cartilha do Judiciário Mundial, manual de procedimento disponibilizado à iniciativa privada de todas as nacionalidades, sem necessidade de procedimento legislativo e dotado de eficácia pela comunidade jurídica internacional, fortalecendo sobremaneira o Poder Judiciário de nossos respectivos países não só pelo respeito da sociedade, como também pelo temor reverencial do Executivo e do Legislativo, que certamente serão menos ousados antes de acenar com simulacros de austeridade contrários à lei e à Constituição.

A Política Externa e de Segurança Comum da União Europeia após o Tratado de Lisboa[1]

FRANCISCO PEREIRA COUTINHO[2]

1. Introdução

I. A vigência do Tratado de Lisboa antecedeu em poucos meses o início da crise do "Euro" ou das "dívidas soberanas". A atenção dos líderes e da opinião pública europeia tem estado, por isso, quase exclusivamente centrada na resolução dos problemas económicos e financeiros dos Estados-Membros. A intensidade e duração da crise determinou ainda que o modelo de integração europeia, e as reformas que preconiza no plano político e económico, tenha perdido ressonância, o que inevitavelmente determinou uma menor capacidade para a União Europeia (UE) impor a sua agenda internacionalmente. A União tornou-se, aliás, um problema para o resto do mundo, dominando os debates em *fora* internacionais como o G8 ou o G20, na medida em que o desenvolvimento da economia mundial parece estar, em larga medida, dependente da resolução dos problemas sistémicos de governação da zona euro. O débil desempenho económico dos Estados-Membros determinou ainda a previsão de cortes orçamentais substanciais nas ajudas ao desenvolvimento e no financia-

---

[1] Vídeo disponível em http://justicatv.pt/index.php?p=2233

[2] Professor Auxiliar do Instituto Superior de Ciências Sociais e Políticas da Universidade de Lisboa. Esta comunicação baseia-se no artigo de Francisco Pereira Coutinho e Isabel Camisão, "A ação externa da União Europeia", a publicar no próximo número da *Revista de Direito Público*.

mento do envio de missões civis e militares em contextos de crises humanitárias ou conflitos armados[3], tradicionalmente canais por excelência da ação externa da União.

A crise tem assim, em larga medida, obliterado o efeito das alterações introduzidas pelo Tratado de Lisboa no âmbito da Política Externa e de Segurança Comum (PESC), as quais foram adotadas com o escopo de atribuir maior relevo à União num mundo globalizado. Esta ambição estava já patente na declaração respeitante ao futuro da União Europeia, adotada no Conselho Europeu de *Laeken* em 15 de dezembro de 2001: a Europa, finalmente unida, deveria doravante desempenhar um papel de vanguarda na nova ordem planetária. Aproveitando os laços históricos que os seus Estados-Membros possuem com o resto do mundo e, principalmente, o seu poder financeiro, que lhe permite ser o maior financiador de programas de ajuda ao desenvolvimento, o objetivo seria tornar União uma potência política capaz de dar "um enquadramento ético à globalização"[4].

O Tratado de Lisboa procurou dar resposta a este desafio através da criação de um novo quadro institucional e jurídico destinado a "dotar a União de uma só voz nas relações externas"[5], orientada pelos seguintes objetivos:

> "Nas suas relações com o resto do mundo, a União afirma e promove os seus valores e interesses e contribui para a proteção dos seus cidadãos. Contribui para a paz, a segurança, o desenvolvimento sustentável do planeta, a solidariedade e o respeito mútuo entre os povos, o comércio livre e equitativo, a erradicação da pobreza e a proteção dos direitos do Homem, em especial os da criança, bem como para a rigorosa observância e o desenvolvi-

---

[3] Cfr. a proposta da Comissão de orçamento da União para o período 2014-2020, disponível em http://europa.eu/newsroom/highlights/multiannual-financial-framework-2014-2020/.

[4] "Declaração de Laeken sobre o Futuro da União Europeia", p. 6, disponível em http://www.europarl.europa.eu/summits/pdf/lae2_pt.pdf.

[5] Comissão Europeia (IP/07/1922), "Comissão saúda a assinatura do Tratado de Lisboa e apela a uma ratificação célere", Bruxelas, 13 de Dezembro 2007, disponível em http://europa.eu/rapid/press-release_IP-07-1922_pt.htm.

mento do direito internacional, incluindo o respeito dos princípios da Carta das Nações Unidas"[6].

Para a sua prossecução, foi abolida a estrutura dita "de pilares" criada pelo Tratado de Maastricht. Com implicações para a ação externa da União, esta previa, como um primeiro pilar, as Comunidades Europeias, sujeitas a um método decisório supranacional – o método comunitário –, caracterizado pela existência de instituições independentes dos Estados--Membros com poderes efetivos e pela adoção da regra da maioria no Conselho. Por outro lado, num segundo pilar, encontrávamos a Política Externa e de Segurança Comum (PESC), a qual cobria "todos os domínios da política externa e de segurança" da União (anterior art. 11º do Tratado da União Europeia (TUE)), estando para o efeito submetida a um método decisório intergovernamental, fundado na adoção da regra da unanimidade no Conselho para as suas deliberações e na exclusão da intervenção efetiva das demais instituições da União.

Um dos objetivos do Tratado de Lisboa foi justamente eliminar aquilo que Jacques Delors apelidou de "esquizofrenia organizada" da União Europeia. Esta traduzia-se na convivência simultânea de uma política externa intergovernamental definida pelo Conselho nos domínios da PESC e da Política Comum de Segurança e Defesa (PCSD) e de uma ação externa de matriz supranacional direcionada para a vertente económica da Comunidade Europeia dirigida pela Comissão Europeia. Este estado de coisas passou para a opinião pública pela via de uma pergunta atribuída a Henry Kissinger: qual era, afinal, o número de telefone da Europa?

II. As principais alterações introduzidas pelo Tratado de Lisboa no domínio da ação externa da União tiveram como propósito comum unificar e dar coerência à sua intervenção e, por essa via, combater a dita esquizofrenia. A mais radical vem a ser a já mencionada abolição da estrutura de pilares criada pelo Tratado de Maastricht, pela qual se determinou a absorção da Comunidade Europeia e a sua substituição pela União Europeia

---

[6] Art. 3º, nº 5, TUE. Cfr. também no TUE o art. 21º, nº 1, e, especialmente, nº 2, onde se preveem um conjunto de oito corolários deste conjunto macro de objetivos que devem ser respeitados e prosseguidos nos diferentes domínios da ação externa da União.

(art. 1º (3) TUE), que se passa a fundar no TUE e no Tratado sobre o Funcionamento da União Europeia (TFUE), a nova designação do Tratado da Comunidade Europeia. A União ganhou com isso personalidade jurídica, o que lhe permite estabelecer uma rede de delegações e concluir convenções internacionais com Estados terceiros e organizações internacionais.

O Tratado de Lisboa não adotou, contudo, uma regulação sistemática unificada das várias vertentes da ação externa da União: a PESC e a PCSD estão previstas no Título V do TUE ("Disposições gerais relativas à ação externa da União e disposições específicas relativas à política externa e de segurança comum") e os demais domínios – essencialmente as matérias respeitantes ao comércio internacional, à cooperação para o desenvolvimento e à ajuda humanitária – foram incluídos na Parte V do TFUE ("A ação externa da União"). Este constituiria um formalismo sem consequências jurídicas[7], caso não fosse explicitamente referido em duas declarações anexas aos Tratados que a PESC não prejudica as competências de cada Estado-Membro para determinar e conduzir a sua própria política externa[8]. Em termos substantivos, esta opção determinou o reconhecimento de regras e procedimentos específicos de cariz intergovernamental para a PESC/PCSD que, no essencial, perpetuam o método decisório criado pelo Tratado de Maastricht (art. 24º, nº 2, TUE). Estas políticas permanecem, portanto, como "ilhas" sujeitas ao método intergovernamental, a qual, todavia, não afeta a aplicação do "método comunitário" nos demais domínios da ação externa da União (art. 40º TUE).

Em seguida propomo-nos analisar com maior detalhe como o Tratado de Lisboa organiza institucionalmente a União para prosseguir os objetivos que norteiam a sua ação externa, começando identificar os seus principais protagonistas (2), para, em seguida, centrar atenções na forma como se desenvolve a PESC (3) e a PCSD (4), com o fim de aferir o impacto dos novos arranjos institucionais e jurídicos sobre a capacidade afirmação internacional da União (5).

---

[7] De acordo com o art. 1º (3) TUE os dois Tratados têm o mesmo valor jurídico.

[8] Mais especificamente, a Declaração nº 13 nota que "...as disposições que regem a PESC não prejudicam o caráter específico da política de segurança e defesa dos Estados-Membros", ao passo que a Declaração nº 14 refere explicitamente que "...as disposições que regem a PESC não prejudicam o caráter específico da política de segurança e defesa dos Estados-Membros".

2. Os protagonistas

2.1. Aspetos gerais

Não obstante o § 2 do nº 3 do art. 21º TUE, anunciar que a coerência entre os diferentes domínios da ação externa da União e entre estes e as suas outras políticas é assegurada pelo Conselho e pela Comissão, assistidos pela figura do Alto Representante da União para os Negócios Estrangeiros e a Política de Segurança ("Alto Representante"), o principal mecanismo de garantia dessa coerência pertence ao Conselho Europeu. Com efeito, cabe a esta instituição tomar por unanimidade decisões de cariz estratégico que incidam nos domínios da PESC e noutros domínios que se insiram no âmbito da ação externa da União, sob recomendação do Conselho adotada por este de acordo com as regras previstas em cada domínio[9].

Sem prejuízo das competências atribuídas ao Presidente do Conselho no âmbito da PESC (art. 15º, nº 6, TUE) e ao Presidente e demais membros da Comissão nos restantes domínios da ação externa da União (art. 17º, nº 1, TUE), a execução das decisões do Conselho Europeu neste âmbito e a consequente missão de garante da consistência da ação externa da União compete, em primeira linha, ao Alto Representante, a quem é atribuída a condução da PESC (art. 18º, nº 2, TUE) e a coordenação dos demais domínios das relações externas da União (art. 18º, nº 4, TUE). Em seguida analisamos as principais características desta figura e do serviço que chefia.

2.2. O Alto Representante da União para os Negócios Estrangeiros e a Política de Segurança

A alteração introduzida pelo Tratado de Lisboa que tem maior impacto na definição da política externa da União é do foro institucional e consubstancia-se na criação de uma figura que faz a ponte entre o Conselho e a Comissão. Trata-se do Alto Representante, o qual assume uma condição híbrida de vice-presidente da Comissão e de presidente

---

[9] Art. 22º, nº 1, TUE. Isto significa que a recomendação do Conselho pode ter origem numa iniciativa do Alto Representante se incidir sobre a PESC, ou da Comissão caso se debruce sobre qualquer outra área da ação externa da União.

do Conselho de Ministros dos Negócios Estrangeiros. Possui, por isso, um "duplo chapéu", que se projeta sobre o seu processo de designação e sobre as suas competências.

2.2.1. Nomeação

A nomeação do Alto Representante compete ao Conselho Europeu, deliberando por maioria qualificada, com o acordo do Presidente da Comissão (art. 18º, nº 1, TUE). Uma vez que integra a Comissão como vice-presidente, está sujeito a um processo de investidura no Parlamento Europeu juntamente com o Presidente e os demais membros da Comissão para um mandato de cinco anos (art. 17º, nº 7 (§3), TUE).

A demissão do Alto Representante decorre (i) de decisão do Conselho Europeu, deliberando por maioria qualificada, por iniciativa do Presidente da Comissão (art. 17º, nº 6, TUE) ou do próprio Conselho – caso em que ainda será necessário o acordo do Presidente da Comissão (art. 18º, nº 1, TUE); (ii) da aprovação de uma moção de censura à Comissão (art. 17º, nº 8, TUE), a qual determina a cessação de funções do Alto Representante na Comissão, mas não no Conselho[10].

2.2.2. Competências

I. Ao Alto Representante compete assegurar a consistência da ação externa da União, acumulando para o efeito os cargos de membro do Conselho e da Comissão, para além de participar nos trabalhos do Conselho Europeu[11]. Como veremos, assume materialmente as funções de um verdadeiro Ministro dos Negócios Estrangeiros da União[12], não obstante

---

[10] Jan Wouters, Dominic Coppens e Bart de Meester, "The European Union's External Relations after the Lisboa Treaty", *The Lisbon Treaty – EU Constitutionalism without a Treaty?*, Stephan Griller e Jacques Ziller (coord.), Springer, 2008, p. 151.

[11] O Alto Representante não é membro do Conselho Europeu, o que significa que não tem direito de voto (art. 15º, nº 2, TUE).

[12] António Goucha Soares, "O Tratado de Lisboa e a Política Externa e de Segurança Comum, *in* Nuno Piçarra (coord.), *A União Europeia segundo o Tratado de Lisboa*, Almedina, 2011, p. 116.

esta designação, que tinha sido adotada pelo Tratado Constitucional, ter sido abandonada pelo Tratado de Lisboa.

II. O Alto Representante assume a presidência da formação do Conselho (Negócios Estrangeiros) responsável por assegurar a coerência da ação externa da União e, de acordo com as linhas estratégicas fixadas pelo Conselho Europeu, elaborar a ação externa da União no âmbito da PESC e da PCSD[13]. Ao Alto Representante compete individualmente conduzir estas políticas (art. 18º, nº 2, TUE), sendo-lhe para o efeito atribuído: (i) direito de iniciativa, através da apresentação de propostas ao Conselho Europeu e ao Conselho (art. 27º, nº 1, TUE); (ii) direito de representação da União junto organizações internacionais e conferências internacionais (art. 27º, nº 2, TUE)[14]; e, mais difusamente, (iii) a missão de controlar o cumprimento da PESC e da PCSD pelos Estados-Membros (art. 24º, nº 3 (3§) TUE).

III. O Alto Representante acumula ainda o cargo de vice-presidente da Comissão, onde é responsável pelo domínio das relações externas e pela coordenação dos demais domínios da ação externa da União (art. 17º, nº 4, e 18º, nº 4, TUE). Ou seja, para além de fazer a ponte com o Conselho, tem a missão de coordenar a ação dos Comissários com pelouros com relevância para a ação externa da União. No exercício destas suas responsabilidades, está sujeito aos procedimentos que regem a Comissão, na medida em que tal seja compatível com a sua função enquanto membro do Conselho (art. 18º, nº 4, TUE), pelo que está condicionado pelas orientações que receba do Presidente da Comissão (art. 17º, nº 6, al. a), TUE), perante quem responde politicamente[15].

---

[13] Art. 16º, nº 6, e 18º, nº 3, TUE. Esta constitui a única formação do Conselho que não é presidida rotativamente pelos representantes dos Estados-Membros (art. 16º, nº 9, TUE).

[14] Será o caso do Conselho de Segurança, sempre que a União tenha definido uma posição sobre um assunto que conste da ordem de trabalhos deste órgão das Nações Unidas (art. 34º, nº 2 (3§) TUE).

[15] Nos termos do art. 17º, nº 6 (2§), TUE, o Alto Representante apresenta a sua demissão, nos termos do nº 1 do art. 18º, se o Presidente da Comissão lho pedir.

IV. O exercício de funções de representação da União pelo Alto Representante está ofuscado pelas figuras do Presidente do Conselho e do Presidente da Comissão, a quem são atribuídas funções de representação da União ao nível de Chefes de Estado ou de Governo, respetivamente no âmbito da PESC e nas demais matérias cobertas pela ação externa da União (art. 15º, nº 6 (2§) TUE, e art. 17º TUE)[16]. O "número de telefone" da Europa parece assim depender de quem telefona: será o do Presidente do Conselho ou do Presidente da Comissão nos casos em que o interlocutor é um Chefe de Estado ou de Governo e o do Alto Representante nos restantes casos. Depois do Tratado de Lisboa, a representação internacional da União passou assim a estar a cargo de uma "troika" constituída pelo Presidente do Conselho, pelo Presidente da Comissão e pelo Alto Representante. Saber se estas diferentes vozes se conjugam de forma harmoniosa ou cacofónica dependerá, em larga medida, da capacidade demonstrada pelo Alto Representante para estabelecer vias de diálogo entre os restantes membros do triunvirato.

2.3. O Serviço Europeu de Ação Externa

I. O Tratado de Lisboa criou também um "corpo diplomático europeu": o Serviço Europeu de Ação Externa (SEAE). A organização e funcionamento deste Serviço foram definidos por decisão do Conselho – Decisão 2010/427, de 26 de julho, que estabelece a organização e o funcionamento do SEAE –, deliberando sob proposta do Alto Representante, após consulta ao Parlamento Europeu e aprovação da Comissão (artigo 27º, nºs 2 e 3, TUE).

O novo "corpo diplomático europeu" é constituído por funcionários da Comissão e do Conselho – a fusão dos respetivos serviços com res-

---

[16] Por esta razão, não obstante competir ao Alto Representante exprimir a posição da União nas organizações internacionais (art. 27º, nº 2, TUE), o Presidente do Conselho igualmente intervém perante a Assembleia Geral das Nações Unidas, no quadro do direito – único entre as organizações regionais que partilham o estatuto de observador nas Nações Unidas – de participação nos seus debates (cfr. Resolução da Assembleia Geral das Nações Unidas nº 65/276, de 5 de Maio de 2011, disponível em http://www.un.org/ga/search/view_doc.asp?symbol=A/RES/65/276).

ponsabilidade na política externa da União constitui outro dos pontos mais relevantes do Tratado de Lisboa –, bem como, pela primeira vez, por membros dos corpos diplomáticos nacionais dos Estados-Membros, os quais devem representar, pelo menos, um terço do total dos seus efetivos (art. 6º, nº 9, da Decisão 2010/427, de 26 de julho).

Ao SEAE foi atribuída a missão de: (i) implementar a política externa da União, sob a direção do Alto Representante, e em colaboração com os serviços diplomáticos dos Estados-Membros (artigo 27º, nº 3 TUE, e art. 1º, nº 3, da Decisão 2010/427, de 26 de julho); (ii) assistir o Presidente do Conselho Europeu, o Presidente da Comissão e a Comissão, no exercício das suas funções no domínio das relações externas (art. 2º, nº 2, da Decisão 2010/427, de 26 de julho); (iii) apoiar e trabalhar em cooperação com os serviços diplomáticos dos Estados-Membros, com o Secretariado-Geral do Conselho e com os serviços da Comissão, por forma a assegurar a coerência entre os diferentes domínios da ação externa da União e entre estes e as suas outras políticas (art. 3º, nº 1, da Decisão 2010/427, de 26 de julho); (iv) prestar apoio à Comissão na preparação e implementação de programas e instrumentos financeiros relacionados com a ação externa da União (art. 9º da Decisão 2010/427, de 26 de julho); (v) prestar apoio e cooperar com as demais instituições e órgãos da União, em particular o Parlamento Europeu (art. 3º, nº 4, da Decisão 2010/427, de 26 de julho).

II. O SEAE, sediado em Bruxelas, é um órgão funcionalmente autónomo, sendo gerido por um Secretário-Geral executivo – que opera sob a autoridade do Alto Representante (art. 4º, nº 1, da Decisão 2010/427, de 26 de julho) – e coadjuvado por dois Secretários-Gerais Adjuntos.

O SEAE é composto por uma administração central organizada em Direções-Gerais e por uma rede de delegações da União em países terceiros e em organizações internacionais (art. 4º e 5º da Decisão 2010/427, de 26 de julho).

Cabe ao Alto Representante, de comum acordo com o Conselho e a Comissão, a decisão de abrir ou encerrar uma delegação (art. 5º, nº 1 da Decisão 2010/427, de 26 de julho). Cada delegação da União fica colocada sob a autoridade de um Chefe de Delegação que, por sua vez, responde perante o Alto Representante pela gestão global do trabalho da delegação e pela coordenação de todas as ações da União. O pessoal da delegação é constituído por pessoal do SEAE e, sempre que necessário para a execução das políticas que não se enquadram no âmbito de competência do SEAE, por pessoal da Comissão (art. 5º, nº 2 da Decisão 2010/427, de 26 de julho). O Chefe da Delegação fica habilitado a representar a União no país onde a delegação está acreditada, nomeadamente para celebração de contratos e representação em juízo (art. 5º, nº 8 da Decisão 2010/427, de 26 de julho). As delegações deverão ser capazes de responder adequadamente às necessidades das outras instituições da União, nos seus contactos com as organizações internacionais ou com os países terceiros junto dos quais as delegações estão acreditadas (art. 5º, nº 7 da Decisão 2010/427, de 26 de julho). Cabe também às delegações trabalhar em estreita colaboração e partilhar informações com os serviços diplomáticos dos Estados-Membros. Para além destas responsabilidades, as delegações prestam apoio aos Estados-Membros, a pedido destes, nas suas relações diplomáticas e no seu papel de proteção consular aos cidadãos da União nos países terceiros (art. 5º, nºs 9 e 10 da Decisão 2010/427, de 26 de julho). O funcionamento de cada delegação é periodicamente avaliado pelo Secretário-Geral Executivo do SEAE (art. 5º, nº 5 da Decisão 2010/427, de 26 de julho).

III. O SEAE está operacional desde 01 de dezembro de 2010. Embora seja ainda prematuro avaliar o seu impacto, é possível concluir que o novo Serviço tem um potencial positivo para a promoção da integração europeia. A sua criação envolveu a fusão de partes significativas do Secretariado do Conselho e da Comissão num novo órgão, ao mesmo tempo que as 136 delegações da Comissão foram transformadas em delegações da UE responsáveis pelas competências da União em matérias de política económica e de segurança. O novo serviço poderá assim assumir funções que eram até à data da responsabilidade dos serviços diplomáticos de cada um dos Estados-Membros, evitando uma excessiva duplicação de tarefas e abrindo caminho a significativas economias de escala. Por outro lado, criando uma estrutura que integra diplomatas nacionais e funcionários da União, concentrando as ferramentas e os recursos para pôr em prática a política externa, e servindo de ligação entre as instituições intergovernamentais e supranacionais da União, o SEAE está numa situação privilegiada para institucionalizar uma verdadeira "cultura de política externa"[17] europeia e criar sinergias que reforcem o papel e a identidade da União no domínio da ação externa.

Em meados de 2013, caberá ao Alto Representante avaliar o funcionamento e a organização do SEAE, propondo, caso o entenda necessário, reformas (art. 13º, nº 3, da Decisão 2010/427, de 26 de julho de 2010). Eventuais problemas de procedimento ou fraquezas estruturais poderão então ser corrigidos. No entanto, sobretudo no curto prazo, a eficácia do SEAE dependerá essencialmente do apoio inequívoco dos Estados-Membros e do investimento que estes estão dispostos a fazer, em termos de recursos e de pessoal, para conseguir uma política externa mais comum e mais eficiente.

3.1. A Política Externa e de Segurança Comum

3.1. Aspetos gerais

I. O Tratado de Lisboa reafirma a necessidade de uma PESC baseada no desenvolvimento de uma solidariedade mútua entre os Estados-Membros, na identificação das questões de interesse geral e na realização de uma crescente convergência na atuação dos Estados que fazem parte da União (art. 24º, nº 2. TUE).

II. A competência da União abrange todos os domínios da política externa, bem como todas as questões relativas à segurança da União (art. 24º, nº 1, TUE). Esta é uma competência partilhada com os Estados-Membros (art. 2º, nº 4, e 4º, nº 1, TFUE), mas em que não há aplicação do princípio da preempção, pois o seu exercício pela União não afeta "a base jurídica, responsabilidades e competências (...) de cada Estado-Membro no que diz respeito à formulação e condução da sua política externa, aos seus serviços diplomáticos nacionais, às suas relações com os países terceiros e à sua participação em organizações internacionais,

---

[17] Michael Emerson, et al., *Upgrading the EU's Role as Global Actor: Institutions, Law and the Restructuring of European Diplomacy*, CEPS, 2011, p. 48.

nomeadamente na qualidade de membro do Conselho de Segurança das Nações Unidas"[18].

Expressamente afastada do âmbito de aplicação da PESC está também o recurso à base jurídica subsidiária de competências prevista no art. 352º TFUE, que permite a adoção de atos jurídicos mesmo nos casos em que não exista uma base jurídica que fundamente a atuação da União (art. 352º, nº 4, TFUE).

III. Apesar de o Tratado de Lisboa acabar formalmente com os pilares criados pelo Tratado de Maastricht, na prática mantém a PESC sujeita a um procedimento intergovernamental que exige, em regra, decisões adotadas pelos Estados-Membros por unanimidade. Significa isto que neste domínio os Estados-Membros estão obrigados a consultar-se e a procurar um consenso, mas não necessariamente a obter um acordo. Este é, por isso, um campo privilegiado de aplicação dos princípios da cooperação leal (art. 4º, nº 3, TFUE) e da coerência[19], sendo várias as disposições convencionais destinadas a concretizá-los: (i) antes de empreender qualquer ação no plano internacional, ou de assumir qualquer compromisso que possa afetar os interesses da União, os Estados-Membros devem consultar-se mutuamente para que, através da convergência das suas ações, a União possa defender os seus interesses e valores na cena internacional (art. 32º (§1) TUE): (ii) aos Estados-Membros cabe apoiar "ativamente e sem reservas a política externa e de segurança da União, num espírito de lealdade e de solidariedade mútua", bem como respeitar a ação da União neste domínio (art. 24º, nº 3 (§2) TUE); (iii) os Estados-Membros devem abster-se de dirigir as suas políticas externas através de "ações contrárias aos interesses da União ou suscetíveis de prejudicar a sua eficácia como força coerente nas relações internacionais" (art. 24º, nº 3 (§2) TUE). Embora reconhecendo a importância de normas que afirmam explicitamente a imperatividade de uma atuação, senão conjunta, pelo menos

[18] Declaração nº 14 ao Tratado de Lisboa. Trata-se, portanto, de um caso similar ao que sucede nos domínios da investigação, desenvolvimento tecnológico e do espaço, cooperação para o desenvolvimento e ajuda humanitária (art. 4º, nºs 3 e 4, TFUE).

[19] Sobre o âmbito de aplicação destes princípios, v., com grande desenvolvimento, Maria José Rangel de Mesquita, *A Actuação Externa da União depois do Tratado de Lisboa*, Almedina, 2011, pp. 165 a 184.

concertada por parte dos Estados-Membros – única forma de dar sentido ao epíteto comum da PESC –, estas disposições pecam por consubstanciarem meras "declarações de intenções" que não contemplam medidas práticas para uma evolução real desta política e que dificilmente podem ser consideradas a base para uma maior autonomia da União em matéria de política externa e de segurança e defesa.

3.2. Processo decisório

I. A PESC está sujeita a regras e procedimentos específicos de cariz intergovernamental (art. 24º, nº 1 (§2) TUE), que se destinam a adotar atos vinculativos que tomam a forma de decisões de natureza não legislativa adotadas pelo Conselho Europeu ou pelo Conselho (art. 31º, nº 1 TUE).

II. As decisões adotadas no âmbito da PESC têm origem em propostas dos Estados-Membros, do Alto Representante, ou deste com o apoio da Comissão (artigo 30º, nº 1 TUE). Estas propostas são objeto de negociação em grupos de especializados de trabalho existentes no Conselho presididos por um representante do Alto Representante. Em momento anterior à sua discussão no COREPER, podem ainda ser submetidas à apreciação do Comité Político e de Segurança (art. 38º TUE).

III. A adoção de decisões no âmbito da PESC exige a "concertação" dos Estados-Membros no Conselho Europeu e no Conselho de Ministros (art. 32º (§1) TUE). Em regra é exigida a unanimidade (art. 31º, nº 1 (§1) TUE), mas a abstenção de um Estado-Membro não impede a deliberação: através do "mecanismo da abstenção construtiva" qualquer Estado-Membro pode fazer acompanhar a sua abstenção de uma declaração de voto em que anuncia que não é obrigado a aplicar a decisão, mas em que reconhece que esta vincula a União[20]. No entanto, caso este meca-

---

[20] Em nova concretização do princípio da cooperação leal e da coerência, o Estado-Membro que exercer esta prerrogativa deve também, numa espírito de solidariedade mútua, abster-se de qualquer atuação suscetível de colidir com a ação da União baseada na decisão adotada ou de a dificultar (art. 31º, nº 1 (§2) TUE).

nismo seja exercido por, pelo menos, um terço dos Estados-Membros que representem, no mínimo, um terço da população, a decisão não pode ter adotada (art. 31º, nº 1 (§2) TUE).

Nos termos do art. 31º, nº 2, a maioria qualificada é seguida sempre que o Conselho: (i) adote uma decisão com base numa decisão do Conselho Europeu sobre os interesses e objetivos da União; (ii) adote uma decisão que defina uma ação ou posição da União, sob proposta do Alto Representante, apresentada na sequência de um pedido específico que o Conselho Europeu lhe tenha dirigido por iniciativa própria ou por iniciativa do Alto Representante; (iii) adote qualquer decisão que dê execução a uma decisão que defina uma ação ou uma posição da União[21]; (iv) nomeie um representante especial, sob proposta do Alto Representante. A cláusula prevista no nº 3 do art. 31º TUE (*passerelle*), permite ainda ao Conselho Europeu adotar, por unanimidade, uma decisão que, sem ser necessário seguir o procedimento de revisão dos Tratados, alarga os casos em que o Conselho pode deliberar por maioria qualificada, salvo em domínios militares ou de defesa. Num claro afloramento da lógica que presidiu aos Acordos do Luxemburgo[22], ficou, todavia, ressalvada a possibilidade de um Estado-Membro declarar que, por razões vitais e expressas de política nacional, pretende opor-se à adoção de uma decisão a tomar por maioria qualificada. A invocação da "exceção de interesse nacional" determina que não se proceda à votação por maioria qualificada. Nesse caso, se os bons ofícios do Alto Representante não resultarem na resolução deste bloqueio, o Conselho, por maioria qualificada, pode submeter a questão ao Conselho Europeu, a fim de ser adotada uma decisão por unanimidade (art. 31º, nº 2, TUE).

---

[21] A maioria qualificada é também exigida para adotar medidas legislativas que se afigurem necessárias à implementação de decisões que determinem a interrupção ou a redução, total ou parcial, das relações económicas e financeiras com um ou mais países terceiros ou decisões que determinem medidas restritivas relativamente a pessoas singulares ou coletivas e a grupos ou a entidades não estatais (art. 215º do TFUE).

[22] Os acordos do Luxemburgo, de janeiro de 1966, permitiram que, na prática, até à aprovação do Ato Único (1986), cada Estado-Membro obtivesse um poder de bloqueio das decisões das Comunidades sempre que considerasse que uma proposta da Comissão para a adoção de um ato comunitário colocava em causa interesses que considerasse muito importantes.

A persistência de uma situação de bloqueio no Conselho Europeu e no Conselho não prejudica a possibilidade de, como medida de último recurso, o Conselho autorizar, por unanimidade, que, pelo menos, nove Estados-Membros instituam entre si uma cooperação reforçada no âmbito das matérias abrangidas pela PESC (art. 20º, nº 1 e 2, TUE, e 226º a 334º TFUE). Estes Estados podem, por sua vez, adotar uma decisão que permita deliberar no âmbito da cooperação reforçada através de maioria qualificada (art. 333º TFUE).

IV. Do ponto de vista institucional, o Conselho Europeu é a instituição responsável por determinar a estratégia e os objetivos da PESC, cabendo-lhe ainda adotar as decisões necessárias (art. 26º, nº 1, TUE).

Ao Conselho compete trabalhar de acordo com as orientações gerais e linhas estratégicas definidas pelo Conselho Europeu, adotando as decisões necessárias à definição e execução da PESC (art. 26º, nº 2, TUE).

As decisões tomadas no âmbito da PESC são executadas pelo Alto Representante da União e pelos próprios Estados-Membros, que poderão para o efeito usar recursos nacionais ou da União (art. 26º, nº 3, TUE).

V. A natureza marcadamente intergovernamental do processo decisório seguido nos domínios PESC determina a proeminência do Conselho Europeu e do Conselho e o consequente apagamento das restantes instituições da União.

À Comissão foi atribuído o poder residual de apoiar as propostas do Alto Representante (art. 22º, nº 1, TUE), bem como o de propor ao Conselho, juntamente com o Alto Representante, medidas legislativas necessárias à implementação de decisões que determinem a interrupção ou a redução, total ou parcial, das relações económicas e financeiras com um ou mais países terceiros ou decisões que determinem medidas restritivas relativamente a pessoas singulares ou coletivas e a grupos ou a entidades não estatais (art. 215º TFUE). Mais relevante, ainda assim, é o papel atribuído ao Parlamento Europeu: para além de ser informado das medidas legislativas de implementação de decisões adotadas em conformidade com o Capítulo 2 do Título V do TUE (art. 215º, nº 1, TFUE), deve ser regularmente consultado sobre os principais aspetos e escolhas básicas da PESC e da PCSD e informado pelo Alto Representante sobre a evolução de ambas (art. 36º, nº 1, TUE), tendo ainda o direito de colocar questões e fazer recomendações ao Conselho e ao Alto Representante nestes domínios (art. 36º, nº 2, TUE). O Tribunal de Justiça, por sua vez, não tem competência para apreciar disposições e atos adotados com base nelas que incidam sobre a PESC (art. 24º (§2) TUE e 275º TFUE). Esta exclusão de jurisdição está, contudo, sujeita a duas exceções: (i) o controlo da delimitação das atribuições da União no âmbito da PESC (art. 40º TUE); e (ii) a pronúncia sobre recursos de anulação contra decisões que estabeleçam medidas restritivas contra pessoas singulares ou coletivas adotadas pelo Conselho (art. 275º TFUE).

3.3. A aplicação do princípio do primado no âmbito da Política Externa e de Segurança Comum

A doutrina do primado é uma construção de cariz pretoriana desenvolvida, a partir da década de 60 do Século XX, pelo Tribunal de Justiça sem base textual explícita nos Tratados, que determina que as disposições de direito da União são "parte integrante (...) da ordem jurídica aplicável em cada Estado-Membro" e tornam "inaplicável de pleno direito, desde o momento da sua entrada em vigor, qualquer norma de direito interno que lhe seja contrária"[23].

A ideia de que as normas aprovadas no âmbito da PESC estão também abrangidas pelo princípio do primado levaria a que os tribunais nacionais, enquanto "órgãos jurisdicionais de direito comum" responsáveis pela aplicação do direito da União nas ordens jurídicas nacionais, desaplicassem o direito interno incompatível sem o auxílio do Tribunal de Justiça, cuja jurisdição, como observámos, é muito reduzida nestes domínios. Este efeito parece ter sido, contudo, afastado pela Declaração nº 17, anexa ao TUE, onde se afirma que os Tratados e o direito adotado pela União com base nos Tratados primam sobre o direito dos Estados-Membros, nos termos da jurisprudência do Tribunal de Justiça, na medida em que inexiste qualquer decisão do Tribunal do Luxemburgo que declare o

---

[23] Acórdão de 9 de março de 1978, "Simmenthal II", 106/77, *Colect.*, 1978, p. 243, nº 17.

primado das normas da União nos domínios cobertos pela PESC[24]. Esta parece ser também a opinião do Serviço Jurídico do Conselho, que em parecer que acompanha a Declaração nº 17, refere que "o primado do direito comunitário é um princípio fundamental desse mesmo direito" e, segundo o Tribunal de Justiça, é um princípio "inerente à natureza específica da Comunidade Europeia". A alusão expressa ao direito comunitário e à Comunidade Europeia inculca mais uma vez a ideia de que o alcance do primado não se estende à PESC.

4. A Política Comum de Segurança e Defesa

4.1. Aspetos gerais

I. Se no âmbito específico da PESC os avanços não foram ambiciosos, no capítulo da defesa foram dados alguns passos assinaláveis. De facto, de acordo com as novas disposições do TUE, a PCSD passa a fazer parte integrante da PESC, garantindo à União uma "capacidade operacional apoiada em meios civis e militares" (art. 42º, nº 1, TUE). Tais meios – fornecidos pelos Estados-Membros (art. 42º, nº 3 (§1) TUE) – serão utilizados para ações no exterior da União destinadas a assegurar, nomeadamente, ações de manutenção da paz, prevenção de conflitos e o reforço da segurança internacional de acordo com os princípios da Carta das Nações Unidas (art. 42º, nº 1, TUE).

O Tratado de Lisboa clarifica e reforça os objetivos da PCSD (alargando as chamadas missões de *Petersberg*). Nos termos do art. 43º, nº 1, TUE, as novas missões da União, nas quais podem ser utilizadas meios civis e militares, incluem ações conjuntas em matéria de desarmamento, missões de evacuação e humanitárias, projetos de aconselhamento e de assistência, missões de prevenção de conflitos e manutenção da paz, envio de forças de combate para a gestão de crises, incluindo missões de restabelecimento da paz e as operações de estabilização na fase final dos conflitos. O mesmo artigo prevê ainda que estas missões possam contribuir para a luta contra o terrorismo "inclusive mediante o apoio prestado

---

[24] Ata Final da Conferência de Representantes dos Estados-Membros, de 3 de dezembro de 2007, JOUE, de 30 de março de 2010.

a países terceiros para combater o terrorismo no respetivo território". Competirá ao Alto Representante, sob a autoridade do Conselho e em estreito e permanente contacto com o Comité Político e de Segurança, coordenar os aspetos civis e militares destas missões (art. 43º, nº 2, TUE), as quais são confiadas pelo Conselho a um grupo de Estados-Membros a fim de preservar os valores da União e servir os seus interesses (art. 42º, nº 5, e 44º, nº 1, TUE). O Alto Representante, eventualmente em conjunto com a Comissão, pode propor que sejam utilizados meios nacionais e instrumentos da União sempre que apropriado (art. 42º, nº 4, TUE).

A PCSD inclui a definição gradual de uma política de defesa comum da União que, por seu turno, conduzirá a uma efetiva defesa comum quando o Conselho Europeu, deliberando por unanimidade, assim o decidir. Neste caso, caberá à mesma instituição recomendar aos Estados-Membros que adotem uma decisão neste sentido, salvaguardando o respeito pelas respetivas normas constitucionais (art. 42º, nº 2, TUE). De notar, porém, que ficou estabelecido que: (i) tal política não afetará o caráter específico da política de segurança e defesa de alguns Estados-Membros (salvaguardando o seu estatuto de neutralidade); (ii) respeitará as obrigações decorrentes do Tratado do Atlântico Norte para os Estados-Membros que considerem que a sua defesa comum se realiza no quadro da Organização do Tratado do Atlântico Norte (NATO); e (iii) será compatível com a política comum de segurança e defesa adotada nesse quadro (art. 42º, nº 2 (§2) TUE).

II. Com vista à execução da PCSD, competirá aos Estados-Membros colocar à disposição da União as capacidades civis e militares necessárias à concretização dos objetivos delineados pelo Conselho (art. 42º, nº 3 TUE). Neste sentido, os Estados-Membros assumem o compromisso de melhorar progressivamente as suas capacidades militares[25]. Para tal,

---

[25] Art. 42º, nº 3 (§2) TUE. Resta saber como será possível articular o cumprimento deste compromisso com obrigações europeias que limitam fortemente a capacidade de endividamento dos Estados-Membros (*v. g.* art. 126º TFUE), particularmente num contexto de recessão económica, do qual resultam dificuldades orçamentais que, por sua vez, obrigam à afetação prioritária de recursos públicos a áreas sociais e a consequente redução de gastos com o setor da defesa.

compete à agência no domínio do desenvolvimento das capacidades de defesa, da investigação, da aquisição e dos armamentos – a "Agência Europeia de Defesa" – (i) identificar "as necessidades operacionais", (ii) promover "as medidas necessárias para as satisfazer", (iii) contribuir "para identificar e, se necessário, executar todas as medidas úteis para reforçar a base industrial e tecnológica do setor da defesa", (iv) participar "na definição de uma política europeia de capacidades e de armamento" e (v) prestar "assistência ao Conselho na avaliação do melhoramento das capacidades militares" (art. 42º, nº 3 (§2) TUE).

A Agência Europeia de Defesa atua sob autoridade do Conselho (art. 45º, nº 1, TUE), cumprindo a sua missão em articulação com a Comissão "na medida do necessário" (art. 45º, nº 2, TUE). A esta Agência, entre outras funções, é confiada a tarefa de: (i) avaliar o cumprimento dos compromissos assumidos pelos Estados-Membros em termos de capacidades militares; (ii) promover a harmonização das necessidades operacionais; (iii) coordenar os programas executados pelos Estados-Membros; (iv) apoiar a investigação em matéria de tecnologia e defesa; (v) contribuir para identificar formas de reforçar a base industrial e tecnológica do setor da defesa, bem como para aumentar a eficácia das despesas militares (art. 45º, nº 1, TUE). Significa isto que esta Agência assumirá gradualmente as funções desempenhadas por outros organismos no domínio do armamento, nomeadamente o *West European Armaments Group* e a *Organisation Conjoint de Coopération en matière d'Armement*.

Aos Estados-Membros cabe a decisão de participar, ou não, na Agência Europeia de Defesa (art. 45º, nº 2, TUE).

III. O Tratado de Lisboa permite ainda que os Estados-Membros estabeleçam cooperações reforçadas no âmbito da PCSD, as quais devem ser autorizadas pelo Conselho, deliberando por unanimidade (art. 329º, nº 2, e 331º, nº 2, TFUE).

Mas aquela que será talvez uma das reformas mais significativas em matéria de defesa, é a possibilidade de instauração de uma "cooperação estruturada permanente" entre Estados-Membros "cujas capacidades militares preencham critérios mais elevados e que tenham assumido compromissos mais vinculativos na matéria tendo em vista a realização das missões mais exigentes" (art. 42º, nº 6, TUE). Esta cooperação está, no entanto, dependente de um pedido de autorização ao Conselho

I CONGRESSO LUSO-BRASILEIRO DE DIREITO

(artigo 46º, nº 1, TUE), que, no prazo de três meses, adotará a decisão por maioria qualificada (artigo 46º, nº 2, TUE).

O Protocolo nº 10, anexo ao TUE, prevê critérios operacionais objetivos (e rigorosos) para a "cooperação estruturada", funcionando assim como uma referência para decidir quem poderá ou não fazer parte do grupo. Está, portanto, aberta a porta à introdução de uma abordagem mais flexível no domínio da defesa, procurando-se, ainda assim, salvaguardar tanto quanto possível a unidade da União num domínio em que esta tem aparecido, não raras vezes, demasiadamente "fraturada" aos olhos do mundo.

IV. No que respeita à defesa mútua – isto é, a reação dos Estados-Membros caso um deles seja alvo de um ataque por outro Estado – os autores dos Tratados foram pouco ambiciosos, o que possivelmente se explica pela existência de um "sentimento de segurança" na Europa resultante da falta de perceção de qualquer ameaça externa latente. Embora se determine a obrigatoriedade "de auxílio e assistência por todos os meios ao seu alcance, de acordo com o art. 51º da Carta das Nações Unidas" (art. 42º, nº 7, TUE), ficou explícito que esta assistência não poderá afetar as especificidades da política de segurança e defesa de determinados Estados-Membros, naquela que é mais uma alusão à política de neutralidade de alguns dos Estados-Membros da União. Ficou, desse modo, reduzido a uma mera "declaração de intenções" um texto que alguns desejavam se tivesse afirmado como uma "cláusula de defesa coletiva" semelhante ao art. 5º do Tratado de Washington (NATO).

Não obstante, em jeito de "compensação", os autores dos Tratados incluíram no TFUE uma "cláusula de solidariedade" que determina que a "União e os seus Estados-Membros atuarão em conjunto, num espírito de solidariedade, se um Estado-Membro for vítima de um ataque terrorista ou vítima de uma catástrofe natural ou de origem humana" (art. 222º, nº 1, TFUE). Com este fim, a União mobilizará todos os instrumentos ao seu dispor – incluindo os meios militares disponibilizados pelos Estados-Membros – para: (i) prevenir ameaças terroristas no território dos seus membros; (ii) proteger as instituições democráticas e a população civil de um eventual ataque terrorista; e (iii) prestar assistência a um Estado-Membro no seu território, a pedido deste, quer em caso de ataque terrorista, quer em caso de catástrofe natural ou provocada pelo Homem (art. 222º, nº 1, TFUE). Cabe ao Conselho adotar a decisão que permita à União tomar as medidas necessárias para implementar a cláusula de solidariedade. Nesta matéria, o Conselho atuará com base numa proposta conjunta da Comissão e do Alto Representante. Sempre que a sua decisão possa ter implicações em matéria de defesa, o Conselho observa o disposto no artigo 31º, nº 1, do TFUE, e o Parlamento Europeu deve ser informado (art. 222º, nº 2, TFUE).

4.2. Processo decisório

As decisões relativas à PCSD são adotadas por unanimidade pelo Conselho, sob proposta do Alto Representante ou de um Estado-Membro (art. 42º, nº 4 TUE). Esta regra da unanimidade não conhece qualquer exceção e não pode, ao contrário do que sucede no âmbito da PESC, ser alterada sequer pelo Conselho Europeu, pois a "cláusula-*passerelle*" prevista no art. 31º, nº 3, TUE não é aplicável à domínios militares ou de defesa (art. 31º, nº 4, TUE), pelo que configura um núcleo de "intergovernamentalismo qualificado" no seio da União.

5. Conclusões

I. A União procurou desde a sua criação assumir um papel ativo na resolução dos desafios de um mundo em permanente transformação, destacando-se a ação de charneira na resolução de problemas que dominam a agenda global, como o ambiente, ou o papel que tem desempenhado na luta contra o terrorismo. A União procurou ainda projetar-se externamente através de generosas políticas de apoio ao desenvolvimento e da adoção de parcerias com países terceiros e com organizações internacionais. Acresce ainda a participação muito ativa em missões de tipo muito variado, designadamente humanitárias, de prevenção de conflitos ou de manutenção da paz.

A reforma operada pelo Tratado de Lisboa visou dar à União um novo enquadramento institucional destinado a expandir e consolidar a sua política externa, em especial na vertente mais frágil da segurança e defesa. Numa dimensão da sua ação externa que permanecia essencialmente intergovernamental era clara a necessidade de uma maior coordenação e articulação das políticas e ações dos Estados-Membros, que evitassem dissensões comprometedoras para a imagem da União, como a resultou nas visões posições divergentes adotadas pelos Estados-Membros aquando da invasão do Iraque em 2003.

II. Através do Tratado de Lisboa, os Estados-Membros procuraram criar condições para o surgimento de uma política externa e de segurança e defesa que mereça verdadeiramente o epíteto de comum. Medidas como (i) a fusão do cargo de Alto Representante para a PESC e de comissário das Relações Externas num único cargo de Alto Representante para os Negócios Estrangeiros e a Política de Segurança, (ii) a atribuição de personalidade jurídica à União, e (iii) a existência de delegações europeias coordenadas pelo SEAE poderão contribuir para uma política externa europeia mais coerente e mais integrada e, consequentemente, para aumentar a eficácia da União como ator de relevo das relações internacionais.

O primeiro teste ao novo arranjo institucional surgiu com a "primavera árabe", iniciada em dezembro de 2010, e revelou uma União capaz de reagir de forma articulada e rápida aos acontecimentos, designadamente através da adoção de medidas restritivas contra dirigentes e entidades dos vários Estados árabes em revolta[26].

III. As alterações introduzidas pelo Tratado de Lisboa não permitem, no entanto, acautelar convenientemente a possibilidade de diferendos quanto ao papel a desempenhar pelas várias figuras encarregadas de representar externamente a União. Esta profusão de cargos, acrescente-se, também não ajuda a combater a imagem externa de que a União não possui autonomia face aos seus Estados-Membros[27].

---

[26] *V. g.* (i) no Egito: a Decisão 2011/172/PESC do Conselho, de 21 de Março de 2011; (ii) na Líbia: a Decisão 2011/137/PESC do Conselho, de 28 de Fevereiro de 2011; na Síria: Decisão 2013/255/PESC do Conselho, de 31 de maio de 2013; na Tunísia: Decisão 2011/72/PESC do Conselho, de 31 de Janeiro de 2011.

[27] Cfr., a este respeito, a Resolução da Assembleia Geral das Nações Unidas nº 65/276, de 5 de Maio de 2011, disponível em http://www.un.org/ga/search/view_doc.asp?symbol=A/RES/65/276, onde é feita referência à UE como um "bloco" (de Estados-Membros).

A manutenção do caráter fundamentalmente intergovernamental da PESC e da PCSD dificulta, por outro lado, a eficácia do combate às novas "ameaças" de um mundo globalizado, e compromete o espírito de solidariedade indispensável à salvaguarda dos interesses e valores comuns que servem de base ao projeto europeu. A capacidade de afirmação da União como uma potência globalmente importante continua, portanto, umbilicalmente dependente da difícil articulação dos interesses nacionais dos Estados-Membros com os interesses comuns da União.

O Tratado de Lisboa não eliminou, portanto, as dificuldades de consolidação do papel e da força da União na cena mundial, as quais são maximizadas pelo atual contexto de crise, que alimenta a dissensão entre os Estados-Membros e desemboca num debate existencial sobre a própria União que, evidentemente, limita a sua capacidade para se projetar externamente.

O direito ao espetáculo
e o direito à imagem dos desportistas
– cotejo dos Direitos Português e Brasileiro[1]

CLÁUDIA TRABUCO[2]

1. Direito à imagem – principais características

1.1. Direitos de personalidade: o direito geral e os direitos especiais

Ainda que hoje se fale dos direitos de personalidade como direitos inerentes a qualquer pessoa e como se de um dado adquirido há muito se tratasse, a verdade é que apenas a partir de finais do século XVIII, por influência do cristianismo e da valorização da pessoa-humana, os direitos de personalidade passam a estar no centro do debate jurídico, social e político e a afirmar-se no direito privado como categoria autónoma[3].

Apenas a partir dessa altura é possível falar dos direitos de personalidade como "conjunto de direitos subjetivos que incidem sobre a própria pessoa ou sobre alguns modos de ser, físicos ou morais, dessa personalidade, e que inerem à pessoa humana"[4]. A personalidade é um *prius* para

---

[1] Vídeo disponível em http://justicatv.pt/index.php?p=2236

[2] Doutora em Direito. Professora Auxiliar da Faculdade de Direito da Universidade Nova de Lisboa.

[3] Para uma perspetiva histórica do reconhecimento e evolução dos direitos de personalidade, v. António Menezes Cordeiro, *Tratado de Direito Civil português,* I-Parte Geral, T. III, 2ª pré-edição, Coimbra, 2002, pp. 35-66.

[4] Paulo Mota Pinto, *O direito à reserva sobre a intimidade da vida privada,* Boletim da Faculdade de Direito da Universidade de Coimbra, vol. LXIX, 1993, p. 482.

o Direito, algo que já existe e que este apenas se limita a reconhecer e tutelar, podendo encontrar-se o fundamento axiológico para essa tutela no próprio conceito de dignidade humana.

É difícil definir a personalidade humana pois que esta funciona *grosso modo* como uma espécie de matriz unificante, composta por uma multiplicidade de elementos de diversa ordem que se inserem e se fundem num conjunto cuja dinâmica acaba por ultrapassar a mera soma dos seus componentes[5]. Este fator cria algumas dificuldades dogmáticas. Assim, quando o artigo 70º do nosso Código Civil proclama em termos gerais o respeito pelos direitos de personalidade, poder-se-á perguntar se estes direitos devem ser concebidos como uma pluralidade de formas de tutela jurídica, incidindo cada uma sobre um aspeto particular da personalidade humana, ou, inversamente, como direitos especiais em relação a um direito geral que se refere à personalidade tomada como um todo[6].

Não nos alongaremos em relação a este ponto, que extravasa o objeto de estudo definido. Basta-nos reiterar a posição que já defendemos em momento anterior[7]. A partir sobretudo do momento em que a revisão constitucional de 1997 consagrou no artigo 26º do texto da Constituição um direito fundamental ao *livre desenvolvimento da personalidade,* julgamos sustentável que o reconhecimento de um direito subjetivo geral de personalidade do artigo 70º do Código Civil é uma concretização do dever de

[5] Rabindranath Capelo de Sousa, *O direito geral da personalidade,* Coimbra, 1995, p. 198 e ss.

[6] A doutrina portuguesa tem-se dividido na resposta a esta questão. No primeiro sentido, encontramos vozes como as de José de Oliveira Ascensão, *Teoria geral do Direito Civil – I – Introdução. As pessoas. Os bens,* Lisboa, 2000, p. 90 e seguintes ou Pedro Pais de Vasconcelos, *Teoria Geral do Direito Civil,* Vol. I, Lisboa, 1999, pp. 34-38. Seguem uma via diametralmente oposta todos aqueles que defendem a existência de um direito geral de personalidade, como é o caso, principalmente, de Capelo de Sousa, *O direito geral...*, *passim, maxime* pp. 151-155, e 557 e ss., e ainda de Paulo Mota Pinto, *O direito ao livre desenvolvimento da personalidade,* em "Portugal – Brasil ano 2000", Studia Iuridica 40, Colloquia 2, BFDUC, 1999, p. 171 e ss., Diogo Leite de Campos, *Lições de direito da personalidade,* 2ª ed., Coimbra, 1990, pp. 49-51, e Carlos Alberto da Mota Pinto, *Teoria geral do Direito Civil,* 3ª ed., Coimbra, 1985 (reimp. 1996), p. 74 (numa mudança de posição em relação à concepção defendida em edições anteriores).

[7] Cláudia Trabuco, *Dos contratos relativos ao direito à imagem,* O Direito, A. 133, nº II, 2001, p. 395.

proteção da personalidade que decorre daquele artigo 26º da Lei Fundamental. Este direito tem como objeto a personalidade humana em todas as suas dimensões e manifestações e por função a tutela da sua livre realização e desenvolvimento. Sendo um direito aberto, ou "direito-quadro", permite também a tutela de novos bens[8]. Os direitos subjetivos individuais previstos e regulados na nossa lei, referindo-se a modos de ser individuais da personalidade humana, encontram-se com aquele direito geral numa relação de "especialidade".

1.2. A estrutura bipolar da personalidade humana: personalidade moral e suas vertentes

A estrutura bipolar da personalidade humana aparece consagrada entre nós na redação do artigo 70º do Código Civil, no qual se afirma que "a lei protege os indivíduos contra qualquer ofensa ilícita ou ameaça de ofensa à sua personalidade física ou moral". Os diversos bens ou elementos constitutivos da personalidade são, pois, agrupáveis sob um desses dois pólos: por um lado, os bens ligados à realidade física de cada homem, por outro os bens resultantes da sua racionalidade, ou seja, a dimensão relacional ou social de cada homem, correspondente à ideia de personalidade moral.

No seio da personalidade moral, é possível identificar também diversos bens jurídicos relativamente autónomos que vão desde a liberdade, à igualdade, à existência e segurança, à honra, à intimidade da vida privada ou à identidade[9]. A proteção da imagem física surge normalmente integrada na tutela da identidade, ou seja, na proteção do carácter original

---

[8] Contra, Menezes Cordeiro, *Tratado...*, p. 85. Este autor baseia-se no facto de um direito geral fundado no artigo 70º possuir um objecto indefinido, "não se enquadrando na natureza específica que sempre acompanha qualquer direito subjectivo". Não deixa, porém, de ver neste artigo uma fonte de justificação para a existência de direitos de personalidade atípicos, correspondentes a bens de personalidade "especiais".

[9] Seguimos de perto o elenco que compõe a noção de "dimensão relacional do homem com o mundo" proposta por Capelo de Sousa, *O direito geral...*, pp. 243-259.

e irrepetível de cada homem[10]. Aqui se integram também o bom nome ou a reputação do indivíduo bem como os sinais sociais de identificação humana, como o seu nome ou o pseudónimo.

Da proteção do bem jurídico da identidade humana, decorre o primeiro traço delimitador do direito à imagem, que simultaneamente integra um dos seus limites. Assim, o bem jurídico da identidade humana só é suscetível de violação quando na representação se reproduzirem sinais característicos – explícitos e implícitos – que permitam estabelecer uma ligação necessária ou provável entre tal representação e a pessoa humana cujos traços são representados[11].

1.3. A autonomia do direito à imagem em relação a outros direitos especiais

No seio da personalidade moral, tomada enquanto matriz unificante do ser social que é cada homem, podemos identificar bens jurídicos relativamente autónomos. A imagem pode, ela própria, ser tutelada em vários âmbitos correspondentes a direitos de personalidade distintos. Durante muitos anos, a imagem foi vista como uma manifestação do direito à intimidade, em relação ao qual possuiria uma função meramente acessória e

---

[10] Capelo de Sousa refere-se à identidade como a "configuração somático-psíquica" de cada indivíduo. *Idem,* p. 246.

[11] Curiosa é, a este respeito, a argumentação desenvolvida no acórdão do Tribunal da Relação de Lisboa de 19/10/1977, *in* Col. Jur., 1977, T. V, p. 1015 e seguintes. Neste caso, discutia-se a situação de uma fotografia que tinha sido tirada a uma criança que brincava com outras num pátio da sua escola e mais tarde sido utilizada num cartaz de um determinado partido político. Conclui-se não apenas que a fotografia não retratava a criança em concreto nem lhe dava qualquer destaque especial, mas sim a um grupo de crianças no qual se integrava e que a fotografia enquadrava um facto ocorrido em lugar público, pelo que, em tais condições, não havia necessidade de consentimento da pessoa fotografada; e, finalmente, não sendo o direito à imagem limitado temporalmente, havia contudo a considerar a influência do decurso do tempo na avaliação do prejuízo causado, pelo que, tendo a fotografia já seis anos à data da elaboração do cartaz e tratando-se de uma criança, seria impossível o seu reconhecimento a não ser por um grupo limitado de pessoas, entre as quais os pais, os familiares e um grupo restrito de amigos.

circunstancial. Ainda hoje, em determinados sistemas jurídicos como é o caso da ordem jurídica italiana, a tutela da imagem tem lugar no seio da proteção da intimidade ou resguardo (*riservatezza*).

No momento atual, o debate não tem razão de ser nem do direito português nem no direito brasileiro. O direito à imagem constitui um direito autónomo e é como tal afirmado pela doutrina e pela jurisprudência. Os interesses protegidos respectivamente pelos direitos à imagem, à honra e à privacidade – para nos referirmos apenas àqueles direitos que lhe são mais próximos – são diferentes e não devem ser confundidos. No entanto, quando, como frequentemente sucede, esses vários interesses sejam atingidos num mesmo caso concreto, seja porque a imagem em causa representa um aspecto da vida privada de uma determinada pessoa, seja porque é identificável simultaneamente como um meio através do qual se considera ofendida a honra de alguém, haverá lugar à aplicação conjunta destas proposições jurídicas.

Estas distinções não se revestem, aliás, de relevância prática significativa se aceitarmos estar perante várias *leges speciales* face ao direito geral de personalidade do artigo 70º do Código Civil. Em casos de violação simultânea de bens jurídicos distintos, teremos assim uma situação de concurso que, caso estejam preenchidos os pressupostos respetivos, se resolve pela aplicação conjunta das diferentes disposições normativas.

1.4. Tutela do direito nas esferas constitucional, civil e penal

Poder-se-á perguntar qual é o bem jurídico tutelado pelos direitos de personalidade[12]. Durante muito tempo, os direitos de personalidade foram contestados com base numa argumentação, hoje desatualizada, que reconduzia estes direitos a "direitos sobre a própria pessoa" (*jus in se ipsum*), em que o seu titular seria a uma só vez sujeito e objeto do direito[13].

[12] V. as considerações tecidas por Menezes Cordeiro relativamente à noção de bem que caracteriza como "realidade capaz de satisfazer necessidades (sentido objetivo) ou apetências (sentido subjetivo) da pessoa". *Tratado...*, Vol. I, T. III, p. 81.

[13] Na doutrina portuguesa, afirmando que a personalidade não é objeto de um direito mas tão só uma qualidade, condição ou posição fundamental do homem perante a ordem jurídica, que lhe permite adquirir direitos subjectivos, *vide* Cabral de Moncada, *Lições de direito civil*, 4ª ed., Coimbra, 1961 (reimp. 1995), p. 72 e ss.

A doutrina fala atualmente quer em direitos que incidem sobre os "modos de ser, físicos e morais, da pessoa"[14], quer na tutela de aspectos que se contêm na personalidade mas que são mentalmente autonomizáveis, podendo por isso contemplados como bens[15], quer ainda como "aspectos específicos de uma pessoa, efetivamente presentes, e susceptíveis de serem disfrutados pelo próprio", compreendendo diferentes áreas consoante nos refiramos ao ser humano físico, moral ou social[16]. Em escrito anterior, tive ocasião de me pronunciar a favor de um conceito alargado de "bem" que incluísse as coisas corpóreas e incorpóreas, serviços mas também realidades imateriais, e por isso também os bens da personalidade humana, enquanto bens imateriais individualizáveis e suficientemente autonomizáveis da pessoa[17].

A imagem, enquanto aspecto particular da personalidade, é, deste modo, objecto de um direito subjetivo, absoluto, e com uma estrutura dual e relacional, na medida em que comporta tanto uma esfera de poder e liberdade, como uma forte componente de responsabilidade, uma vez que qualquer utilização abusiva da imagem é considerada ilícita pelo ordenamento jurídico.

No direito português, o direito à imagem encontra-se protegido em três sedes distintas:

- **constitucionalmente**, no artigo 26º da Lei Fundamental, que protege a imagem enquanto eco ou elemento da dignidade humana; está em causa, naturalmente, a imagem enquanto projeção externa da pessoa, representando por isso um rasgo da personalidade humana. No Brasil, tal tutela é assegurada pelo artigo 5º, inciso X da Constituição Federal.

---

[14] Cfr., entre nós, Carlos Mota Pinto, *Teoria...*, p. 338.

[15] Oliveira Ascensão, *Teoria...*, p. 92. Em sentido um pouco diferente segue Capelo de Sousa que toma como bem jurídico a personalidade física e moral dos indivíduos, autónoma e directamente tutelado, de que as normas especiais que, no Código Civil, se seguem ao artigo 70º são apenas aspectos parcelares, válidos apenas para esclarecimento de dúvidas de interpretação e de sentido concreto do bem geral protegido. Capelo de Sousa, *O direito geral...*, p. 202.

[16] Menezes Cordeiro, *Tratado...*, Vol. I, T. III, p. 82.

[17] Cláudia Trabuco, *Dos contratos...*, p. 405.

A mensagem visual contida na imagem realiza-se através da representação material dos aspectos imateriais da personalidade, sendo por isso legítimo afirmar que, não se confundindo com a personalidade do homem é, não obstante, um dos seus mais diretos veículos de expressão.

– **civilmente**, no artigo 79º do Código Civil, que protege o seu titular contra a exposição, a reprodução e a comercialização não consentidas da sua imagem. Este artigo segue a sua fonte inspiradora – o artigo 96º da lei de direito de autor italiana de 1941 –, não estabelecendo a proibição de captação do retrato de outra pessoa quando não exista autorização para a prática desse ato; existem, no entanto, interpretações contrárias desta redação do artigo[18]. No Código Civil brasileiro, estabelece o artigo 20º o seguinte: "Salvo se autorizadas, ou se necessárias à administração da justiça ou à manutenção da ordem pública (...) a publicação, a exposição ou a utilização da imagem de uma pessoa poderão ser proibidas, a seu requerimento e sem prejuízo da indenização que couber, se lhe atingirem a honra, a boa fama ou a respeitabilidade, ou se se destinarem a fins comerciais".

– **penalmente**, no nº 2 do artigo 199º do nosso Código Penal, que pune quem, contra vontade, fotografe ou filme outra pessoa, mesmo em eventos em que tenha legitimamente participado (a)), ou utilize ou permita que se utilizem essas fotografias ou filmes, ainda que os mesmos hajam sido licitamente obtidos (b)).

1.5. Poderes jurídicos do sujeito activo e limites do direito de personalidade

Ao proteger o direito à imagem da pessoa humana, o ordenamento jurídico português atribui ao seu titular os poderes jurídicos necessários ao aproveitamento desse bem, os quais caracterizam tanto este direito

---

[18] Cfr. Manuel da Costa Andrade, *Sobre os crimes de "Devassa da vida privada" (artigo 192º CP) e "Fotografias ilícitas" (artigo 199º) – STJ, Acórdão de 6 de Novembro de 1996*, RLJ, ano 130º, Abril 1998, p. 231.

em particular como os direitos de personalidade em geral. Trata-se de um direito oponível *erga omnes*, imprescritível, irrenunciável e inalienável, com carácter pessoal mas também potencial patrimonial[19].

A exploração comercial da imagem da pessoa não desvirtua o carácter pessoal do bem em causa[20]. Aliás, é este aspecto pessoal de referência à personalidade que enforma e delimita as condições de realização do aproveitamento económico da imagem humana e determina a existência de regras particulares como aquela que consta do nº 2 do artigo 81º do Código Civil português, que autoriza a revogabilidade a todo o tempo do consentimento para a utilização da própria imagem, ainda que com lugar ao ressarcimento dos prejuízos eventualmente causados à contraparte[21].

O consentimento pode revestir diversas formas e ter várias finalidades. Aliás, muitas vezes as intromissões ilegítimas que ocorrem em sede de proteção da imagem resultam de uma utilização deste bem para um fim distinto daquele para que o consentimento foi inicialmente prestado. É o consentimento que delimita o exercício devido do direito à imagem[22]. Não é, por isso, admissível um consentimento geral para utilização da imagem, pois que este tipo de delimitação, sem definição do seu alcance, equivaleria na prática a uma transmissão do direito à imagem, que é como tal proibida por lei[23].

---

[19] Qualificando o direito à imagem como "direito de personalidade patrimonial", v. Menezes Cordeiro, *Tratado...*, Vol. I, T. III, p. 99. Sobre a natureza mista do direito "unitário" à imagem, veja-se também David de Oliveira Festas, *Do conteúdo patrimonial do direito à imagem*, Coimbra, 2009, *passim, maxime* pp. 416-421.

[20] De acordo com Menezes Cordeiro, "as hipóteses de «comercialização» de bens de personalidade reportam-se a aspectos destacáveis do direito-mãe: este permanece sempre na esfera da pessoa titular". *Tratado...*, Vol. I, T. III, p. 100.

[21] É possível encontrar um paralelo no direito de autor, onde existe o chamado "direito de retirada". V. Luiz Francisco Rebello, *Introdução ao Direito de Autor*, Lisboa, 1994, pp. 161-162; *Id., Código do direito de autor e dos direitos conexos*, Lisboa, 1998, pp. 106-107; Alberto de Sá e Mello, *O direito pessoal de autor no ordenamento jurídico português*, Lisboa, 1989, pp. 102-109.

[22] Mais pormenorizadamente sobre o consentimento, veja-se David Oliveira Festas, *Do conteúdo patrimonial...*, p. 276 e seguintes.

[23] Cláudia Trabuco, *Dos contratos...*, p. 431.

Quanto às formas de consentimento, a doutrina distingue normalmente entre o mero *consentimento tolerante,* correspondente ao chamado "consentimento do lesado", tratado como possível causa de exclusão da ilicitude dos factos em sede de responsabilidade civil, e o *consentimento autorizante,* que determina em princípio a inexistência de qualquer ofensa, só sendo considerado válido se não for contrário à ordem pública, tal como resulta do artigo 81º envolvendo a celebração de um compromisso pelo qual o titular limita voluntariamente o seu direito, mantendo na sua esfera jurídica a faculdade de revogação do consentimento prestado, e, simultaneamente, cria ou constitui um direito na esfera jurídica de outrem[24].

2. Direito à imagem do praticante desportivo

Quer no direito português quer no direito brasileiro, é por via da exploração do potencial económico da imagem dos praticantes desportivos que o direito à imagem tem conhecido maiores desafios e desenvolvimento. Principalmente nos casos em que o desporto se reveste de uma dimensão inegável de espetáculo, atraindo massivamente o público e, por essa via, o interesse económico da associação da imagem de praticantes desportivos e/ou de equipas a marcas identificativas de produtos e serviços comercializados no mercado, a mensagem visual assume uma relevância muito significativa facilitando a associação àqueles produtos e serviços das ideias de sucesso associadas aos "heróis" do mundo desportivo.

A imagem corresponde a um signo, isto é, a uma representação material de aspectos imateriais. Pela analogia que permite estabelecer entre esse signo e o seu significado, a imagem equivale a uma projeção externa da pessoa. A imagem dos desportistas permite veicular mensagens de êxito, com inegável economia de palavras, podendo por isso, assumir em si mesma um valor económico elevado, tanto mais elevado quanto maior for o nível de notoriedade do praticante desportivo em causa. Acresce que, pelo protagonismo que lhes tem sido dado pelos média, alguns praticantes desportivos tornaram-se verdadeiras estrelas, assim atraindo o

---

[24] Capelo de Sousa, *O direito geral...,* p. 523.

interesse económico de diversas empresas comerciais que patrocinam e financiam o "mercado" desportivo.

Por estas razões, não surpreende que, quer num país quer no outro, a lei tenha procurado regular esta matéria de modo especial.

2.1. Brasil

No direito brasileiro, provavelmente como forma de reação a um período anterior em que a imagem não se autonomizava da proteção da intimidade, foram inseridas na Constituição Federal de 1988 diversas referências à imagem dos indivíduos.

Para além do inciso já referido anteriormente, é importante, pelo tema que hoje se explora, mencionar a alínea a) do inciso XXVIII do artigo 5º, que pretende assegurar, nos termos da lei, "a proteção às participações individuais em obras coletivas e à reprodução da imagem e voz humanas, inclusive nas atividades desportivas".

A Lei nº 9.615/98, de 24 de Março de 1998, que institui normas gerais sobre desporto e que ficou conhecida como "Lei Pelé" por ter sido aprovada quando Edson Arantes do Nascimento era Ministro do Desporto e Presidente do Conselho do INDESP (Instituto Nacional de Desenvolvimento do Desporto), foi criada com o intuito de dar mais transparência e profissionalismo ao desporto brasileiro. Nesta lei foi integrada a consagração legal do chamado "direito de arena" no artigo 42º, isto é, o "direito de negociar, autorizar e proibir a fixação, a transmissão ou retransmissão de imagem de espetáculo ou eventos desportivos de que participem", e foi atribuída a titularidade do mesmo às "entidades de prática desportiva"

Já em 2011, a tal Lei foi acrescentado pela Lei nº 12.395/2011, de 16 de Março de 2011, o artigo 87º-A, que versa o seguinte: "O direito ao uso da imagem do atleta pode ser por ele cedido ou explorado, mediante ajuste contratual de natureza civil e com fixação de direitos, deveres e condições inconfundíveis com o contrato especial de trabalho desportivo"[25].

Esta disposição, de carácter essencialmente pedagógico, revelou-se de extrema utilidade para pôr fim à polémica que rodeava alguns casos de

---

[25] Realce nosso.

O DIREITO AO ESPETÁCULO E O DIREITO À IMAGEM DOS DESPORTISTAS

contratos de trabalho celebrados com atletas profissionais em que, a par de remunerações irrisórias a título de salários, se celebravam contratos de licença de usos de imagem envolvendo valores muito elevados de modo a, com vantagens para ambas as partes, se reduzir a base de incidência de tributos e contribuições sociais baseadas na relação laboral[26].

2.2. Portugal

Em Portugal, o direito à imagem dos praticantes desportivos profissionais beneficia da proteção especial estabelecida pelo artigo 10º, nº 1 da Lei nº 28/98, de 26 de Junho (Regime jurídico do contrato de trabalho do praticante desportivo e do contrato de formação desportiva), segundo o qual estes sujeitos têm direito a utilizar a sua imagem pública ligada à prática desportiva e a opor-se a que outrem a use ilicitamente.

O nº 2 do mesmo artigo distingue a imagem de cada indivíduo da imagem da equipa, estabelecendo que a imagem do coletivo dos praticantes poderá ser objeto de regulamentação em sede de contratação coletiva.

Assim, por exemplo, o contrato coletivo entre a Liga Portuguesa de Futebol Profissional e o Sindicato dos Jogadores Profissionais de Futebol[27] contém no seu artigo 38º uma cláusula segundo a qual "[f]ica ressalvado o direito de uso da imagem do coletivo dos jogadores de uma mesma equipa por parte do respetivo clube ou sociedade desportiva" (nº 3) e "[a] exploração da imagem dos jogadores de futebol enquanto coletivo profissional será da competência do SJPF"[28].

---

[26] Para um relato de alguns destes casos, leia-se Carlos Miguel Aidar e Alexandre Miranda, *Direito à imagem e direito de arena – aspectos controvertidos*, 24/9/2012, in http://www.sintese.com/doutrina_integra.asp?id=1230 (consultado em 11/2/2013).

[27] Publicado no Boletim do Trabalho e Emprego, nº 30, 15/8/2012, cujo artigo 100º dispõe: "A entidade a que esteja vinculado o atleta, pertence o direito de autorizar, ou proibir, a fixação, transmissão ou retransmissão, por quaisquer meios ou processos de espetáculo desportivo público, com entrada paga".

[28] É ainda prevista uma disposição especial no nº 5 segundo a qual "[a] exploração do direito de imagem dos jogadores profissionais integrado nas transmissões televisivas em canal aberto dos jogos dos campeonatos nacionais confere ao SJPF o

Com o preceito especial referido e a remissão para o que ficar estabelecido em convenção coletiva, procurou-se igualmente salvaguardar o exclusivo do atleta de aproveitamento económico da sua imagem, uma vez que no regime anterior, que constava do Decreto-Lei nº 305/95, de 18 de Novembro, estabelecia-se a possibilidade de uso da imagem do coletivo dos praticantes segundo o que ficasse previsto em regulamentação "por parte da entidade empregadora desportiva".

3. Direito de arena e direito ao espetáculo

3.1. Direito brasileiro

O direito de arena corresponde, na realidade, a uma inovação da lei brasileira e estava inicialmente regulado na Lei de Direitos Autorais de 1973[29-30]. O "direito de arena" brasileiro sempre coube à entidade a que o atleta se encontrava vinculado, embora desde esse primeiro momento se tenha feito participar os atletas do preço da autorização.

Tem considerado a doutrina que o direito de arena tem consagração constitucional no artigo 5º, inciso XXVIII da Lei Fundamental, que protege as participações individuais em obras coletivas e a reprodução da imagem humana inclusive nas atividades desportivas[31]. Contudo, esta afirmação é equívoca porquanto o que está verdadeiramente tutelado na Constituição é a imagem enquanto direito de personalidade, apenas se podendo dizer que da forma como se encontra redigido este preceito

---

direito a receber a quantia de 200 000$, a pagar pelo clube visitado no decurso do mês seguinte àquele em que se realiza o jogo".

[29] Lei nº 5.988, de 14 de Dezembro de 1973.

[30] Cfr. José de Oliveira Ascensão, *Uma inovação da lei brasileira: o direito de arena*, separata de "Direito e Justiça", Vol. I, 1980, p. 91 e ss.; *Id., Direito autoral*, 2ª ed., Rio de Janeiro, 1997, nºs 368 a 382.

[31] Cristeli de Sousa Lima, *O direito desportivo e o direito de imagem do atleta profissional*, 2011, p. 53, disponível, em http://www.ibdd.com.br (consultado em 12/2/2013). Contra, Guilherme Camargo, *O direito de arena e imagem para os jogadores de futebol e demais atletas após a Lei nº 12.395 de 16 de Março de 2011, in* http://meuartigo.brasilescola.com/atualidades/o-direito-arena-imagem-para-os-jogadores-futebol.htm (consultado em 12/2/2013).

é possível retirar indiretamente a participação patrimonial do atleta, enquanto titular desse direito, da compensação monetária de que irá beneficiar o titular dos direitos sobre o espetáculo.

A lei de direitos autorais já fixava um valor de 20% como percentagem a ser distribuída entre os atletas que participaram no espetáculo, como resultado da autorização para a transmissão deste último, tendo tal valor sido mantido quando a Lei Pelé passou a regular especificamente em sede desportiva este direito exclusivo.

A matéria é atualmente regulada pela Lei Pelé, na versão resultante das alterações na mesma introduzidas em 2011. O artigo 42º diz pertencer às entidades de prática desportiva o direito de arena, consistente na prerrogativa exclusiva de negociar, autorizar ou proibir a captação, a fixação, a emissão, a transmissão, a retransmissão ou a reprodução de imagens, por qualquer meio ou processo, de espetáculo desportivo de que participem.

O direito de arena "diz respeito à imagem do espetáculo, ou seja, à exposição coletiva dos atletas no ato de um jogo", sendo a sua titularidade das entidades desportivas. Contudo, o nº 2 do artigo 42º, salvo os casos de disposição em contrário em convenção coletiva de trabalho, faz atribuir atualmente 5% da receita proveniente da exploração de direitos desportivos audiovisuais aos atletas profissionais. O mecanismo a que se recorre é a de uma obrigação por parte das entidades em causa de transferirem tal montante para os sindicatos de atletas profissionais que, por sua vez, o deverão distribuir, em partes iguais, entre os atletas profissionais que participaram do espetáculo.

De acordo com a mesma Lei, apenas os atletas profissionais, e não também os amadores, podem receber tais verbas, isto é, apenas são contemplados aqueles que, nos termos da Lei, têm "contrato especial de trabalho firmado com entidade de prática desportiva".

3.2. Direito português

No domínio jus-autoral, além dos três direitos conexos ditos "clássicos" (isto é, os direitos atribuídos aos artistas, aos produtores de fonogramos e videogramas e aos organismos de radiodifusão), a doutrina portuguesa, e em especial Oliveira Ascensão, reconhece a existência de outra figura integrável entre os direitos afins ou conexos ao direito de autor: o "direito ao espectáculo", ou, como lhe chamava inicialmente, o "direito de arena"[32].

Com esta designação pretende-se identificar um direito de carácter exclusivo atribuído àquele que organiza o espectáculo, entendido enquanto actividade que implica a participação (activa ou passiva) do público e que, realizando um investimento, assume simultaneamente um risco pelo qual será compensado através da quantia resultante do preço de venda dos bilhetes[33].

Este direito intelectual tem como fundamento a prestação empresarial organizativa e financeira de quem torna possível o espectáculo. O seu conteúdo pode ser descrito como o aproveitamento do espectáculo através da reserva ao seu organizador de certas formas de comunicação pública do mesmo (designadamente, da autorização da radiodifusão televisiva do evento).

A este direito Oliveira Ascensão reconhece essencialmente uma base costumeira mas não deixou este autor de identificar dois afloramentos legais não menosprezáveis da exclusividade de atuação delimitada por este direito patrimonial, a saber:

- o artigo 117º do CDADC, que versa sobre representação cénica, isto é, sobre um fenómeno cultural distinto do fenómeno desportivo, mas que se refere, entre outras, à autorização necessária do "empresário do espectáculo" para a transmissão por radiodifusão, sonora ou visual, da representação da obra, bem como para a sua reprodução em fonograma ou videograma, filmagem ou exibição;
- as sucessivas manifestações deste direito exclusivo nas leis que regulam o fenómeno desportivo, em especial:
  - no nº 2 do artigo 84º da Lei nº 30/2004, de 21 de Julho (Lei de bases do desporto), que garantia o acesso a recintos desportivos

[32] José de Oliveira Ascensão, Direito autoral, Lisboa, 1989, p. 285.

[33] José de Oliveira Ascensão, *O direito ao espectáculo*, BMJ, nº 366, 1987, pp. 49-50. Em sentido convergente com o que lhe atribui Oliveira Ascensão, José Massaguer, *Naturaleza, protécción y titularidad de los derechos audiovisuales sobre eventos deportivos*, Actas de Derecho Industrial y Derecho de Autor, T. XVIII,1997, p. 291, atribui a este direito a natureza de um direito sobre um bem imaterial, que, não recaindo sobre uma criação intelectual, se aproxima ainda assim dos bens protegidos pelo direito de autor, tanto bastando para que lhe reconheça uma natureza afim daquele.

por parte de profissionais da comunicação social no exercício da sua profissão, "sem prejuízo dos condicionamentos e limites a este direito, designadamente para protecção do direito ao espectáculo, ou de outros direitos e interesses legítimos dos promotores ou organizadores de espectáculos desportivos"[34];

– de modo bastante menos claro e apenas indireto, no artigo 49º da Lei de Bases da Actividade Física e do Desporto (Lei nº 5/2007, de 16 de Janeiro), que condiciona o acesso a espectáculos desportivos por parte "de titulares do direito de livre trânsito" durante o período em que decorrem espectáculos desportivos com entradas pagas ao facto de essas pessoas se encontrarem em exercício de funções e o acesso ser indispensável ao cumprimento das mesmas. Este artigo deve necessariamente ser conjugado com os termos dos números 3 e 4 do artigo 32º da Lei nº 27/2007, de 30 de Julho (que aprova a Lei da Televisão e regula o acesso à atividade de televisão e o seu exercício). No nº 3 deste último preceito regula-se a possível aquisição por parte de operadores televisivos de direitos exclusivos para a transmissão se acontecimentos que sejam objeto de interesse generalizado do público, os quais devem constar de uma lista a publicar pelo membro do Governo responsável pelo sector em cada ano, sendo certo que uma dessas listas diz precisamente respeito a acontecimentos desportivos aos quais deve ser facultado o acesso por parte dos titulares dos direitos exclusivos sobre o espetáculo. Também relevantes são os termos do artigo 33º da mesma Lei, que estabelece o regime dos extratos informativos, aos quais não devem ser opostos obstáculos por parte dos "responsáveis pela realização de espectáculos ou outros eventos públicos que ocorram em território nacional, bem como os titulares de direitos exclusivos que sobre eles incidam".

Muito relevante para efeitos do reconhecimento e divulgação do direito ao espetáculo no direito português foi todo o litígio que originou o acórdão do Tribunal da Relação de Lisboa de 2 de Novembro de 2000[35].

[34] Destaque nosso.
[35] CJ, Ano XXV, 2000, pp. 71-78.

Estava em causa a cedência pelo Sport Lisboa e Benfica à Oliverdesportos (Sociedade Comercial de Organização de Actividades Desportivas e de Publicidade, S.A) de direitos exclusivos em regime de exclusividade que deveriam vigorar até à época futebolística de 2003/2004, com base na qual a Oliverdesportos cedeu à RTP um exclusivo para a época de 1997/1998. Em 1997, depois de uma mudança na direção do Benfica, o clube vem pôr em causa a validade desses contratos com o fundamento de que os direitos de radiodifusão televisiva só podem ser alienados a operadores de televisão, ou seja, as entidades que tentam uma licença administrativa que os habilite a efetuar uma difusão pública de sinais que transportam programas. Estava em causa, pois, a diferenciação entre duas realidades distintas: por um lado, a *autorização para o desenvolvimento da atividade de televisão*, que carece de uma licença pública administrativa para o seu exercício (a qual nada tem a ver com direitos intelectuais), e, por outro lado, o *direito intelectual de radiodifusão*, que integra o direito ao espetáculo, enquanto direito conexo aos direitos de autor.

O Benfica, enquanto promotor do espetáculo, é titular de um direito intelectual, o direito à exploração económica do espetáculo, podendo essa exploração ter lugar através da difusão televisiva do mesmo. Os espetáculos desportivos têm hoje um valor acrescentado se transmitidos pela televisão e esse valor reverte para o organizador do espetáculo, que negoceia as autorizações necessárias para o efeito.

Tal como acontece com todos os direitos intelectuais, há várias faculdades que integram o direito ao espetáculo, que permitem o seu aproveitamento económico como bem incorpóreo. No caso do direito ao espetáculo, a faculdade mais importante (do ponto de vista económico) é o controlo sobre a transmissão televisiva, sobre o direito de radiodifusão televisiva. Ora, o transmissário do direito de radiodifusão não tem necessariamente de estar licenciado para a atividade de radiodifusão. Se não estiver, não pode legalmente exercer efetivamente o direito, mas pode dispor do mesmo (que foi, de resto, o que fez a Oliverdesportos). Para se chegar ao exercício fáctico da radiodifusão é necessário que sob a mesma titularidade se conjuguem dois direitos distintos: o direito intelectual de radiodifundir e a licença administrativa do exercício da televisão, o que

O DIREITO AO ESPETÁCULO E O DIREITO À IMAGEM DOS DESPORTISTAS

só sucedeu quando o direito intelectual foi disponibilizado a um operador credenciado de televisão[36].

4. Brasil: o direito de arena e imagem para os atletas após a Lei nº 12.395 de 16 de março de 2011

Como já se referiu anteriormente, em 2011 a Lei brasileira veio alterar algumas das regras que disciplinam a relação entre o direito de arena e o direito de imagem dos atletas, ao mesmo tempo que clarificou finalmente que o contrato de uso da imagem do atleta não se confunde com o contrato especial de trabalho desportivo.

Quando ao regime jurídico do direito de arena, são diversas as inovações a assinalar:

- Em primeiro lugar, a redução para 5% (e não 20%) da percentagem reservada para distribuição aos atletas das receitas provenientes da exploração patrimonial do espetáculo através da sua captação, fixação, emissão, transmissão, retransmissão ou reprodução de imagens;
- Em segundo lugar, passou a ser da responsabilidade do sindicato redistribuir estas verbas, em parte para aumentar a fiscalização e diminuir a inadimplência por parte das entidades que usufruem economicamente do direito de arena;
- Outro ponto relevante é a clarificação dos casos que se consideram excluídos do direito exclusivo de arena, isto é, as situação de exibição de " flagrantes de espetáculo ou evento desportivo para fins exclusivamente jornalísticos, desportivos ou educativos", respeitadas que sejam as seguintes condições: a) a captação dessas imagens seja feita em locais reservados para não detentores de direitos ou, caso não disponíveis, mediante o fornecimento das imagens pelo detentor dos direitos para os media; b) que a duração total desses flagrantes não exceda 3% do total do tempo do espetáculo; e, c) que

---

[36] Como é afirmado numa decisão mais recente do STJ, de 21/05/2009, no Processo 4986/06.3TVLSB.S1 (relator Custódio Montes), in www.dgsi.pt, "[a] transmissão televisiva desses jogos integra, por um lado, o direito intelectual transmitido – o espetáculo – e, por outro, a transmissão televisiva em si".

esses excertos não sejam exibidos como forma de patrocínio ou promoção comercial. Está, por isso, em causa, a compaginação entre o exercício do direito exclusivo de arena, como direito patrimonial conexo, e a liberdade fundamental de informação.

Ao mesmo tempo que estabelece este novo regime, a Lei presta esclarecimentos quanto à natureza jurídica do direito de arena. O atleta é contratado para praticar um desporto, que varia consoante a modalidade a que a entidade desportiva se dedica. É bem certo que, ao contratar esta atividade de cariz laboral, o atleta aceita em simultâneo que a sua imagem seja exibida pelo empregador. Assim, a par com a celebração do contrato de trabalho é celebrado um contrato de licença de uso da imagem do atleta. Está aqui em causa a chamada "imagem profissional" do atleta, que é cedida de forma não onerosa porquanto o contrato de trabalho retribuiu apenas a atividade desportiva. De notar que, em virtude deste contrato, apenas se verifica uma cedência parcial do uso da imagem do indivíduo, isto é, apenas a imagem presente durante o exercício da atividade desportiva, e já não a "imagem pessoal" do indivíduo, que este continuará a poder explorar de forma autónoma, inclusive patrimonialmente através de contratos de patrocínio e no contexto de campanhas publicitárias, em que associa o seu retrato ou a gravação em filme da sua imagem a marcas ou empresas.

De acordo com a nova redação do artigo 42º da Lei, estabelece-se que o contrato que tem por objeto a imagem do indivíduo é um contrato de natureza civil, no qual se fixam direitos, deveres e condições "inconfundíveis com o contrato especial de trabalho desportivo".

O legislador pretendeu, assim, sanar as dúvidas que grassavam na jurisprudência dos tribunais de trabalho brasileiros em redor desta questão, e evitar futuramente a classificação dos montantes pagos como receitas do direito de arena como remunerações laborais[37]. Contrariamente ao que se verifica com a remuneração laboral, que tem como fonte o contrato de trabalho celebrado entre as partes, a compensação económica paga a

---

[37] Veja-se, por exemplo, Tribunal Superior do Trabalho, Recurso de Revista 60800-81.2007.5.04.0011, DJ 4/4/2011, disponível em http:// http://belaciano.com.br (consultado em 1/6/2013).

título de participação no direito de antena tem fonte na lei[38]. Enquanto que no primeiro caso está em causa a contraprestação da atividade desportiva desenvolvida pelo atleta, o segundo decorre da participação do atleta no espetáculo que é explorado televisivamente e tornado acessível ao grande público, ou seja, não se revestindo de natureza jurídica de salário, diz respeito a uma participação nas receitas obtidas por via da exploração do direito conexo exclusivo. Em suma, ao passo que o primeiro remunera o trabalho, o segundo reveste a natureza de uma compensação indireta pela exploração económica da imagem do indivíduo.

5. Portugal: como se estabelece a interseção?

Como é afirmado de modo claro no acórdão do Tribunal da Relação de Lisboa de 2 de Novembro de 2000, anteriormente citado, "o direito ao espetáculo constituído pela realização de dois jogos de futebol é um direito intelectual que pertence ao dono do espetáculo". Tal direito tem por titular o empresário do espetáculo, isto é, a entidade que desenvolve uma atividade de carácter organizativo e financeiro de modo a tornar a possível o espetáculo. O objeto imediato deste direito, isto é, a prestação desenvolvida por este empresário, reserva a este último um espaço de atuação exclusiva sobre o objeto mediato que é o espetáculo como coisa incorpórea de modo a que possa ser devidamente compensado pelo seu esforço. O conteúdo deste direito intelectual, de carácter patrimonial e não pessoal, consiste nos poderes inerentes à comunicação pública do espetáculo, incluindo através da radiodifusão.

De modo diferente, o direito à imagem é um direito de carácter pessoal. Ao ter por objeto um elemento inerente ao respetivo ser humano, o direito à imagem, tal como os restantes direitos de personalidade, é irrenunciável e inalienável, conforme aliás decorre do disposto no artigo 81º do Código Civil, que apenas admite a validade de simples "limitação" voluntária ao "exercício" dos direitos da personalidade, desde que não seja contrária aos princípios da ordem pública. Porém, conforme decorre

---

[38] Veja-se, por exemplo, o que dizia o Tribunal Superior do Trabalho, Recurso de Revista 1210/2004-025-03-00, DJ 16/3/2007, p. 15, disponível em http:// http:// belaciano.com.br (consultado em 1/6/2013).

desse preceito, não estão proibidas limitações lícitas ao exercício do direito à imagem que, não afetando esse direito, apenas incidem sobre expressões do mesmo. É admissível uma disponibilidade parcial, concreta, que não exclua a titularidade desse direito no futuro[39]. É, de resto, isso que sucede quando o atleta concede uma licença de uso da sua imagem ao clube com o qual celebra contrato de trabalho e que fica limitada à utilização da imagem do coletivo da equipa e em contextos relacionados diretamente com a prática desportiva.

Em todo o caso, no direito português, a proteção do direito exclusivo sobre a própria imagem é muito intensa, pelo que se remetem as condições do uso do coletivo para a contratação coletiva, de modo a garantir à entidade desportiva os poderes necessários à utilização da imagem dos praticantes.

É comum atualmente serem os agentes ou empresários desportivos a assumirem uma função de representantes dos praticantes desportivos profissionais inclusivamente para efeitos da negociação e contratação de licenças de uso e exploração comercial da imagem individual desses praticantes.[40]

Tanto num caso como no outro, o que teremos será uma representação para efeitos da celebração de contratos relativos a direitos de imagem, isto é, uma representação nos termos que decorrem daquilo que foi autorizado pelo titular do direito de personalidade.

Em cada caso, haverá que proceder à ponderação dos interesses em jogo em cada caso concreto, tendo-se em consideração o direito fundamental em causa, o fim que se tem em vista e os contornos da limitação efetivamente negociada.

Como já referi noutra sede, "como critério decisivo neste processo de ponderação aparece a dignidade da pessoa humana mas, contrariamente ao que se possa pensar, este princípio, que joga sempre a favor da proteção dos direitos de personalidade do indivíduo, pode igualmente ser fun-

---

[39] Cláudia Trabuco, "Dos contratos...", pp. 411 e 412.

[40] Cfr. o artigo 37º da Lei nº 5/2007, de 16 de Janeiro (Lei de Bases da Atividade Física e do Desporto). Sofia Barros Carvalhosa, *Algumas considerações sobre a decisão proferida pelo Tribunal da Relação de Lisboa no âmbito do Acórdão de 18 de Dezembro de 2007, e que envolve o direito de imagem do praticante desportivo, in* Desporto & direito, nº 17, janeiro/abril 2009, p. 313.

damento para o consentimento do mesmo numa limitação do exercício do seu direito. Isto porque, não só do princípio da dignidade humana, central no nosso ordenamento jurídico, decorrem, como vimos já, os poderes de autodeterminação e de autoconformação do indivíduo, como a relativização deste parâmetro é tornada possível por não se tratar hoje de um conceito absoluta e objetivamente definido, mas de um princípio para a definição de cujo conteúdo contribuem as convicções da própria pessoa".[41]

Conforme esclarece João Leal Amado, "o contrato de trabalho vincula o praticante a prestar uma atividade desportiva sob a autoridade e direção de uma entidade empregadora desportiva, mas o direito a utilizar / explorar comercialmente a sua imagem permanece na titularidade daquele (...)"[42].. A exploração da imagem do praticamente desportivo individualmente considerado não se confunde com a imagem do coletivo dos praticantes. Com efeito, se é verdade que a exploração da imagem do coletivo cabe à entidade empregadora desportiva, a exploração da do indivíduo permanece na sua esfera jurídica.

Estamos, porém, aqui a tratar da exploração direta da imagem. Contrariamente ao que sucede na lei brasileira, o ordenamento jurídico português não contém normas que estabeleçam uma participação dos atletas e titulares de direitos de personalidade sobre as receitas alcançadas através da celebração de contratos de transmissão televisiva do espetáculo e que, embora tenham por objeto o espetáculo no seu todo e na sua autonomia considerado, naturalmente implicam a fixação, transmissão e reprodução da imagem dos participantes no acontecimento desportivo.

Não existindo uma base legal assegurando uma compensação aos titulares do direito à imagem por esta utilização do seu bem de personalidade, a fonte para uma eventual compensação aos atletas, a existir, poderá apenas ser contratual. Nada impede que tal seja assegurado em sede de convenção coletiva de trabalho, embora tal não suceda na esmagadora maioria dos casos.

No nº 5 do artigo 38º do contrato coletivo entre a Liga Portuguesa de Futebol Profissional e o Sindicato dos Jogadores Profissionais de Futebol estabelece-se que "[a] exploração do direito de imagem dos jogado-

---

[41] Cláudia Trabuco, "Dos contratos...", p. 452.
[42] *Contrato de trabalho desportivo anotado*, Coimbra, 1995, p. 41.

res profissionais integrado nas transmissões televisivas em canal aberto dos jogos dos campeonatos nacionais confere ao SJPF o direito a receber a quantia de 200 000$, a pagar pelo clube visitado no decurso do mês seguinte àquele em que se realiza o jogo". Está, porém, em causa uma situação muito específica de transmissão televisiva e que se fica por uma compensação ao sindicato, sem fazer pender sobre a esfera jurídica deste último o dever de redistribuir esta quantia. Por outro lado, se comparada esta compensação, de montante fixo, com o montante variável que consta da lei brasileira, a calcular com base na percentagem estabelecida sobre as receitas totais com a exploração, verifica-se que a compensação atribuída aos atletas portugueses é frágil e, na prática, sem qualquer expressão económica.

Não deixa de ser estranho que assim suceda porquanto, se é certo que a proteção do direito exclusivo sobre o espetáculo tem como fundamento a remuneração pelo esforço organizativo e financeiro desenvolvido pelo seu produtor, a verdade é que as receitas se encontram em muito dependentes do valor associado pelo público aos atletas ou, se quisermos, ao coletivo de pessoas que constitui a equipa mas também, em boa medida, ao valor especificamente associado a alguns praticantes desportivos.

Pense-se que no caso paralelo da representação cénica, previsto e regulado no artigo 117º do CDADC, a transmissão por radiodifusão do espetáculo encontra-se dependente das autorizações do empresário do espetáculo mas igualmente do consentimento do autor da obra e dos artistas.

Sendo certo que, guardando as devidas distâncias, no caso dos atletas não temos titulares de direitos conexos, a verdade é que à imagem destes atletas e às suas "atuações" está associado diretamente o potencial económico do espetáculo desportivo, pelo que julgamos defensável *de jure condendo* uma reponderação da regulação do direito ao espetáculo à luz destas considerações e porventura mais próxima, nas suas garantias embora não necessariamente nas suas normas, do direito brasileiro.

Direito Fundamental ao Reconhecimento da Identidade Genética[1]

MÁRCIO ANTÔNIO BOSCARO[2]

Os direitos fundamentais indicam os valores básicos em que se alicerça a construção de todo o sistema jurídico, e possuem uma dupla dimensão: apresentam-se como direitos subjetivos individuais essenciais à proteção da pessoa humana, e também como expressão de valores objetivos, a nortear a atuação das autoridades públicas e servir de parâmetro para a própria compreensão do ordenamento jurídico.

Tais direitos decorrem da noção de que o ser humano é único e dotado de dignidade e exigem atuação por parte do Estado, quer de forma positiva, quer de abstenção, para fazer valer essa condição.

Já a proteção da identidade genética é comumente referida como expressão objetiva da dignidade humana e contém elementos de individualização da personalidade; assim, o direito à identidade genética cuida do conhecimento da própria origem biológica, e guarda relação com o direito à identidade pessoal, que juntamente com aquela, encontra-se dentro do campo dos direitos da personalidade.

Mas também pode referir-se à proteção dos aspectos relativos à identificação da pessoa, à restrição de acesso a seus dados genéticos, e de liberdade de investigação técnico-científica.

---

[1] Vídeo disponível em http://justicatv.pt/index.php?p=2238
[2] Juiz de Direito do Tribunal de Justiça do Estado de São Paulo.

Já os direitos da personalidade se referem a posições jurídicas fundamentais da pessoa humana, decorrentes de sua própria condição e de seu nascimento.

Os direitos da personalidade, concebidos no Direito privado como regras, prestam-se à tutela da personalidade nas relações jurídicas entre sujeitos em posição de paridade, enquanto os direitos fundamentais, concebidos pelo Direito público como princípios, prestam-se à tutela da personalidade nas relações jurídicas em que algum sujeito assume a posição de supremacia sobre os demais, principalmente o Estado. Bem por isso, aqueles são reconhecidos como situações básicas do homem positivadas pela lei civil, ao passo que esses pertencem ao domínio do Direito Constitucional.

E o direito ao conhecimento das origens biológicas está radicado no direito geral de personalidade, o qual pode ser entendido como o direito ao desenvolvimento da pessoa, que está fundada numa construção e não num grupo de caracteres estanques e adquiridos pelo nascimento.

O direito à identidade pessoal engloba o direito ao conhecimento das origens biológicas. Embora a Constituição Federal do Brasil nada disponha a respeito, entende-se que o respeito à dignidade da pessoa humana, por ser cláusula aberta, também o engloba.

Na evolução legislativa sobre o tema, permite-se, hoje, ampla investigação da paternidade (ou maternidade), em qualquer situação, direito reputado imprescritível.

Com o desenvolvimento das modernas técnicas de reprodução assistida, houve efetiva desvinculação entre o ato da geração biológica de um ser, e a assunção do efetivo papel de pai desse ser.

Sobre esse tema, vige, entre nós, atualmente, a Resolução nº 1.957/10, do Conselho Federal de Medicina que prevê as normas éticas para a utilização dessas técnicas e dispõe que os doadores não devem conhecer a identidade dos receptores e vice-versa e que será mantido sigilo obrigatório sobre suas identidades, admitindo-se, em situações especiais, o fornecimento de informações sobre doadores, por motivação médica, e exclusivamente para médicos, resguardando-se a identidade civil do doador.

Põe-se, assim, o problema de averiguar a origem biológica, em hipóteses de doação de material genético, e mesmo em casos de adoção e em casos de paternidade sócio-afetiva, despida de uma base biológica.

Não se pode esquecer que a permissão ao amplo conhecimento da ascendência pode colocar em causa relações parentais criadas por vínculo jurídico, como é o caso das adoções e da utilização de técnicas de reprodução assistida.

Assim, conflitos podem surgir.

Dentre os direitos da personalidade, encontram-se no mesmo patamar de importância, o direito à intimidade, à privacidade, e ao segredo, que se contrapõem frontalmente ao direito à verdade.

Mas, tal proteção da intimidade diz respeito unicamente a circunstâncias relativas à própria pessoa; se envolve aspectos relacionados a direitos dos filhos, não estão cobertos pelo direito à intimidade dos pais, até mesmo como corolário lógico do princípio da paternidade responsável, previsto na Constituição Federal (artigo 226, § 7º).

Em regra, deve prevalecer, pois, em tal confronto, o direito ao conhecimento das origens, pelos filhos, sobre a intimidade e vida privada, dos genitores.

Contudo, há precedente do Supremo Tribunal Federal, proferida por escassa maioria e já há quase 20 anos, dispondo de forma contrária. Sua ementa assim ficou redigida:

> **"INVESTIGAÇÃO DE PATERNIDADE – EXAME DNA – CONDUÇÃO DO RÉU "DEBAIXO DE VARA".** Discrepa, a mais não poder, de garantias constitucionais implícitas e explícitas – preservação da dignidade humana, da intimidade, da intangibilidade do corpo humano, do império da lei e da inexecução específica e direta de obrigação de fazer – provimento judicial que, em ação civil de investigação de paternidade, implique determinação no sentido de o réu ser conduzido ao laboratório, "debaixo de vara", para coleta do material indispensável à feitura do exame DNA. A recusa resolve-se no plano jurídico-instrumental, consideradas a dogmática, a doutrina e a jurisprudência, no que voltadas ao deslinde das questões ligadas à prova dos fatos" (HC nº 71.373/RS, Relator para o acórdão o Ministro Marco Aurélio).

Deve-se, também, separar o direito ao estado de filiação, do direito à identidade genética, entendido esse como direito ao conhecimento dos ancestrais biológicos. O primeiro diz respeito ao direito de família e, o último, ao direito de personalidade.

I CONGRESSO LUSO-BRASILEIRO DE DIREITO

O estado de filiação pressupõe mais que o vínculo biológico, pois é forte, em algumas situações, o componente sócio-afetivo; assim, impõe--se uma limitação ao direito de rompimento de vínculos firmados, quando decorrentes de adoção ou de procriação assistida, quando constituídos sobre relações afetivas e não sobre uma base biológica.

Recentes precedentes do Superior Tribunal de Justiça foram editados sobre esse tema, tratando-o de forma um pouco díspar, a demonstrar que a matéria ainda não recebe tratamento uniforme de nossos Tribunais. Citem-se, para exemplificar, as ementas de três desses casos:

"Direito civil. Família. Recurso especial. Ação de investigação de paternidade e maternidade. Vínculo biológico. Vínculo sócio-afetivo. Peculiaridades.

– A "adoção à brasileira", inserida no contexto de filiação sócio-afetiva, caracteriza-se pelo reconhecimento voluntário da maternidade/paternidade, na qual, fugindo das exigências legais pertinentes ao procedimento de adoção, o casal (ou apenas um dos cônjuges/companheiros) simplesmente registra a criança como sua filha, sem as cautelas judiciais impostas pelo Estado, necessárias à proteção especial que deve recair sobre os interesses do menor.

– O reconhecimento do estado de filiação constitui direito personalíssimo, indisponível e imprescritível, que pode ser exercitado sem qualquer restrição, em face dos pais ou seus herdeiros.

– O princípio fundamental da dignidade da pessoa humana, estabelecido no art. 1º, inc. III, da CF/88, como um dos fundamentos da República Federativa do Brasil, traz em seu bojo o direito à identidade biológica e pessoal.

– Caracteriza violação ao princípio da dignidade da pessoa humana cercear o direito de conhecimento da origem genética, respeitando-se, por conseguinte, a necessidade psicológica de se conhecer a verdade biológica.

– A investigante não pode ser penalizada pela conduta irrefletida dos pais biológicos, tampouco pela omissão dos pais registrais, apenas sanada, na hipótese, quando aquela já contava com 50 anos de idade. Não se pode, portanto, corroborar a ilicitude perpetrada, tanto pelos pais que registraram a investigante, como pelos pais que a conceberam e não quiseram ou não puderam dar-lhe o alento e o amparo decorrentes dos laços de sangue conjugados aos de afeto.

– Dessa forma, conquanto tenha a investigante sido acolhida em lar "adotivo" e usufruído de uma relação sócio-afetiva, nada lhe retira o direito, em havendo sua insurgência ao tomar conhecimento de sua real história, de ter acesso à sua verdade biológica que lhe foi usurpada, desde o nascimento até a idade madura. Presente o dissenso, portanto, prevalecerá o direito ao reconhecimento do vínculo biológico.

– Nas questões em que presente a dissociação entre os vínculos familiares biológico e sócio-afetivo, nas quais seja o Poder Judiciário chamado a se posicionar, deve o julgador, ao decidir, atentar de forma acurada para as peculiaridades do processo, cujos desdobramentos devem pautar as decisões.

Recurso especial provido" (REsp nº 833.712, Relatora a Ministra Nancy Andrighi).

"RECURSO ESPECIAL CONTRA ACÓRDÃO QUE MANTEVE O INDEFERIMENTO DE PETIÇÃO INICIAL DE CAUTELAR PARA PRODUÇÃO ANTECIPADA DE PROVA VOLTADA À REALIZAÇÃO DE EXAME DE DNA PARA INSTRUÇÃO DE FUTURA DEMANDA INVESTIGATÓRIA DE RELAÇÃO AVOENGA.

1. NÃO CONHECIMENTO DA IRRESIGNAÇÃO POR DISSÍDIO JURISPRUDENCIAL, DADA A AUSÊNCIA DE SIMILITUDE FÁTICA ENTRE O ARESTO IMPUGNADO E OS PRECEDENTES DA CORTE INDICADOS COMO PARADIGMAS, EVIDENCIANDO O INEDITISMO DO TEMA NO ÂMBITO DESTA CORTE (RISTJ, art. 255, §2º).

1.1. O caso concreto ensejador do presente recurso especial se diferencia dos precedentes em que o STJ reconheceu o direito próprio e personalíssimo do neto buscar constituição de relação avoenga, pois neles o genitor do investigante era pré-morto e não havia exercido pretensão em vida em lide cuja sentença de mérito julgou improcedente aquela ação, não havendo similitude fática a autorizar o conhecimento da insurgência por eventual dissídio jurisprudencial.

2. APRECIAÇÃO DO MÉRITO DA INSURGÊNCIA EM FUNÇÃO DO PREQUESTIONAMENTO DE NORMA ATINENTE AOS LIMITES DA COISA JULGADA, APLICANDO-SE O DIREITO À ESPÉCIE, NOS TERMOS DA SÚMULA Nº 456-STF.

3. ILEGITIMIDADE ATIVA *AD CAUSAM* DE PRETENSA NETA, ENQUANTO VIVO SEU GENITOR, DE INVESTIGAR A IDENTIDADE GENÉTICA COM A FINALIDADE DE CONSTITUIÇÃO DE PARENTESCO.

3.1. Não há legitimação concorrente entre gerações de graus diferentes postularem o reconhecimento judicial de parentesco, com base em descendência genética, existindo somente legitimidade sucessiva, de modo que as classes mais próximas, enquanto vivas, afastam as mais remotas (CC, art. 1606, *caput*).

4. INTERPRETAÇÃO DO DIREITO À IDENTIDADE GENÉTICA, CARENTE DE REGULAMENTAÇÃO, EM HARMONIA COM O REGIME DE FILIAÇÃO DISCIPLINADO NO CÓDIGO CIVIL – APARENTE TENSÃO ENTRE DIREITOS FUNDAMENTAIS DE MESMA MAGNITUDE QUE DEVE SER SOLUCIONADA MEDIANTE OBSERVÂNCIA DO PRINCÍPIO DA PROPORCIONALIDADE (RAZOABILIDADE), SENDO ESTE O VETOR HERMENÊUTICO APROPRIADO A SALVAGUARDAR OS NÚCLEOS ESSENCIAIS DE DIREITOS EM SUPOSTA COLIDÊNCIA – VALOR/PRINCÍPIO DA DIGNIDADE DA PESSOA HUMANA QUE TANTO INFORMA O DIREITO À IDENTIDADE PESSOAL, LASTRADO NA VERDADE BIOLÓGICA DO INDIVÍDUO, COMO TAMBÉM, OS DIREITO DE FILIAÇÃO, PRIVACIDADE E INTIMIDADE DO INVESTIGADO E DAS DEMAIS PESSOAS ENVOLVIDAS EM LIDES VOLTADAS À CONSTITUIÇÃO COERCITIVA DE PARENTESCO, GARANTINDO-SE SEGURANÇA JURÍDICA NO ÂMBITO DAS RELAÇÕES DE FAMÍLIA – INEXISTÊNCIA DE REGULAMENTAÇÃO ESPECÍFICA DO DIREITO À BUSCA DA VERDADE BIOLÓGICA, RESSALVADO O DISPOSTO NO ART. 48 DA LEI Nº 8.069/90, QUE ENSEJA A OBSERVÂNCIA DO REGIME DE FILIAÇÃO REGULADO NO CÓDIGO CIVIL – IMPOSSIBILIDADE DO RECONHECIMENTO DE RELAÇÃO DE PARENTESCO DE FORMA INTERPOSTA (PER SALTUM), TENDO EM VISTA O CARÁTER LINEAR DO REGIME ESTABELECIDO NO CÓDIGO CIVIL (CC, ART. 1591/1594), DE MODO QUE AS CLASSES MAIS REMOTAS DERIVAM DAS PRÓXIMAS.

4.1. O princípio da proporcionalidade não autoriza conferir um caráter absoluto ao direito de identidade genética, para com base nele afastar a norma restritiva do art. 1.606 do CC, tendo em vista que o valor/princípio da dignidade da pessoa humana informa tanto o direito do indivíduo buscar sua verdade biológica, como também a segurança jurídica e a privacidade da intimidade nas relações de parentesco do investigado e das próprias gerações antecedentes à investigante, exceto venha o legislador futuramente regular o tema de forma diferente.

4.2. A concentração da legitimidade para investigação da identidade genética de determinado tronco familiar na geração mais próxima, enquanto viva, constitui entendimento mais adequado à salvaguarda do núcleo essencial dos direitos fundamentais em tensão, respectivamente, identidade genética de descendentes remotos e a privacidade e intimidade do investigado e das próprias classes de parentesco mais imediatas, garantindo-se segurança jurídica às relações de família e respectivo regime de parentesco, evitando-se o risco de sentenças contraditórias e transtornos irreversíveis ante o aforamento de múltiplas ações judiciais para o mesmo fim, por parte de um número muito maior de legitimados, então concorrentes.

4.3. Se, por um lado, é razoável obrigar qualquer indivíduo vir a juízo revelar sua intimidade e expor sua vida privada para se defender de demanda dirigida ao reconhecimento de parentesco, com consequências sócio-familiares irreversíveis, não há essa mesma proporcionalidade para autorizar que esse idêntico investigado possa ser constrangido por todos os demais descendentes de determinado parente de grau mais próximo, sujeitando-se a um sem número de demandas, com possibilidade de decisões incongruentes, presentes e futuras, nas quais um mesmo tronco de descendência, cada qual por si, poderia postular declaração judicial de parentalidade lastrada em um igual vínculo genético.

4.4. No âmbito das relações de parentesco não decorrentes da adoção, o exercício do direito de investigação da identidade genética, para fins de constituição de parentesco é limitado, sim, pelo disposto no art. 1.606 do Código Civil, o qual restringiu o universo **de quem** (a geração mais próxima viva) e **quando** pode ser postulada declaração judicial de filiação (não haver anterior deliberação a respeito);

4.5. A extensão da legitimação também não se mostra necessária em função de o pai da investigante não ter conseguido realizar exame de DNA em anteriores demandas nas quais restou sucumbente em relação ao ora investigado, porquanto o próprio progenitor, por si, ainda detém a possibilidade de relativizar os provimentos jurisdicionais que não o reconheceram como filho, uma vez que, segundo o entendimento mais recente da Suprema Corte, pode ser reinaugurada essa discussão nos casos em que a improcedência decorreu de processo no qual não estava disponível às partes a realização do exame de DNA (Informativo n.º 622 – RE 363.889, Rel. Min. Dias Toffoli, acórdão pendente de publicação- em 23.11.2011).

5. impossibilidade jurídica do pedido, uma vez que as gerações mais remotas não podem desconstituir indiretamente provimentos jurisdicionais de improcedência inerentes à relação de estado pertinente ao seu ascendente imediato (cc, art. 1.606, § único).

6. recurso conhecido em parte, e nessa extensão, desprovido" (REsp n.º 876.434/RS, Relator para o acórdão o Ministro Marco Buzzi).

Direito civil. Família. Ação de declaração de relação avoenga. Busca da ancestralidade. Direito personalíssimo dos netos. Dignidade da pessoa humana. Legitimidade ativa e possibilidade jurídica do pedido. Peculiaridade. Mãe dos pretensos netos que também postula seu direito de meação dos bens que supostamente seriam herdados pelo marido falecido, porquanto pré-morto o avô.

- Os direitos da personalidade, entre eles o direito ao nome e ao conhecimento da origem genética são inalienáveis, vitalícios, intransmissíveis, extrapatrimoniais, irrenunciáveis, imprescritíveis e oponíveis erga omnes.
- Os netos, assim como os filhos, possuem direito de agir, próprio e personalíssimo, de pleitear declaratória de relação de parentesco em face do avô, ou dos herdeiros se pré-morto aquele, porque o direito ao nome, à identidade e à origem genética estão intimamente ligados ao conceito de dignidade da pessoa humana.
- O direito à busca da ancestralidade é personalíssimo e, dessa forma, possui tutela jurídica integral e especial, nos moldes dos arts. 5º e 226, da CF/88.
- O art. 1.591 do CC/02, ao regular as relações de parentesco em linha reta, não estipula limitação, dada a sua infinitude, de modo que todas as pessoas oriundas de um tronco ancestral comum, sempre serão consideradas parentes entre si, por mais afastadas que estejam as gerações; dessa forma, uma vez declarada a existência de relação de parentesco na linha reta a partir do segundo grau, esta gerará todos os efeitos que o parentesco em primeiro grau (filiação) faria nascer.
- A pretensão dos netos no sentido de estabelecer, por meio de ação declaratória, a legitimidade e a certeza da existência de relação de parentesco com o avô, não caracteriza hipótese de impossibilidade jurídica do pedido; a questão deve ser analisada na origem, com a amplitude probatória a ela inerente.
- A jurisprudência alemã já abordou o tema, adotando a solução ora defendida. Em julgado proferido em 31/1/1989 e publicado no periódico jurídico NJW (Neue Juristische Woche) 1989, 891, o Tribunal Constitucional Alemão (BVerfG) afirmou que "os direitos da personalidade (Art. 2 Par. 1º e Art. 1º Par. 1º da Constituição Alemã) contemplam o direito ao conhecimento da própria origem genética."
- Em hipótese idêntica à presente, analisada pelo Tribunal Superior em Dresden (OLG Dresden) por ocasião de julgamento ocorrido em 14 de agosto de 1998 (autos nº 22 WF 359/98), restou decidido que "em ação de investigação de paternidade podem os pais biológicos de um homem já falecido serem compelidos à colheita de sangue".

DIREITO FUNDAMENTAL AO RECONHECIMENTO DA IDENTIDADE GENÉTICA

- Essa linha de raciocínio deu origem à reforma legislativa que provocou a edição do § 372a do Código de Processo Civil Alemão (ZPO) em 17 de dezembro de 2008, a seguir reproduzido (tradução livre): "§ 372a Investigações para constatação da origem genética. I. Desde que seja necessário para a constatação da origem genética, qualquer pessoa deve tolerar exames, em especial a coleta de amostra sanguínea, a não ser que o exame não possa ser exigido da pessoa examinada. II. Os §§ 386 a 390 são igualmente aplicáveis. Em caso de repetida e injustificada recusa ao exame médico, poderá ser utilizada a coação, em particular a condução forçada da pessoa a ser examinada."
- Não procede a alegada ausência de provas, a obstar o pleito deduzido pelos netos, porque ao acolher a preliminar de carência da ação, o TJ/RJ não permitiu que a ação tivesse seguimento, sem o que, não há como produzir provas, porque não chegado o momento processual de fazê-lo.
- Se o pai não propôs ação investigatória quando em vida, a via do processo encontra-se aberta aos seus filhos, a possibilitar o reconhecimento da relação avoenga; exigem-se, certamente, provas hábeis, que deverão ser produzidas ao longo do processo, mas não se pode despojar do solo adequado uma semente que apresenta probabilidades de germinar, lançando mão da negativa de acesso ao Judiciário, no terreno estéril da carência da ação.
- O pai, ao falecer sem investigar sua paternidade, deixou a certidão de nascimento de seus descendentes com o espaço destinado ao casal de avós paternos em branco, o que já se mostra suficiente para justificar a pretensão de que seja declarada a relação avoenga e, por consequência, o reconhecimento de toda a linha ancestral paterna, com reflexos no direito de herança.
- A preservação da memória dos mortos não pode se sobrepor à tutela dos direitos dos vivos que, ao se depararem com inusitado vácuo no tronco ancestral paterno, vêm, perante o Poder Judiciário, deduzir pleito para que a linha ascendente lacunosa seja devidamente preenchida.
- As relações de família tal como reguladas pelo Direito, ao considerarem a possibilidade de reconhecimento amplo de parentesco na linha reta, ao outorgarem aos descendentes direitos sucessórios na qualidade de herdeiros necessários e resguardando-lhes a legítima e, por fim, ao reconhecerem como família monoparental a comunidade formada pelos pais e seus descendentes, inequivocamente movem-se no

sentido de assegurar a possibilidade de que sejam declaradas relações de parentesco pelo Judiciário, para além das hipóteses de filiação.

- Considerada a jurisprudência do STJ no sentido de ampliar a possibilidade de reconhecimento de relações de parentesco, e desde que na origem seja conferida a amplitude probatória que a hipótese requer, há perfeita viabilidade jurídica do pleito deduzido pelos netos, no sentido de verem reconhecida a relação avoenga, afastadas, de rigor, as preliminares de carência da ação por ilegitimidade de parte e impossibilidade jurídica do pedido, sustentadas pelos herdeiros do avô.

- A respeito da mãe dos supostos netos, também parte no processo, e que aguarda possível meação do marido ante a pré-morte do avô dos seus filhos, segue mantida, quanto a ela, de igual modo, a legitimidade ativa e a possibilidade jurídica do pedido, notadamente porque entendimento diverso redundaria em *reformatio in pejus*.

Recurso especial provido" (REsp nº 807.849/RJ, Relatora a Ministra Nancy Andrighi).

Em regra, decisões judiciais têm permitido o acesso à origem biológica, sem alterações quanto a relações já constituídas, mesmo em hipóteses de adoção, ou mesmo do registro de filho alheio como próprio, podendo-se citar, como exemplo, o seguinte acórdão, do STJ:

"AGRAVO REGIMENTAL EM RECURSO ESPECIAL – AÇÃO DE INVESTIGAÇÃO DE PATERNIDADE C/C ANULAÇÃO DE REGISTRO – FILHO REGISTRADO POR QUEM NÃO É O VERDADEIRO PAI – RETIFICAÇÃO DE REGISTRO – IMPRESCRITIBILIDADE – DIREITO PERSONALÍSSIMO – PRECEDENTES – RECURSO DESPROVIDO" (REsp nº 1.203.874-AgR/PB, Relator o Ministro Massami Uyeda).

Tal matéria, contudo, ainda se encontra em discussão, no Supremo Tribunal Federal brasileiro, em recurso cuja repercussão geral já foi reconhecida e em que se discute a eventual prevalência da paternidade socio-afetiva em detrimento da biológica. A ementa da decisão que reconheceu a repercussão geral da matéria está assim redigida:

"Manifestação de existência de repercussão geral. Plenário virtual. Recurso extraordinário com agravo. Civil. Ação de anulação de assento de nascimento. Investigação de paternidade. Imprescritibilidade. Retificação de registro. Paternidade biológica. Paternidade socio-afetiva. Prevalência da paternidade socio-afetiva em detrimento da paternidade biológica. Art. 226, caput, da Constituição Federal. 1. A prevalência da paternidade socio-afetiva em detrimento da paternidade biológica é relevante sob os pontos de vista econômico, jurídico e social, configurando, destarte, a existência do requisito da repercussão geral" (ARE nº 692.186/PB, Relator o Ministro Luiz Fux).

Não se pode ignorar que, atualmente, o Estatuto da Criança e do Adolescente (Lei nº 8.069/90) já contempla tal possibilidade, pois assim dispõe seu artigo 48, com a redação dada pela Lei nº 12.010/09:

> *"O adotado tem direito de conhecer sua origem biológica, bem como de obter acesso irrestrito ao processo no qual a medida foi aplicada e seus eventuais incidentes, após completar 18 (dezoito) anos.*
> Parágrafo único. O acesso ao processo de adoção poderá ser também deferido ao adotado menor de 18 (dezoito) anos, a seu pedido, assegurada orientação e assistência jurídica e psicológica."

E o estado de filiação pode repousar em meras ficções jurídicas, dependendo da situação fática que vier a ser regulada, pois ainda subsiste, em nosso ordenamento civil, a presunção (ainda que agora, de caráter meramente relativo), de que toca ao homem casado, da presunção de paternidade dos filhos havidos pela sua esposa, ainda que decorrentes de inseminação artificial heteróloga, e efetuada com sua prévia autorização.

Ademais, em uma demanda judicial de reconhecimento de paternidade, uma tal relação pode ser estabelecida sem foros de certeza, com fundamento na aplicação das regras dos artigos 231 e 232, do Código Civil brasileiro, que assim dispõem, respectivamente:

> *"Aquele que se nega a submeter-se a exame médico necessário não poderá aproveitar-se de sua recusa";*
> *"A recusa à perícia médica ordenada pelo juiz poderá suprir a prova que se pretendia obter com o exame".*

E, aplicando, na prática, tal regramento, foi editada, pelo Superior Tribunal de Justiça, a seguinte Súmula, de nº 301, que assim dispõe:

> *"Em ação investigatória, a recusa do suposto pai a submeter-se ao exame de DNA induz presunção juris tantum de paternidade".*

Assim, o instituto da filiação, deve ser sempre analisado em seus aspectos jurídico (decorrente da aplicação da referida regra da presunção de paternidade), biológico (contribuição de material genético para a geração de um novo ser) e afetivo (comumente relacionada à posse de estado de filho).

E os possíveis conflitos que surgem, em decorrência de tal estado de coisas, demandam uma solução que deve ser buscada no prevalecimento da sócio-afetividade, ou da verdade biológica, conforme cada situação concreta a ser dirimida, buscando-se soluções que melhor atendam aos interesses de crianças envolvidas em disputas desse tipo, com fundamento no princípio do melhor interesse da criança (artigo 227, *caput,* da Constituição Federal) e, também da paternidade responsável (artigo 226, § 7º), que deve servir de norte para a tomada de decisões nesse campo.

A jurisprudência de nosso Supremo Tribunal Federal, para fazer valer o direito à identidade genética de um ser, acolheu expressamente a ideia da relativização da coisa julgada, o que ocorreu em um processo em que o assunto veio a debate, no bojo de um caso concreto de repetição de ação de investigação de paternidade, para que o exame de DNA, que não foi realizado em uma anterior demanda, pudesse agora vir a ser efetuado, e permitindo, assim, a prolação de um juízo de probabilidade quase absoluto, no que tange à determinação da relação paterno-filial em disputa naqueles autos. A ementa desse importante julgamento, assim dispõe:

"RECURSO EXTRAORDINÁRIO. DIREITO PROCESSUAL CIVIL E CONSTITUCIONAL. REPERCUSSÃO GERAL RECONHECIDA. AÇÃO DE INVESTIGAÇÃO DE PATERNIDADE DECLARADA EXTINTA, COM FUNDAMENTO EM COISA JULGADA, EM RAZÃO DA EXISTÊNCIA DE ANTERIOR DEMANDA EM QUE NÃO FOI POSSÍVEL A REALIZAÇÃO DE EXAME DE DNA, POR SER O AUTOR BENEFICÁRIO DA JUSTIÇA GRATUITA E POR NÃO TER O ESTADO PROVIDENCIADO A SUA REALIZAÇÃO. REPROPOSITURA DA AÇÃO. POSSIBILIDADE, EM RESPEITO À PREVALÊNCIA DO DIREITO FUNDAMENTAL À BUSCA DA IDENTIDADE GENÉTICA DO SER, COMO EMANAÇÃO DE SEU DIREITO DE PERSONALIDADE. 1. É dotada de repercussão geral a matéria atinente à possibilidade da repropositura de ação de investigação de paternidade, quando anterior demanda idêntica, entre as mesmas partes, foi julgada improcedente, por falta de provas, em razão da parte interessada não dispor de condições econômicas para realizar o exame de DNA e o Estado não ter custeado a produção dessa prova. 2. Deve ser relativizada a coisa julgada estabelecida em ações de investigação de paternidade em que não foi possível determinar-se a efetiva existência de vínculo genético a unir as partes, em decorrência da não realização do exame de DNA, meio de prova que pode fornecer segurança quase absoluta quanto à existência de tal vínculo. 3. Não devem ser impostos óbices de natureza processual ao exercício do direito fundamental à busca da identidade genética, como natural emanação do direito de personalidade de um ser, de forma a tornar-se igualmente efetivo o direito à igualdade entre os filhos, inclusive de qualificações, bem assim o princípio da paternidade responsável. 4. Hipótese em que não há disputa de paternidade de cunho biológico, em confronto com outra, de cunho afetivo. Busca-se o reconhecimento de paternidade com relação a pessoa identificada. 5. Recursos extraordinários conhecidos e providos" (RE nº 363.889/ DF, Relator o Ministro Dias Toffoli, Tribunal Pleno).

De sua fundamentação, destacam-se os seguintes excertos:

"Por essas razões, a decisão recorrida, ao optar pela prevalência do princípio da intangibilidade da coisa julgada, ofuscou um direito fundamental do autor da ação, de tentar ver reconhecida sua origem genética, ressentindo-se, nesse particular, daquilo que a doutrina convencionou denominar de inconstitucionalidade material, na medida em que contrariou conteúdo normativo de nossa vigente Constituição Federal.

(...)

Exige-se, portanto, a tomada de uma posição firme desta Corte, no sentido de relativizar-se a coisa julgada estabelecida ao fim de anterior ação análoga por ele ajuizada contra o recorrido e que foi julgada improcedente por absoluta falta de provas, eis que inviabilizada a produção daquela que poderia conferir foros de absoluta certeza quanto ao vínculo biológico que se procurava estabelecer entre as partes".

Acredita-se, pois, que com a admissão da constitucionalidade da teoria da relativização da coisa julgada, pelo Plenário do Supremo Tribunal Federal, restou superado o debate que ainda existia, tanto na doutrina, como na jurisprudência, sobre a possibilidade do afastamento da imutabilidade da coisa julgada, em determinadas hipóteses, para que prevaleça o respeito a princípios constitucionais outros, igualmente importantes, que uma dada decisão judicial transitada em julgado, esteja a desrespeitar.

Reitere-se, ainda uma vez que a imutabilidade da coisa julgada é ferrenhamente defendida com fundamento, no mais das vezes, calcado na preservação da segurança jurídica, valor de destacada importância no Estado Democrático de Direito, do qual é comumente considerado um de seus principais sustentáculos.

Contudo, não é esse o único valor que deve ser prestigiado pela ordem jurídico-constitucional vigente entre nós, tampouco podendo ser considerado o de maior relevância, para a construção de uma sociedade livre, justa e solidária, que se constitui em um dos objetivos fundamentais da República Federativa do Brasil, da forma como estatuída no artigo 3º, inciso I, de nossa Constituição Federal em vigor.

Excessivo apego à proteção da segurança jurídica pode implicar em negativa de vigência a outros princípios constitucionais igualmente importantes, redundando em inegável prejuízo a uma adequada prestação jurisdicional e, mesmo, em potenciais injustiças.

Por isso e na esteira de posições doutrinárias solidamente fundamentadas, a jurisprudência do Supremo Tribunal Federal tem admitido a flexibilização da coisa julgada, o que implica em expresso reconhecimento de que o princípio da segurança jurídica não é absoluto e deve ceder ante outros, de igual ou maior relevo, como a tutela de direitos personalíssimos, tudo como forma de prestar o devido relevo a um bem maior, que é a garantia da supremacia da Constituição.

Ressalte-se, entretanto, que o direito ao conhecimento da origem genética não implica preponderância da filiação biológica em detrimento da filiação sócio-afetiva e nem pode servir de base para a desconstituição da filiação jurídica. Eventuais ajustes celebrados entre as pessoas envolvidas na geração de um novo ser, por óbvio não vinculam esse, que tem resguardados seus direitos de personalidade, dentre os quais aquele (indisponível, imprescritível e personalíssimo) de saber sua origem genética.

Novos pais e novos filhos: sobre a multiplicidade no Direito da Família e das Crianças[1]

Jorge Duarte Pinheiro[2]

I. As questões fundamentais do Direito da Filiação

1. São cinco as questões fundamentais do Direito da Filiação:

A. Quem pode ser pai?
B. Quem deve ser pai?
C. O que é ser pai?
D. O que é ser filho?
E. Qual a relevância da relação entre os pais na relação com o filho?

Estas questões são tão jurídicas quanto existenciais, tão pertinentes hoje como noutros tempos.

Comecemos justamente por falar de *outros tempos*.

---

[1] Texto que orientou a palestra, sob o mesmo título, apresentada em 12 de fevereiro de 2013 no âmbito do I CLBD – Congresso Luso-Brasileiro de Direito, que decorreu na Faculdade de Direito da Universidade Nova de Lisboa. Vídeo disponível em http://justicatv.pt/index.php?p=2239

[2] Professor Associado da Faculdade de Direito da Universidade de Lisboa, doutor em Direito pela mesma Faculdade, jurisconsulto e autor da obra *O Direito da Família Contemporâneo*, 2ª reimpressão (revista) da 3ª edição (de 2010), Lisboa, AAFDL, 2012.

II. O Direito da Filiação há 50 anos

2. Há 50 anos, no ano de 1963, estava em vigor o Código Civil português de 1867.[3]

Nessa altura, podia ser pai aquele que tivesse relações sexuais com pessoa de sexo oposto; a adoção não era admitida; e a procriação medicamente assistida não era atendível para efeitos de estabelecimento da filiação.

O instituto da adoção é antigo no nosso ordenamento, mas não obteve sempre a mesma aceitação social. A partir do século XVI entrou em declínio e foi abolido precisamente pelo Código Civil de 1867. De notar que no período imediatamente anterior ao do Código, o espírito da adoção era distinto do atual: a figura privilegiava o interesse do adotante, sendo encarada como um instrumento de continuação da família deste ou de transmissão do seu património.

A negação de qualquer significado à procriação medicamente assistida no campo da determinação jurídica da qualidade de pai ultrapassou o período de aplicação do Código Civil de 1867, mantendo-se até à alteração em 1977 do diploma que o substituiu.[4]

3. Mas quem *devia* ser pai em 1963?

O homem e a mulher casados um com o outro.

Os filhos nascidos fora do casamento (que então só podia ser celebrado entre duas pessoas de sexo diferente) eram tidos como ilegítimos, estando sujeitos a um estatuto social e jurídico desfavorável. Por exemplo, em concurso com filho nascido do casamento, o filho nascido fora do casamento beneficiava de uma quota menor na herança do pai.[5]

---

[3] O Código Civil português de 1867 vigorou em Portugal de 22 de março de 1868 a 31 de maio de 1967. E continua a vigorar em Goa, Estado federado da República da Índia, o que faz do primeiro código civil português o segundo código civil mais antigo do mundo ainda em vigor (a seguir ao Código Civil francês, de 1804).

[4] O artigo 1799º do Código Civil de 1966, na versão originária, dispunha: "A fecundação artificial não pode ser invocada para estabelecer a paternidade do filho procriado por meio dela nem para impugnar a paternidade presumida por lei".

[5] Cf. artigos 1785º e 1991º do Código Civil de 1867.

4. O que era ser pai em 1963?

O pai era titular do poder paternal, definido como um complexo de direitos que incluía reger as pessoas dos filhos menores, protegê-los e administrar os bens deles (artigo 137º do Código Civil de 1867).

Sublinhe-se que a lei (no mencionado artigo 137º) qualificava expressamente o poder paternal como "um complexo de direitos" que competia aos pais.

Predominava uma imagem autoritária e distante do pai, ao qual geralmente se concedia o uso de todos os meios que estivessem ao seu alcance para ser obedecido (incluindo castigos corporais, desde que não incapacitassem nem pusessem em risco a vida do menor).[6]

Aspeto também típico da época era a diferenciação entre o papel dos progenitores, com base no sexo: as mães participavam do poder paternal, podiam ser consultadas, mas era ao pai, enquanto chefe de família, que cabia a última palavra (cf. artigo 138º do Código Civil de 1867, integrado numa secção sobre o poder paternal na constância do matrimónio).

5. O que era ser filho em 1963?

A resposta depreende-se do artigo 142º do Código Civil de 1867, que estabelecia: "Os filhos devem, em todo o tempo, honrar e respeitar seus pais, e cumprir, durante a menoridade, os seus preceitos em tudo o que não seja ilícito."

A menoridade só terminava aos 21 anos de idade (artigo 97º do Código Civil de 1867).

---

[6] Quando o próprio pai não conseguisse "controlar" o filho, a lei permitia que aquele solicitasse o apoio da "força do Estado", nos termos do artigo 143º do Código Civil de 1867, que ora se transcreve:

"Se o filho for desobediente e incorrigível, poderão seus pais recorrer à autoridade judicial, que o fará recolher à casa de correção para isso destinada, pelo tempo que lhe parecer justo, o qual aliás não excederá o prazo de trinta dias.

"(§ único) O pai tem, todavia, a faculdade de fazer cessar a prisão ordenada."

De qualquer modo, esperava-se que o filho não onerasse muito os pais, que casasse cedo[7] e que, sendo do sexo masculino, começasse também a trabalhar (fora do lar) cedo.

6. Em 1963, qual era a relevância da relação entre os pais na relação com o filho?

Na constância do matrimónio, imperava o modelo atrás descrito.[8]

Se os pais nunca estivessem casados, a posição da mãe era juridicamente igual à do pai, em virtude de este não ser "chefe de família".

No caso, raro, de divórcio, havendo litígio, o artigo 21º da Lei do Divórcio[9] previa que "os filhos serão de preferência entregues e confiados ao cônjuge a favor de quem tenha sido proferido o divórcio". Ou seja, não se distinguia com clareza entre a relação do casal e a relação parental. O que se decidia quanto à responsabilidade dos cônjuges pela dissolução do casamento era suscetível de influir na atribuição da guarda do filho.

Noutras situações de divórcio, ou separação, observava-se a prática da preferência maternal.[10]

---

[7] O casamento autorizado pelos pais constituía uma das causas de emancipação do menor de sexo masculino ou feminino com idade superior a 18 ou a 16 anos de idade, respetivamente (cf. artigos 304º, 1º, e 306º do Código Civil de 1867).

[8] Cf., *supra*, nº 4.

[9] Foi esta lei, aprovada por Decreto de 3 de novembro de 1910, que introduziu o divórcio em Portugal, revogando o artigo 1056º do Código Civil de 1867, na parte que caracterizava o casamento como um contrato "perpétuo". O sistema fixado pela Lei do Divórcio comportava divórcio litigioso (pedido por um só dos cônjuges) e divórcio por mútuo consentimento (pedido por ambos os cônjuges conjuntamente). Num país em que era comum a celebração de casamento segundo o ritual canónico, o acesso ao divórcio, conferido em 1910, viria a ser muito restringido pela Concordata de 1940, entre Portugal e a Santa Sé, que afastou a possibilidade de divórcio para os casamentos católicos contraídos após a mesma Concordata.

[10] O alcance do princípio da preferência da mãe na guarda dos filhos excedia a letra do preceito que mais claramente contemplava a regra da preferência maternal – o artigo 34º da Lei do Casamento como Contrato Civil (aprovada pelo Decreto nº 1, de 25 de dezembro de 1910), que dispunha: "Declarado nulo ou anulado o casamento, sem culpa de qualquer dos contraentes, e havendo filhos comuns, a mãe terá direito à posse das filhas, enquanto menores, e à dos filhos até completarem a idade de seis anos".

III. O Direito da Filiação de hoje

7. Hoje pode ser pai aquele que tenha relações sexuais com pessoa do sexo oposto, que se candidate à adoção e que recorra à procriação medicamente assistida.

Com o Código Civil de 1966 a adoção voltou a ser admitida no direito português. Primeiro, de modo tímido: na versão originária do Código, só podiam adotar plenamente duas pessoas unidas por casamento há mais de dez anos e sem descendentes legítimos (artigo 1981º, nº 1). A partir de 1977 sucederam-se as alterações legislativas destinadas a dignificar e a facilitar a adoção. Hoje pode adotar plenamente uma pessoa só ou duas pessoas do sexo diferente que estejam casadas ou vivam em união de facto há mais de quatro anos (cf. artigo 1979º, nºs 1 e 2, do Código Civil, na redação atual, e artigo 7º da Lei nº 7/2001, de 11 de maio), independentemente de terem ou não já filhos ou descendentes.[11]

Em 1977, o Código Civil aceitou a relevância da procriação medicamente, mediante a revogação da norma que até aí a negara e a introdução de um preceito que alude à inseminação artificial[12]. Contudo, houve que esperar quase 30 anos pela legislação geral sobre procriação medicamente assistida: a Lei nº 32/2006, de 26 de julho, que permite a reprodução assistida heteróloga, quando "não possa obter-se gravidez através do recurso a qualquer outra técnica que utilize os gâmetas dos beneficiários" (artigo 10º, nº 1).

---

[11] Entretanto subsiste em Portugal a divisão da adoção em plena e restrita. Na adoção plena o adotado adquire a situação de filho do adotante e integra-se com os seus descendentes na família deste (artigo 1986º, nº 1, do Código Civil). Na adoção restrita, o exercício das responsabilidades parentais incumbe ao adotante, perdurando a ligação entre o adotado e a sua família biológica, com reflexos noutros aspetos (cf. artigos 1994º e 1997º do Código Civil).

[12] A norma revogada era a do artigo 1799º, na versão de 1966 (cf. o respetivo texto, *supra*, na nota 4). A norma introduzida corresponde à que figura no artigo 1839º, nº 3 ("Não é permitida a impugnação de paternidade com fundamento em inseminação artificial ao cônjuge que nela consentiu").

8. E quem deve ser pai, à luz do Direito da Família contemporâneo?

As pessoas que integram casais heterossexuais, a não ser que se esteja perante adoção singular.

Não se tolera a discriminação dos filhos nascidos fora do casamento (artigo 36º, nº 4, da Constituição da República Portuguesa).

A *monoparentalidade originária*, diversa da que origina um vínculo adotivo, não é favorecida. Sempre que seja lavrado registo de nascimento de menor apenas com a filiação de um dos progenitores estabelecida, é desencadeado um processo de averiguação oficiosa, com o objetivo de fixar a filiação do outro progenitor (cf. artigos 1808º-1813º e 1864º-1867º do Código Civil). Não se permite às pessoas sós o acesso à procriação medicamente assistida (cf., *a contrario*, artigo 6º da Lei nº 32/2006, de 26 de julho); e é vedada a inseminação *post mortem* (artigo 22º da Lei nº 32/2006, de 26 de julho).

A biparentalidade homossexual não é reconhecida. Proíbe-se: a adoção conjunta por duas pessoas do mesmo sexo (cf. artigo 7º da Lei nº 7/ /2001, de 11 de maio, *a contrario*, e artigo 3º da Lei nº 9/2010, de 31 de maio); o recurso à procriação medicamente assistida de duas pessoas do mesmo sexo, ainda que estejam casadas ou vivam em união de facto[13]; e a maternidade de substituição, ou *barriga de aluguer* (artigo 8º da Lei nº 32/2006, de 26 de julho). Não há registo de maternidade em benefício de mulher que esteja casada com aquela que deu à luz.

9. O que é ser pai?

É ser titular de *responsabilidades parentais* sobre o filho menor (cf. artigo 1877º do Código Civil).

---

[13] A letra do artigo 6º, nº 1, da Lei nº 32/2006, de 26 de julho, fundamenta unicamente a proibição quanto às pessoas que vivam em união de facto homossexual. No entanto, uma interpretação histórica, sistemática e teleológica do preceito impõe também a interdição da procriação medicamente assistida em benefício de pessoas que integrem *uniões conjugais* homossexuais [cf. JORGE DUARTE PINHEIRO, *O Direito da Família Contemporâneo*, 2ª reimpressão (revista) da 3ª edição (de 2010), Lisboa, AAFDL, 2012, p. 249].

Ocorreu uma mudança de terminologia legal[14] que reflete a nova visão doutrinária do antigo poder paternal: as situações jurídicas que cabem aos pais do filho menor são enquadradas predominantemente como expressão de um ofício ou função.

Além disso, mãe e pai são iguais no exercício de tais situações jurídicas, *quando vivam juntos*.[15]

10. O que é ser filho?

É estar sujeito às responsabilidades parentais até à maioridade; estar obrigado a obedecer aos pais. Mas estes, "de acordo com a maturidade dos filhos", devem ter em conta a sua opinião e reconhecer-lhes autonomia (artigo 1878º, nº 2, do Código Civil).

Independentemente da idade, "pais e filhos devem-se mutuamente respeito, auxílio e assistência (artigo 1874º, nº 1, do Código Civil).

Isto é, as responsabilidades parentais conferem aos pais prerrogativas de direção que se pretende que sejam *democráticas*, participadas, destituídas de dimensão repressiva. Neste sentido, afigura-se simbólica a própria criminalização dos castigos corporais aplicados pelos pais.[16]

Na prática, pode acontecer que os pais cedam aos filhos em questões essenciais.

A maioridade atinge-se aos 18 anos de idade (artigo 130º do Código Civil). Todavia, os pais estão obrigados a sustentar o filho maior até este completar a sua formação profissional (cf. artigo 1880º do Código Civil).

11. Qual é a relevância da relação entre os pais?

Se os pais nunca viveram juntos ou se entretanto se separaram ou divorciaram, a lei prefere o modelo de exercício conjunto *mitigado* das

---

[14] A mudança concretizou-se com a Lei nº 61/2008, de 31 de outubro.

[15] Quando vivam juntos, repita-se: cf., *infra*, nº 11.

[16] O artigo152º-A (aditado pela Lei nº 59/2007, de 4 de setembro), nº 1, alínea a), do Código Penal, pune com pena de prisão quem, tendo ao seu cuidado, ou à sua guarda, pessoa menor, lhe infligir, de modo reiterado ou não, maus tratos físicos ou psíquicos, incluindo castigos corporais.

responsabilidades parentais (artigos 1906º, 1909º, 1911º, nº 2, e 1912º, nº 1, do Código Civil).[17]

Neste modelo, um dos pais reside habitualmente com o menor; cada um dos pais decide sozinho em questões correntes quando o menor está consigo; os dois decidem em conjunto relativamente a "questões de particular importância".

Como se percebe, isto corresponde a uma guarda *nominalmente* conjunta ou compartilhada. Um dos pais, o que reside habitualmente com o filho, assume prevalência nos domínios do convívio e da orientação: está mais tempo com o menor; tem a oportunidade de desempenhar funções parentais com maior intensidade e frequência. A intervenção articulada dos dois progenitores está circunscrita a circunstâncias escassas, não quotidianas, ditas de particular importância.

IV. O Direito da Filiação daqui a 50 anos

12. Traçar o panorama de Direito da Filiação daqui a 50 anos é uma tarefa cujo sucesso é incerto

As mudanças no Direito da Família não são tão previsíveis quanto se supõe. Basta atentar na evolução dos institutos do casamento e do divórcio no direito português em três intervalos de 50 anos.

Em 1870[18], tanto o casamento civil como o casamento católico beneficiam de eficácia civil; o divórcio é desconhecido.

Em 1920[19], só o casamento civil é reconhecido pelo Estado; o divórcio é permitido.

Em 1970[20], o casamento civil e o casamento católico gozam de igual eficácia; apenas o casamento civil é dissolúvel por divórcio.

---

[17] O padrão escolhido pela lei não é absoluto, havendo margem para outras soluções, ditadas pelo juiz ou emergentes de acordo entre os pais, ao abrigo dos nºs 2, 5 e 7 do artigo 1906º do Código Civil.

[18] Vigorava a versão originária do Código Civil de 1867.

[19] Vigoravam então a Lei do Divórcio e a Lei do Casamento como Contrato Civil (que fixava o casamento civil como única modalidade de casamento).

[20] Estava em vigor o Código Civil, na versão originária. O artigo 1587º determinava, tal como hoje, que o casamento é católico ou civil. O artigo 1790º estabelecia que não se podiam dissolver por divórcio os casamentos católicos celebrados desde

NOVOS PAIS E NOVOS FILHOS: SOBRE A MULTIPLICIDADE NO DIREITO DA FAMÍLIA

13. No entanto, na hipótese de prosseguir a linha evolutiva que se verificou de 1963 a 2013, pode arriscar-se o seguinte cenário em 2063.

- Permissão da monoparentalidade por procriação medicamente assistida;
- Permissão da biparentalidade homossexual;
- Redução da idade de maioridade para 16 anos;
- Obrigação de sustento a cargo dos pais até que os filhos estejam em condições de viver por conta própria (tutela da "segunda adolescência");
- Exercício alternado das responsabilidades parentais em caso de não convivência entre os pais;
- Consagração do instituto das "responsabilidades filiais", para tutela do cidadão idoso.

14. De 1963 a 2013 observa-se um alargamento do núcleo das pessoas que se considera que devem ser pais, pelo que a eventual manutenção da continuidade da linha evolutiva desse período de 50 anos leva a supor que o acesso à procriação medicamente assistida virá a ser facultado a pessoas sós e a pessoas que integrem casais homossexuais; que será admitida a maternidade de substituição; e que deixará de ser vedada a adoção por casais compostos por pessoas do mesmo sexo.

Tendo em conta a diminuição da idade que se detetou de 1963 a 2013, para efeitos de aquisição da plena capacidade de exercício, e a tendência atual favorável à ideia de que a capacidade, ou incapacidade, de uma pessoa tem de ser apurada em função das circunstâncias concretas, há elementos que apontam para uma futura redução da idade de maioridade.

Paradoxalmente, há também dados, económicos (que revelam a dificuldade de obtenção de emprego), culturais (que ditam maior qualificação escolar) e normativos (incluídos em 1977 nos artigos 1874º e 1880º do

---

1 de agosto de 1940. Na sequência do Protocolo Adicional entre a Santa Sé e a República Portuguesa, assinado em 15 de fevereiro de 1975, que libertou Portugal de um compromisso internacional que o vinculava a negar o divórcio àqueles que tivessem celebrado casamento católico depois de 1 de agosto de 1940 (resultante da Concordata de 1940), o Decreto-Lei nº 261/75, de 27 de maio, revogou o que se dispunha na redação originária do referido artigo 1790º do Código Civil, permitindo o divórcio em qualquer modalidade de casamento, sem distinção.

Código Civil[21]), que fortalecem a possibilidade de um prolongamento da obrigação de sustento dos filhos que recai sobre os pais.

A preocupação de instituir maior paridade entre os pais (subjacente à abolição da figura do chefe de família e à instituição preferencial de um modelo de exercício conjunto das responsabilidades parentais aplicável em caso de divórcio) torna plausível o aprofundamento da lógica paritária no exercício das responsabilidades parentais, quando os pais não vivam juntos, mediante a substituição da regra de exercício conjunto mitigado pela regra de exercício alternado (em que cada progenitor dispõe de igual tempo de contacto com o menor e de igual tempo de exercício das responsabilidades parentais relativas aos atos de vida corrente do filho), por exemplo, semanal ou mensal.

O acréscimo da percentagem de pessoas idosas, a insuficiência da ação social do Estado e a inadequação dos meios clássicos de suprimento da incapacidade dos adultos (*v.g.*, tutela de interditos e curatela de inabilitados) contribuem para esperar que venha a ser criado um instrumento de proteção das pessoas de idade avançada, similar, com as necessárias adaptações, àquele que há muito existe para as crianças e adolescentes – o instituto das *responsabilidades filiais*, a serem exercidas pelos filhos no interesse do pai idoso e no respeito máximo da autonomia de vida deste, que em cada momento for possível.

---

[21] Cf. *supra*, nº 10.

Sistema de Juizados Especiais Brasileiros[1]

Luís Felipe Salomão[2]

1. Anotações sobre o tema do acesso à Justiça no Brasil

A partir da Constituição de 1988, quando se redemocratizou o país, é que o Judiciário começou a ser demandado pela maioria da população brasileira. Essa explosão de demandas judiciais, funcionando como verdadeiro conduto de cidadania, teve reflexo imediato: a crise do Poder Judiciário.

Na verdade, essa pletora de novas ações representa uma medalha de duas faces. Se, por um lado, é verdade que nunca o Judiciário teve tanta visibilidade para a população, por outro também é verdadeiro que a qualidade dos serviços prestados decaiu muito, especialmente por falta de estrutura material ou de pessoal, além de uma legislação processual inadequada aos novos desafios institucionais.

---

[1] Vídeo disponível em http://justicatv.pt/index.php?p=2244

[2] Ministro do Superior Tribunal de Justiça a partir de 17 de junho de 2008. Membro da 2ª Seção do STJ. Presidente da 4ª Turma do STJ, biênio 08/2011 a 08/2013. Membro da Comissão de Jurisprudência do STJ. Presidente da comissão de juristas com a finalidade de elaborar anteprojeto de lei de arbitragem e mediação. Professor Emérito da Escola da Magistratura do Estado do Rio de Janeiro. Professor honoris causa da Escola Superior da Advocacia – RJ. Membro do Conselho Editorial da Revista da Defensoria Pública do Estado do Rio de Janeiro. Membro do Conselho Editorial da Revista da Escola da Magistratura do Estado do Rio de Janeiro.

Surge o fenômeno da judicialização das relações políticas e sociais, assim também o tema da democratização do acesso à justiça.

Acesso à Justiça – e não apenas ao Poder Judiciário – implica na garantia de acesso ao justo processo, sem entraves e delongas, enfim, garantia de ingresso em uma máquina apta a proporcionar resolução do conflito trazido, com rapidez e segurança.

A partir dos primorosos estudos de *Mauro Cappelletti* e *Bryant Garth* ("Acesso à Justiça", Editora Sergio Antonio Fabris, 2002), inúmeras contribuições para enfrentar o grave problema, dentre as quais se destacam: a) assistência judiciária gratuita; b) as ações coletivas; c) soluções alternativas à jurisdição.

Entre nós brasileiros, a Lei da Ação Popular (nº 4.717/65), a Lei nº 7.347/85 (que trata da ação civil publica) e a Lei nº 8.078/90 (Código de Defesa do Consumidor) são exemplos reais de tal preocupação.

Assim também a criação do Sistema de Juizados Especiais, que serão a seguir analisados.

Destacam-se, ainda, os seguintes projetos de lei que tornam obrigatória a mediação no Brasil: Projeto de Lei 4.827, de 1998 (institucionaliza e disciplina a mediação, como método de prevenção e solução consensual de conflitos na esfera civil, e dá outras providências), Projeto de Lei 1.345 (acrescenta o art. 512-A ao CPC, instituindo instância conciliatória nos Tribunais), Projeto de Lei 4.891, de 2005 (regula o exercício das profissões de árbitro e mediador e dá outras providências).

Em relação a soluções alternativas à jurisdição, ressalta-se que o Senado Federal aprovou, em 22/11/2012, a criação de comissão de juristas, presidida pelo Ministro Luis Felipe Salomão, para elaboração do anteprojeto de Lei de Arbitragem e Mediação (atualmente, em vigor a Lei 9.307/1996, que trata apenas da arbitragem).

2. Juizados Especiais Brasileiros

É nesse panorama que surgiu, no Brasil, um sistema ágil e rápido para auxiliar na resolução do acesso à justiça.

2.1. Os Juizados Especiais, com assento constitucional, foram idealizados para ter criação obrigatória pela União, pelo Distrito Federal e pelos Estados, já que não há mais Territórios, competindo-lhes o julgamento e a execução de causas cíveis de menor complexidade e infrações penais de menor potencial ofensivo (artigo 98, inciso I, da Constituição Federal).

Os novos órgãos, integrantes da Justiça Ordinária (artigo 95, da Lei nº 9.099/95), ou seja, órgãos da Justiça Comum – em contraposição às Justiças Especiais (*v.g.* militar, trabalhista) –, foram obrigatoriamente criados pelos entes políticos no prazo de seis meses contados do prazo de vigência da Lei Federal, embora não houvesse sanção expressa pela omissão.

Note-se, para logo, que a Lei Federal não criou efetivamente os Juizados Especiais, mas apenas traçou normas gerais de processo e procedimento, delegando ao legislador estadual a sua instituição, com possibilidade de estabelecimento de regras especiais, em atenção às peculiaridades locais, desde que em consonância com o regramento federal.

A linha evolutiva que culmina com os Juizados Especiais teve inicio, a partir de 1980, com os Conselhos de Conciliação e Arbitramento, experiência pioneira dos Juízes do Estado do Rio Grande do Sul. Tais órgãos não tinham existência legal, não possuíam função judicante, com juízes voluntários atuando fora do horário de expediente forense.

A experiência foi tão bem sucedida, obtendo índices altíssimos de conciliação, que logo demandaram regulamentação por lei própria.

A evolução prosseguiu com a edição da Lei Federal nº 7.244/84, que estabelecia os Juizados de Pequenas Causas para julgamento de causas de reduzido valor econômico (até 20 salários mínimos).

O critério adotado, portanto, era o de fixar a competência dos ditos Juizados levando em conta o valor patrimonial da questão.

Os Juizados Especiais de Pequenas Causas foram um sucesso e logo se espraiaram por todo o País.

O cidadão, incentivado pela mídia, passou a descobrir que a Justiça era, de alguma maneira, acessível e rápida.

Apesar da estrutura precária, com carência material e de pessoal, sendo que o Juiz, via de regra, acumulava outras funções na Justiça Comum, ainda assim, enfrentando vários problemas estruturais, os Juizados de Pequenas Causas sempre foram lembrados como exemplos de boa administração de justiça.

Depois do advento da Constituição de 1988, determinando a criação dos Juizados Especiais Cíveis e Criminais, como o legislador federal não apresentava regulamentação para a matéria, alguns Estados passaram a entender, com base no artigo 24, incisos X e XI da Constituição Federal, que teriam competência legislativa concorrente, de modo a criar e regular o processo e procedimento dos novos órgãos previstos em sede constitucional (artigo 98, inciso I, da Constituição Federal).

Assim, o Estado de Santa Catarina criou os Juizados Especiais Cíveis, disciplinando seu funcionamento e estabelecendo as *"causas cíveis de menor complexidade"* (*v. g.* ações de despejo – ações previstas no artigo 275, inciso II, do CPC – Lei Estadual nº 1.141/93).

Também o Estado do Mato Grosso do Sul criou seus Juizados Especiais Cíveis e Criminais (Lei Estadual nº 1.071/90).

No entanto, o Supremo Tribunal Federal decidiu, no *Habeas Corpus* nº 71.713-6/PB, em 26.10.94, que os Estados não poderiam legislar criando os Juizados Especiais Criminais, porquanto a matéria é de competência legislativa exclusiva da União.

Visando regulamentar o artigo 98, inciso I, da Constituição Federal, foram propostos seis projetos na Câmara Federal (Projetos: Deputado Jorge Arbage, Deputado Manoel Moreira, Deputado Dazo Coimbra, Deputado Gonzaga Patriota, Deputado Michel Temer – regulamentando só a parte criminal – e Deputado Nelson Jobim).

O relator, na Câmara Federal, foi o Deputado Ibrahim Abi-Ackel, que apresentou substitutivo englobando os dois últimos projetos. No tocante a parte cível, o substitutivo aproveitou a proposta do Deputado Nelson Jobim, enquanto que para a parte criminal o relator absorveu o projeto do Deputado Michel Temer, oriundo de proposta da Associação Paulista dos Magistrados – APAMAGIS e do Ministério Publico do Estado de São Paulo.

Após regular tramitação legislativa na Câmara, o projeto fundido seguiu para o Senado Federal, tendo como relator o Senador José Paulo Bisol, que apresentou substitutivo na Comissão de Constituição e Justiça, onde delegava quase todo o regramento quanto ao processo e o procedimento nos Juizados para os Estados, *"enxugando"*, sobremaneira, o projeto oriundo da Câmara Federal.

No entanto, quando retornou do Senado à Câmara, foi mantido o substitutivo anterior do relator Ibrahim Abi-Ackel, que, levado a plenário, foi aprovado.

Foram necessários sete anos após a Constituição Federal de 1988, prevendo os Juizados Especiais Cíveis e Criminais, para o legislador federal regular sua atividade. A Lei 9099, de 26.09.95 representa inegável avanço para a justiça brasileira.

Aliás, foram vários os reclamos, não só da sociedade constituída, como também de integrantes do próprio Poder Judiciário, clamando pela Lei Federal que tracejasse as regras dos novos órgãos vanguardistas previstos na Constituição Federal de 1988.

O projeto recebeu a sanção do Presidente da República, com um único veto ao artigo 47, que conferia recurso aos Tribunais locais (Alçada ou Justiça, conforme o caso) de decisões não unânimes das Turmas Recursais. Em boa hora o veto, pois a regra inviabilizaria, por completo, a celeridade reclamada nos novos Juizados.

2.2. Nesta senda, sobrevieram os Juizados Federais (Lei 10.259/2001). O projeto foi produto dedicado da Comissão constituída pelos Senhores Ministros do Superior Tribunal de Justiça, além do então Presidente Costa Leite, pelos Ministros Fontes de Alencar, Ruy Rosado de Aguiar, José Arnaldo da Fonseca, Sálvio de Figueiredo, Ari Pargendler e Fátima Nancy Andrighi.

A Comissão pretendeu, com o anteprojeto apresentado, simplificar o exame dos processos de menor expressão econômica no âmbito da justiça federal, facilitando o acesso à justiça e ao ressarcimento das partes menos favorecidas nas disputas contra a União, autarquias, fundações e empresas públicas federais, com solução célere e sem a necessidade de precatórios para quitação dos eventuais débitos. Como exemplo de um dos pontos positivos da mencionada iniciativa, convém destacar a facilidade, sobremaneira, da tramitação das causas previdenciárias. No que concerne ao âmbito penal, destaca-se o julgamento das infrações de menor potencial ofensivo, com pena máxima privativa de liberdade não superior a dois anos, ou pena de multa.

Em uma tramitação relativamente célere, com duração de menos de um ano, somando o tempo nas duas Casas Legislativas, o Projeto de Lei nº 3.999/2001 da Câmara Federal teve como relator o Deputado Moroni Torgan.

O projeto foi aprovado no Plenário da Câmara e seguiu para o Senado Federal, cuja relatoria restou designada ao Senador Osmar Dias. Após trâmite regular, foi levado ao plenário e aprovado sendo, posteriormente, sancionado pelo Presidente da República sem veto.

2.3. Na sequência, implementando um verdadeiro "sistema" de regras que regulam os Juizados Especiais, veio a Lei 12.153/2009, que dispôs sobre os Juizados Especiais da Fazenda Pública.

Para tanto, foram adaptados os dispositivos pertinentes das Leis 9.099//95 e 10.259/01, com o intuito de estender as lides contras as pessoas jurídicas vinculadas aos Poderes Públicos Estadual, Municipal e do Distrito Federal e territórios.

Deveras, matérias que foram excluídas da competência dos juizados cíveis, dentre outras, as causas de natureza fiscal e de interesse da Fazenda Pública – no âmbito dos Estados e do Distrito Federal –, e as causas para anulação ou cancelamento de ato administrativo federal, salvo de natureza previdenciária e de lançamento fiscal – no âmbito federal, agora são objeto de competência dos Juizados Especiais da Fazenda Pública.

Isto porque, justamente esses casos de grande interesse dos supostamente lesados pela Administração Pública não poderiam ficar excluídos do rito célere dos Juizados Especiais. Como exemplos, as multas por infrações de trânsito ou pequenos litígios fiscais.

Convém destacar, ainda, que uma das principais novidades trazidas pela novel legislação refere-se a regulamentação da Turma de Uniformização no âmbito estadual, destinada à sedimentar a interpretação de lei quando houver divergência entre decisões proferidas por Turmas Recursais sobre questões de direito material (art. 18).

Assim, segundo o art. 18, § 1º, da lei, a divergência entre Turmas do mesmo Estado será julgada em reunião conjunta das Turmas em conflito, sob a presidência de desembargador indicado pelo Tribunal. Todavia, quando a orientação acolhida contrariar súmula do Superior Tribunal de Justiça, a parte interessada poderá provocar a manifestação deste, que dirimirá a controvérsia (art. 19). Em se tratando de divergência da Lei Federal entre Turmas de diferentes Estados, ou quando a decisão proferida estiver em contrariedade com Súmula do Superior Tribunal de Justiça, a essa Corte Superior competirá o julgado (artigo 18, § 3º)[3].

---

[3] A Resolução nº 12, de 14 de dezembro de 2009, do Superior Tribunal de Justiça, dispõe sobre o processamento, nesta Corte Superior, das reclamações destinadas a dirimir divergência entre acórdão prolatado por turma recursal estadual e a jurisprudência desta Corte.

Ao contrário das normas anteriores, o Projeto de Lei dos Juizados Especiais da Fazenda Pública teve início no Senado Federal, sob o nº 118/2005, cuja relatoria restou designada ao Senador Antônio Carlos Valadares.

Na casa legislativa iniciadora do projeto, o Senador João Batista Motta apresentou emenda substitutiva na Comissão de Constituição e Justiça por entender que haveria necessidade de ajustes redacionais, cujo escopo seria o aperfeiçoamento da instância, acrescentando alguns instrumentos jurídico-processuais para maior celeridade dos trabalhos da justiça, bem como a garantia da maior efetividade das decisões judiciais.

Em regular trâmite no Senado Federal, o substitutivo ao projeto foi dado como definitivo e a matéria seguiu para a Câmara Federal, tendo como relator o Deputado Flávio Dino, cujo Projeto de Lei recebeu o nº 7087/ /2006. O então Deputado apresentou também substitutivo ao Projeto na Comissão de Constituição e Justiça, amparado na disciplina dos Juizados Especiais Federais (Lei 10.259/2001) e com sugestões do Fórum Nacional de Juizados Especiais (FONAJE) e da Associação de Juízes Federais do Brasil (AJUFE).

Em 14 de maio de 2009, o substitutivo ao projeto de lei foi aprovado pelo Plenário da Câmara Federal, com votação em turno único. Posteriormente, a matéria retornou ao Senado Federal, que aprovou as alterações enviadas e enviou a proposição para sanção do Presidente da República.

O Presidente da República sancionou o projeto com dois vetos, quais sejam: no art. 2º, § 3º, por entender que "ao estabelecer que o valor da causa será considerado individualmente, por autor, o dispositivo insere nas competências dos Juizados Especiais ações de maior complexidade e, consequentemente, incompatíveis com os princípios da oralidade e da simplicidade, entre outros previstos na Lei nº 9.099, de 26 de setembro de 1995"; e, no art. 19, §4º, pois "ao permitir a intervenção de qualquer pessoa, ainda que não seja parte do processo, o dispositivo cria espécie *sui generis* de intervenção de terceiros, incompatível com os princípios essenciais aos Juizados Especiais, como a celeridade e a simplicidade".

Cabe registrar que o Conselho Federal da OAB ajuizou Ação Direta de Inconstitucionalidade (ADI 4847), em tramitação no Supremo Tribunal Federal, cujo relator é o Ministro Gilmar Mendes, em que postula suspender os efeitos do art. 23, da Lei 12.153/2009, que versa acerca da limitação de competência dos Juizados Especiais da Fazenda Pública, nos Estados, pelos Tribunais de Justiça, sob o argumento de que compete a

União Federal, conforme o art. 22, inciso I e parágrafo único, da Constituição Federal, legislar sobre matéria processual.

2.4. Finalmente, importante ressaltar a criação de grupo de trabalho instituído pelo Superior Tribunal de Justiça, com intuito de submeter projeto de lei à apreciação do Congresso Nacional, objetivando implantação da Turma Nacional de Uniformização de Jurisprudência dos Juizados Especiais dos Estados e do Distrito Federal, cujo modelo a ser seguido é o da Lei 10.259/2001.

Registre-se que essas alterações legislativas visam sedimentar o sistema dos juizados especiais estaduais da mesma forma como se apresenta o da justiça federal, sem, contudo, desvirtuar as finalidades próprias dos juizados especiais, regidos pelos princípios da celeridade, a informalidade e a simplicidade.

Deveras, a inexistência de turmas estaduais de uniformização de jurisprudência em todos os estados da federação não pode, por si só, inviabilizar a criação da Turma Nacional, uma vez que as alterações propostas visam garantir a efetividade da própria função institucional de tão importante Corte de Justiça, que é, em última análise, a de garantir a uniformidade da interpretação da legislação federal[4].

---

[4] "Altera os arts. 18, 19, 20 e 21 da Lei nº 12.153, de 22 de dezembro de 2009, e acrescenta-lhe o art. 20-A para criar a Turma Nacional de Uniformização de Jurisprudência dos Juizados Especiais dos Estados e do Distrito Federal.

A PRESIDENTA DA REPÚBLICA: Faço saber que o Congresso Nacional decreta e eu sanciono a seguinte lei:

Art. 1º A Lei nº 12.153, de 22 de dezembro de 2009, passa a vigorar com as seguintes alterações:

"Art. 18. Caberá pedido de uniformização de interpretação de lei, incidentalmente em processos em curso, quando houver divergência entre decisões proferidas por turmas recursais ou turmas de uniformização sobre questões de direito material. (NR)

Art. 19. O pedido fundado em divergência entre turmas do mesmo estado e do Distrito Federal será julgado pela turma estadual de uniformização, sob a presidência de desembargador indicado pelo tribunal de justiça. (NR)

Art. 20. O pedido fundado em divergência entre turmas recursais de diferentes estados e do Distrito Federal ou entre turmas de uniformização estaduais que derem a lei federal interpretações divergentes ou decidirem em contrariedade a jurisprudência dominante ou a súmula do Superior Tribunal de Justiça será julgado pela Turma Nacional, sob a presidência de ministro indicado pelo Superior Tribunal de Justiça.

Parágrafo único. Havendo arguição simultânea de incidentes de uniformização dirigidos à turma estadual de uniformização e à Turma Nacional, será julgado em primeiro lugar o incidente dirigido à turma estadual. (NR)

Art. 20-A. Quando a orientação da Turma Nacional contrariar súmulas ou orientações decorrentes do julgamento de recurso especial processado na forma do art. 543-C do Código de Processo Civil, o ministro presidente da Turma Nacional poderá, de ofício ou mediante provocação das partes e do Ministério Público, suscitar a manifestação do Superior Tribunal de Justiça.

§ 1º Nos casos dos arts. 20 e 20-A, estando presente a plausibilidade do direito invocado e havendo fundado receio de dano de difícil reparação, poderá o relator conceder, de ofício ou a requerimento do interessado, medida liminar determinando a suspensão dos processos nos quais a controvérsia esteja estabelecida.

§ 2º Os pedidos de uniformização fundados em questões idênticas e recebidos subsequentemente em qualquer das turmas recursais ou das turmas estaduais de uniformização ficarão retidos nos autos, aguardando pronunciamento da Turma Nacional, ou se for o caso, do Superior Tribunal de Justiça.

§ 3º O relator poderá requisitar informações ao presidente da turma recursal, da turma estadual de uniformização ou da Turma Nacional e, nos casos previstos em lei, ouvirá o Ministério Público no prazo de 5 (cinco) dias.

§ 4º Publicado o acórdão respectivo, os pedidos retidos referidos no § 2º serão apreciados pelas turmas de origem para fins de adequação ou manutenção do acórdão.

Art. 21. Aplicam-se ao pedido de uniformização, no que couber, os arts. 476 a 479 da Lei nº 5.869, de 11 de janeiro de 1973 – Código de Processo Civil." (NR)

Art. 2º Os tribunais de justiça e o Superior Tribunal de Justiça, no âmbito de suas competências, expedirão, no prazo de 90 (noventa) dias da entrada em vigor desta lei, normas regulamentando os procedimentos a serem adotados para o processamento e o julgamento do pedido de uniformização.

§ 1º A reunião de juízes domiciliados em cidades ou estados diversos deverá ser feita, sempre que possível, por meio eletrônico.

§ 2º O Superior Tribunal de Justiça fornecerá a estrutura administrativa necessária para o funcionamento da Turma Nacional de Uniformização de Jurisprudência dos Juizados Especiais dos Estados e do Distrito Federal.

Art. 3º Esta lei entra em vigor 90 (noventa) dias após a data de sua publicação.

Brasília,

3. Síntese e conclusões

Em termos de direito comparado, nosso sistema de Juizados Especiais é único no mundo.

Assim é que a maioria dos Juizados de Pequenas Causas ou Especiais funciona em sistemas judiciais da *common law*.

Contudo, no Juizado brasileiro, a despeito de criado no mundo jurídico da *civil law*, pode o Juiz adotar, em cada caso, a decisão que reputar mais justa e equânime, atendendo aos fins sociais da lei e as exigências do bem comum (arts. 2º e 6º da Lei nº 9.099/95).

Os Juizados brasileiros possuem competência para causas criminais de menor potencial ofensivo e demandas cíveis com teto de até 40 salários mínimos (US$13.628)[5] e:

a) têm gratuidade para acesso em primeira instância;
b) dispensam assistência de advogado em causas de até 20 salários mínimos (US$6.814,00);
c) não permitem pessoas jurídicas como reclamantes, salvo as micro-empresas em situações especiais;
d) funcionam em horários noturnos, possibilitando aos que trabalham mais fácil acesso, e ainda contam com conciliadores, que prestam serviço não remunerado e voluntário, democratizando a administração da Justiça.
e) Na tentativa de composição do conflito, embora a proposta de acordo não seja vinculativa, o próprio registro daquelas formuladas, na ata de audiência, estabelece um constrangimento para o litigante de má-fé. Vale dizer que a proposta de acordo, apesar de não ser um indício que interfira no julgamento de mérito, constitui circunstância importante que, no conjunto, pode influenciar o deslinde da questão.

Em relação ao sistema brasileiro de juizados especiais, mister relembrar importante estudo dos sociólogos Luiz Werneck Vianna, Maria Alice Rezende de Carvalho, Manuel Palacios Cunha Melo e Marcelo Baumann

---

[5] Resultado referente ao salário mínimo atual, no valor de R$678,00, e à cotação do dólar comercial, no valor de R$1,99, em 31.01.2013.

Burgos, em livro intitulado "A judicialização da política e das relações sociais no Brasil", Editora Revan.

Vale conferir um pequeno trecho da obra:

> "Com os Juizados Especiais, o Poder Judiciário aprofunda a sua presença na vida social brasileira, cuja tendência, aliás, já se fazia notar na Justiça de Família, na do Trabalho, na da Infância e Adolescência. Nessa nova frente de atividade, contudo, ele se expõe à questão social em sua expressividade bruta, intervindo de modo a não permitir que os muito pobres sejam mantidos fora do sistema institucional, desconhecendo-se os seus dramas humanos, clamores e expectativas em relação à justiça. Os juízes dos Juizados são, por isso, independentemente da compreensão que possam ter acerca das suas atribuições, potenciais "engenheiros" da organização social, construtores virtuais de uma complexa rede de agências, envolvendo pessoas e instituições, cujos papéis são variados, compreendendo desde vizinhos, ou familiares, a pequenas e grandes empresas, passando por organizações comunitárias – de condomínios e associações de moradores –, por entidades filantrópicas e assistencialistas, por igrejas, escolas e clubes. Sua ação, ademais, se desdobra nas diversas etapas do processo, como líderes de equipes constituídas por conciliadores e serventuários, treinando e mobilizando seus assistentes, socializando-os no sentido previsto peia Lei nº 9.099/95, corrigindo os rumos do trabalho de normatização das práticas espontâneas de interação social que chegam ali. Na verdade, os Juizados Especiais são o reduto da "invenção" social e gerencial do juiz, respondendo como um corpo – o seu corpo – à energia e criatividade despendidas para o funcionamento daquele microssistema de justiça".

A menor, dentre todas as sementes, é a do grão da mostarda. Apesar de pequena, se bem plantada e regada, gera um grande arbusto.

Os Juizados Especiais, de pequenos que são, se bem cuidados podem frutificar para o bem do Judiciário e da cidadania.

As reformas brasileira e portuguesa do processo civil: um caso de convergência?[1]

JOSÉ LEBRE DE FREITAS[2]

1. Introdução

Vivemos num mundo em que são comuns muitos dos problemas relativos ao funcionamento da Justiça e dos Tribunais, que desembocam no confronto entre rito processual e exigência de celeridade. Por outro lado, a comunicação entre os sistemas jurídicos é hoje muito maior do que no passado. Tenha-se nomeadamente em conta as Traditional Rules of Civil Procedure, elaboradas com vista a constituírem um modelo de processo universalmente utilizável. Problemas semelhantes requerem tipos de resposta semelhantes.

No que respeita ao Brasil e a Portugal, acontece que, hoje como em 1939, ambos os países se encontram no limiar de um novo código de processo civil.

Se olharmos para a obra de José Alberto dos Reis, vemos que a elaboração do CPC português de 1939 passou pelo confronto das soluções que, simultaneamente, iam sendo discutidas e propostas no Brasil (que teve um novo CPC no mesmo ano de 1939) e em Itália (que viria a tê-lo em 1942). No CPC português a influência do projeto italiano foi, sem dúvida, maior do que a do projeto brasileiro, mas o estudo comparativo dos dois

---

[1] Vídeo disponível em http://justicatv.pt/index.php?p=2246

[2] Professor Catedrático Jubilado da Faculdade de Direito da Universidade Nova de Lisboa.

foi atento e constante. Quanto ao CPC brasileiro de 1939, espelha claramente uma grande influência do direito português, aliás ainda patente, embora em menor grau, no posterior CPC de 1973.

Hoje, a reforma brasileira em curso é mais profunda do que a nossa. Por uma razão: a grande reforma do direito processual civil português teve já lugar, com a revisão operada nos anos de 1995-1996 e levada ao campo da ação executiva em 2003 e ao dos recursos em 2007. Essa revisão, ao mesmo tempo que simplificou tramitações, adequou a nossa legislação aos princípios gerais do processo civil que entretanto se tinham desenvolvido na lei e na doutrina dos Estados democráticos.

A grande reforma a fazer atualmente em Portugal é a das instituições judiciárias, por muito que um alibi frequente dos governos consista em imputar à lei de processo os males de que enferma a organização judiciária. Acabámos de ouvir quão significativa foi a reforma brasileira respeitante aos julgados de paz. Entre nós, há, nomeadamente, que equacionar a repartição geográfica dos tribunais judiciais e o número de juízes que a eles é afeto. Não sei se daí deverá resultar um aumento do número global de magistrados, mas não tenho dúvida quanto a esse número ter de ser repensado em função da distribuição efetiva das causas pelo território nacional, assim como quanto à importância de que se reveste a implantação em todo o país de tribunais especializados em certas matérias. A reforma da organização judiciária está prometida. Aguardemos para ver.

Vamos, porém, ao processo civil, que é o campo da minha comunicação de hoje.

Vou destacar três áreas: princípios gerais; execução; procedimentos cautelares.

2. Princípios gerais

No âmbito dos princípios gerais, vou-me referir a questões relativas à citação (direito de defesa), ao princípio do contraditório, ao caso julgado, aos recursos e, finalmente, ao novo princípio da gestão processual, surgido na sequência, senão como sucedâneo, do princípio da adequação da forma processual.

2.1. As formalidades da citação, exigidas para garantia do direito de defesa, constituem, com muita frequência, um obstáculo prático significativo ao prosseguimento da ação. Na revisão de 1995-1996 foi privilegiada a modalidade da citação postal (até então acantonada em nichos de exceção), seguindo o exemplo de outros países europeus, entre os quais a Áustria.

Neste país, a citação faz-se normalmente por carta registada enviada para o domicílio do réu e, em caso de devolução, é para aí expedida uma segunda carta, igualmente registada, de que, não sendo recebida, é deixada uma cópia na Câmara Municipal, dando-se a citação assim por feita. Pois bem: em Portugal, desde a revisão do Código, a citação faz-se, em primeira linha, por meio de carta registada com aviso de receção, enviada para o domicílio do réu. Pode aí ser recebida por este ou por outra pessoa que lá se encontre (qualquer representante ou empregado da pessoa coletiva, se de pessoa coletiva se tratar). Se for devolvida, tem lugar a citação por contacto pessoal com o réu e, se este não for encontrado, é deixada hora certa. Então, na data fixada, a citação é feita, na pessoa do réu ou de terceiro que lhe possa transmitir a citação, ou mediante afixação de nota de citação em local adequado, normalmente a porta do seu domicílio. Só no caso de ausência prolongada é que a questão não fica assim resolvida. Quando, no contrato, haja sido estipulado domicílio convencionado não chega a ter lugar a citação por contacto pessoal: a citação, por via postal, tem-se por feita com a expedição duma segunda carta registada, independentemente de ser efetivamente recebida.

O Brasil foi, no projeto em discussão, mais timorato. A citação postal será admitida, mas não como regra. Quanto à citação pessoal, só após três tentativas falhadas dá lugar à fixação de hora certa. É, a meu ver, um procedimento demasiado complicado, tido em conta o tempo em que vivemos. A citação é uma garantia fundamental da lei processual, mas a celeridade do processo, condição duma boa realização do direito de ação, é também importante valor a considerar.

2.2. Por princípio do contraditório entendia-se, tradicionalmente, a imposição de que, formulado um pedido ou tomada uma posição por uma parte, devia à outra ser dada oportunidade de se pronunciar antes de qualquer decisão, tal como, oferecida uma prova por uma parte, a parte contrária devia ser chamada a controlá-la e ambas sobre ela tinham o direito de se pronunciar. Assim se garantia o desenvolvimento do processo em discussão dialética, com as vantagens decorrentes da fiscalização recíproca das afirmações e provas feitas pelas partes.

A esta conceção, válida mas restritiva, substitui-se hoje uma noção mais lata de contraditoriedade, com origem na garantia constitucional do *rechtliches Gehör* germânico, entendida como garantia da participação efetiva das partes no desenvolvimento de todo o litígio, mediante a possibilidade de, em plena igualdade, influírem em todos os elementos (factos, provas, questões de direito) que se encontrem em ligação com o objeto da causa e que em qualquer fase do processo apareçam como potencialmente relevantes para a decisão. O escopo principal do princípio do contraditório deixou assim de ser a *defesa*, no sentido negativo de oposição ou resistência à atuação alheia, para passar a ser a *influência*, no sentido positivo de direito de incidir ativamente no desenvolvimento e no êxito do processo.

Vertente importante desta nova conceção é a consagração da proibição da decisão-surpresa, que tem especial interesse quanto às questões, de facto ou (sobretudo) de direito de que o tribunal pode conhecer oficiosamente: se nenhuma das partes as tiver suscitado, com concessão à parte contrária do direito de resposta, o juiz – ou o relator do tribunal de recurso – que nelas entenda dever basear a decisão, seja mediante o conhecimento do mérito da causa, seja no plano meramente processual, deve previamente convidar ambas as partes a sobre elas tomarem posição.

A regra é estabelecida, desde 1995-1996, no art. 3-3 do CPC português. Mas com uma restrição: o juiz está dispensado de fazer o convite às partes "em caso de manifesta desnecessidade". Ora os tribunais – mal – têm transformado a exceção em regra, utilizando um conceito demasiado amplo da manifesta desnecessidade de ouvir as partes. Perante esta atitude, a comissão encarregada da elaboração do novo texto, propôs, no projeto por ela elaborado, suprimir a restrição. Mas, perante o desagrado manifestado por alguns magistrados, a proposta de lei, enviada pelo Governo à Assembleia da República, fez ressurgi-la, acrescentando a expressão "devidamente fundamentada" (casos de manifesta desnecessidade, devidamente fundamentados"[3].

---

[3] A Assembleia acabou por retirar esta expressão e tudo acabou por ficar como no texto oriundo da revisão de 1995-1996.

Melhor andou o projeto brasileiro, na esteira do que dispõe o CPC francês: o juiz não pode decidir sem audição prévia das partes sobre a questão, relevante para a decisão, que estas não tenham efetivamente discutido. A norma portuguesa funciona mal: sou, como jurisconsulto, frequentemente consultado sobre casos de ofensa do princípio do contraditório, na variante da proibição da decisão-surpresa, em que nada é já possível fazer (o recurso para o Tribunal Constitucional só é admissível se a questão da inconstitucionalidade houver sido expressamente levantada no processo). Parabéns, pois, ao Brasil, pela fórmula utilizada no projeto do novo CPC!

2.3. Em matéria de caso julgado, começo por assinalar que nem no projeto de CPC brasileiro nem no direito civil do Brasil, é consagrada a figura do caso julgado *secundum eventum litis*, isto é, a extensão dos efeitos da sentença à esfera de terceiros que, sendo titulares, no âmbito duma relação jurídica plural, duma situação substantiva idêntica ou semelhante à de uma parte processual, são beneficiados pela decisão proferida. É o caso, por exemplo, do credor ou devedor solidário, do fiador e do devedor principal, do comproprietário ou do sócio da mesma sociedade. São sujeitos que não podem ser prejudicados pela decisão desfavorável, mas são beneficiados com a decisão favorável proferida em processo em que não intervieram nem tiveram a oportunidade de intervir. Há no projeto brasileiro, no campo dos recursos, uma norma da qual resulta que o direito do Brasil não é avesso a uma solução geral deste tipo[4], mas creio que seria de grande conveniência consagrá-la.

Outra questão é a da extensão do caso julgado aos fundamentos que constituem antecedente lógico da parte dispositiva da sentença.

A doutrina portuguesa, embora maioritariamente negue essa extensão, não se pode dizer unânime. Ao invés, a jurisprudência dominante dá à questão uma resposta positiva. O art. 96 do Código ainda vigente, em norma que se mantém *ipsis verbis* na proposta de lei, é, porém, expresso em que o caso julgado só abrange os fundamentos da decisão quando

---

[4] "O recurso interposto por um dos litisconsortes a todos aproveita, desde que comuns as questões de facto e de direito.

§ único. Havendo solidariedade passiva, o recurso interposto por um devedor aproveitará aos outros, quando as defesas opostas ao credor lhes forem comuns".

I CONGRESSO LUSO-BRASILEIRO DE DIREITO

alguma das partes o requeira, isto é, quando deduza um pedido que os tenha por objeto. Assim, por exemplo, a validade do contrato de que é pedida inicialmente apenas a condenação na realização duma obrigação dele resultante só será abrangida pelo caso julgado se o autor ou o réu pedir que o tribunal declare (na parte dispositiva da sentença) que o contrato é válido – ainda que, se o pedido não for formulado, o tribunal não possa deixar de considerar, como fundamento da decisão, a questão de saber se o contrato é ou não válido. A justificação para esta solução baseia-se no princípio do dispositivo: se porventura do contrato resultar, não só a obrigação cujo cumprimento é pedido (por hipótese, a obrigação de pagar 100), mas também a obrigação de pagar 10.000 ou a de entregar um prédio, que não é objeto do processo, o empenho que as partes ponham na discussão do pressuposto da validade pode ser muito diverso daquele que porão na ação posterior em que o produto dos 10.000 ou a entrega do prédio seja pedido.

O mesmo tipo de solução veio proposto no projeto de CPC brasileiro, embora haja também proposta no sentido de o fundamento poder ser coberto pelo caso julgado quando sobre ele tenha havido efetivo contraditório. Se esta última posição for adotada, só não sairá beliscado o princípio do dispositivo se se entender que o pressuposto necessário da decisão é objeto implícito do pedido deduzido. Importa, porém, que o legislador claramente o estabeleça.

2.4. Da matéria dos recursos, destaco uma solução vigente em Portugal desde 2003: o recurso de apelação tem, em regra, efeito meramente devolutivo. Desde que havendo o cuidado, como há em Portugal, de estabelecer que na execução não poderá haver pagamento na pendência do recurso, a menos que o credor preste caução, este ponto de regime não belisca os princípios processuais, é dissuasivo da interposição de recursos manifestamente infundados e gera economia processual. Vejo que no projeto brasileiro o efeito meramente devolutivo é também consagrado, ao menos quando esteja em causa a execução de sentença.

2.5. A revisão de 1995-1996 levou ao CPC português o princípio dito de adequação formal: atendendo às especificidades da causa, o juiz pode adaptar a forma processual aplicável, total ou parcialmente. Na prática, o princípio não teve aplicação significativa: os magistrados preferiram manter-se resguardados na segurança formal da tramitação predisposta por lei.

O novo texto intenta transformar em dever o que era mero poder judicial. O juiz deve, na audiência prévia, verificar se a forma processual abstrata é adequada ao caso concreto, procedendo às adaptações que se lhe afigurem necessárias. Aliás, tal como no Brasil, iremos passar a ter uma forma única de processo declarativo no CPC, embora fora dele tenha grande importância o processo especial para cumprimento de obrigações pecuniárias emergentes de contrato (mais ou menos correspondente ao processo sumaríssimo, que será extinto). Esta adequação é conduzida a um princípio mais vasto, que engloba também o poder de direção do processo pelo juiz: o princípio da gestão processual. O que está errado é que a proposta de lei pretenda suprimir a possibilidade de recurso da decisão de adequação formal, acabando assim, se for aprovada, por conceder ao juiz um poder de conformação do processo insuscetível de ser controlado[5]. Desde que, como é regra com os despachos interlocutórios, o recurso dessa decisão só subisse a final, arrastado pela eventual apelação da sentença, e só pudesse ter provimento quando a decisão fosse suscetível de nesta influir, não se vê razão para coartar a possibilidade de recurso, esquecendo que a certeza sobre a forma processual constitui uma garantia para as partes e o seu abandono por decisão judicial tecnicamente discricionária deve ter como contrapeso o controlo por um tribunal superior.

3. Processo executivo

Num ponto fundamental diverge a proposta do CPC português para o processo executivo do projeto do CPC brasileiro: entre nós, vai ser mantida a direção da execução por um agente de execução, de acordo com a opção tomada quando da reforma da ação executiva de 2003; no Brasil, mantém-se a tradicional direção do processo de execução pelo juiz.

---

[5] Na versão final da nova lei, ficou consagrado que o recurso será, porém, admissível quando a decisão viole o princípio fundamental da igualdade ou do contraditório, bem como quando esteja em causa a aquisição formal de factos ou a admissibilidade de meios probatórios.

Mas já vai haver convergência no que respeita à execução de sentença, a processar nos próprios autos da ação declarativa. Foi a orientação seguida pela LEC espanhola de 1881, que a LEC de 2000 viria a abandonar.

Ponto de regime em que a lei brasileira é mais avançada do que a portuguesa é o que consiste na centralização, numa instituição junto do banco central, da informação relativa aos depósitos bancários, por forma a proporcionar que a penhora do saldo das contas se faça, não no banco ou agência bancária em que ela exista, mas sim junto dessa instituição. Foi solução que entre nós chegou a ser projetada em 2001, mas que a lei finalmente aprovada, por resistência da banca, não consagrou. Consta-me que a solução brasileira não tem tido grande aplicação prática, mas julgo-a de enormes potencialidades.

4. Procedimentos cautelares

A lei de processo portuguesa, tal como a lei brasileira (pelo menos até ao momento em que nesta se destacou das providências cautelares a antecipação de tutela), impõe ao requerente da providência cautelar que, após o deferimento desta, proponha a ação principal, de que ela dependa, no prazo de 30 dias, sob pena de caducidade da medida e eventual dever de indemnizar.

Este regime vai ser modificado, mediante a admissão da inversão do contencioso.

A inversão do contencioso dar-se-á mediante o pedido, pelo requerente da providência, de que o juiz o dispense do ónus de propor a ação principal, no prazo de 30 dias contados da data em que lhe tiver sido notificado o trânsito em julgado da decisão que a tenha ordenado. Só será concedida se o juiz entender que a matéria adquirida no procedimento lhe permitiu formar convicção "segura" da existência do direito acautelado e a natureza da providência decretada for adequada a realizar a composição definitiva do litígio. Inverter o contencioso significará transferir para o requerido o ónus de propor, em 30 dias, a ação principal, com a cominação ("sob pena") de a providência decretada se consolidar como composição definitiva do litígio.

A solução foi inspirada no direito francês, em que igualmente se inspirou o projeto brasileiro e recente alteração da lei processual italiana. Mas com diferenças assinaláveis. A providência de *referé* de direito francês, tal como a medida cautelar italiana e a que se projeta para o Brasil, mantém-se até que a ação principal, proposta a qualquer tempo por qualquer das partes (sem prejuízo dos prazos de caducidade e prescrição do direito civil), seja julgada. Não produz, pois, nunca caso julgado e, até à sua eventual substituição por uma decisão definitiva, mantém a eficácia própria da sua natureza de decisão cautelar. Os princípios gerais sobre a formação do caso julgado permanecem incólumes.

A nova lei portuguesa, ao estabelecer um prazo para a propositura da ação pelo requerido, corresponde ao reflexo condicionado, muito português, de condicionar o exercício dos direitos substantivos por prazos processuais perentórios. Sobrepõe-se assim, uma vez mais, o direito processual ao direito substantivo, embora camuflando-o com a determinação de que a decisão cautelar não impugnada pelo requerido se converte em composição definitiva do litígio, isto é, ganha força de caso julgado material.

Este regime arrisca-se a transferir para o procedimento cautelar a complexidade da discussão do processo principal, obrigará a doutrina portuguesa a repensar a teoria do caso julgado e não deixa de suscitar questões de inconstitucionalidade, por limitação do direito de acesso à Justiça. É particularmente grave quando o requerido não é citado previamente (caso da restituição provisória de posse) e, por não ser utilizável a citação edital, sempre que não se consiga citá-lo pessoalmente.

É uma solução que não deveria passar na Assembleia[6]. Parabéns, neste ponto, aos brasileiros, que, embora com *nuances*, se propõem importar do direito francês uma boa construção.

[6] Passou.

A Mudança de Cultura pela Composição de Litígios[1]

MARCO AURÉLIO GASTALDI BUZZI[2]

I. Objeto e Objetivo do Discurso

A cultura de alguns povos outorga ao Estado o protagonismo de tudo quanto possa suceder de relevante ao cidadão, por conseguinte, ante tais sociedades, além de lugar privilegiado na condução dos acontecimentos, como que consequentemente, ao aludido ente público é outorgada, com exclusividade, a função de julgar e dirimir os conflitos de interesses oriundos da convivência entre as pessoas (FIUZA, 1995, p. 217).

No âmbito dessas sociedades, nas quais a missão de resolver conflitos de interesses acontece sob a tutela exclusiva do Estado, diversos fatores são determinantes desse modelo de organização institucional, os quais vão desde a consciente opção pelo monopólio estatal da função jurisdicional até a mera acomodação à circunstância de que o volume razoável de demandas não exige, concomitantemente, a necessária ou recomendável utilização de alternativas de resolução de litígios para promover a preservação da paz social.

No ocidente, de modo geral, prepondera a opção institucional que atribui, se não exclusivamente, mas ao menos preponderantemente, ao

[1] Vídeo disponível em http://justicatv.pt/index.php?p=2247

[2] Ministro do Superior Tribunal de Justiça (Brasil), Mestre em Ciência Jurídica pela Universidade do Vale do Itajaí – UNIVALI/SC (Brasil) e Especialista (Pós-Graduação) em Direito do Consumo pela Universidade de Coimbra (Portugal).

Poder Judiciário a função de solucionar os conflitos de interesses advindos do convívio social, os quais, todavia, atualmente se constata, restaram judicializados de tal forma e monta a ponto de inviabilizar esse modelo no qual a prestação jurisdicional é centralizada. Consequentemente, não mais são supridas as exigências das populações no concernente à efetiva resolução das lides que se originam das relações materiais do seu cotidiano, em tempo considerado útil.

A centralização da jurisdição, no mais das vezes, direciona-se no sentido de promover apenas o acesso à justiça formal, desprezando o real alcance à ordem jurídica justa, não ocorrendo, via de regra, no âmbito desses modelos, a resolução do conflito sociológico que invariavelmente está presente nas demandas apresentadas à solução do Estado, objetivo fácil e geralmente alcançado quando os interessados buscam dirimir suas pendências nos programas estatais que levam às populações os métodos alternativos de pacificação social, estes, pois, que são **o objeto** do presente estudo.

E, em harmonia com o próprio título sugerido para discursar pela organização do I Congresso Luso-Brasileiro de Direito – "A Mudança de Cultura pela Composição de Litígios", é exata e restritivamente acerca da constatação da formação de uma nova mentalidade, sobre as formas de resolução de conflitos, que versa **o objetivo** dessa brevíssima, panorâmica, e, senão superficial, viés que se propõe apresentar.

II. Categorias Alusivas aos Métodos Alternativos de Resolução de Conflitos

Entre os métodos alternativos de resolução de conflitos alude-se aqui aos mais frequentemente empregados, tais como a mediação, a conciliação, a negociação, a transação e a arbitragem, verificando-se, na última modalidade, práticas adversariais, o que não ocorre nas demais, exceto, específica e eventualmente, quando já alcançados atos endoprocessuais.

Cabe desde já referir a plena ciência e adesão às considerações que destacam as inegáveis diferenças das características e das definições entre as categorias da conciliação, da mediação e das demais técnicas voltadas ao desiderato de promoção da paz social. Note-se, todavia, que não é objetivo desta exposição adentrar nesta seara, pois aqui, restritivamente, a meta almejada é relatar sobre a confirmação, ou não, da mudança da cultura das sociedades quanto à utilização dos métodos alternativos de resolução de conflitos.

Neste sentido será dada ênfase ao fato de que, muito embora se esteja frente a uma mudança de paradigmas, contudo, ainda assim, não ocorre o surgimento de novas formas de atuação, mas sim a reedição de experimentos já empregados por diversas populações, os quais, por oferecer concretos benefícios aos usuários, devem merecer aperfeiçoamento e adaptação aos tempos atuais, de sorte a que se concretize, com sucesso, a indispensável reformulação de paradigmas, ou seja, a mudança de mentalidades.

Há sistemas, como o brasileiro, nos quais se assiste a reedição e o implemento dos métodos alternativos de resolução de conflitos, constatando-se neles a fusão das técnicas típicas da mediação e da conciliação, ainda que se reitere tratar de categorias distintas. Entretanto, elas são próximas a ponto de permitir, mesmo que não integralmente, a fusão de seus métodos operacionais, o que, por si só, não supera as características diferenciadas que possuem, mormente quanto ao fato de que os momentos próprios para emprego de um ou de outro instrumento são díspares (a propósito, vide: Resolução nº 125/2010, do Conselho Nacional de Justiça do Brasil).

Mediação é palavra originária do vocábulo latino *mediare* que significa medir, dividir ao meio, intervir, colocar-se no meio de; e, assim, no âmbito dos mecanismos alternativos de resolução de conflitos a expressão diz respeito a um método não-adversarial de composição de disputas, o que privilegia o princípio jurídico da autonomia privada, resultante do fato da coparticipação de todos que estão inseridos na sociedade poderem interagir ativamente na construção de mecanismos voltados à pacificação dos conflitos de interesses, próprios do convívio social (SERPA, 1995, p. 355-394).

Ainda que mediação não possa ser confundida com conciliação e tampouco com arbitragem, não raro as primeiras são empregadas como sinônimas. Reitere-se, o mediador, diferentemente do árbitro, não decide, apenas propicia que os interessados se autodeterminem, de modo que tenham possibilidade de deliberar. Na conciliação, o objetivo é o acordo, ou seja, as partes, mesmo adversárias, devem chegar a um consenso para evitar a recepção ou a continuação de um processo judicial.

É bem verdade que mesmo em apurados textos podem ser constatadas propositadas imprecisões conceituais acerca das categorias utilizadas pelos operadores do direito nesta seara, destacadamente quando referem à mediação como gênero no qual estaria contida a conciliação, o que, muito embora seja até mesmo justificável, dado a relativa proximidade entre as citadas práticas, não se revela congruente, porquanto, se o foco for mais preciso, observar-se-á que tais definições, insuperavelmente, não são unívocas.

O conciliador sugere, interfere, aconselha, sendo que o mediador apenas facilita a comunicação, sem induzir as partes ao acordo (SALES, 2004, p. 38).

Conciliação é acordo de vontades que resulta de concessões mútuas, em que um terceiro imparcial ajuda, orienta e facilita a composição. O conciliador, além de orientar, pode sugerir soluções, desenvolve atividade de modo imparcial, avalia a situação litigiosa, propondo uma solução ao conflito, enunciando as vantagens e desvantagens que a transação acarreta aos litigantes (DINAMARCO, 2005, p. 142).

A **mediação** é uma técnica não-adversarial de resolução de conflitos, por intermédio da qual duas ou mais pessoas (físicas, jurídicas, públicas, etc.) recorrem a um especialista neutro, capacitado, que realiza reuniões conjuntas e/ou separadas, com o intuito de estimulá-las a obter uma solução consensual e satisfatória, salvaguardando o bom relacionamento entre elas (BRAGA NETO, 1999, p. 93).

O artigo 2º do projeto de lei em trâmite perante o Congresso Nacional Brasileiro (PL 94/2002), consagra que "mediação é atividade técnica exercida por terceiro, escolhido ou aceito pelas partes, com o propósito de prevenir ou compor o conflito, orientando e estimulando os interessados, sem interferir na opção acerca das possíveis soluções".

Transação, no âmbito do direito civil (Código Civil Brasileiro, art. 840), é a convenção em que, mediante concessões recíprocas, os interessados previnem ou terminam litígios.

Negociação integrativa é a autocomposição entre as partes interessadas, que consiste em um método de resolução de conflitos voltado à satisfação conjunta dos interesses envolvidos na controvérsia (AZEVEDO, 2012, p. 91).

Arbitragem é forma de solução de querelas por meio da atuação de um terceiro, o árbitro, ao qual são conferidos poderes, advindos de uma convenção privada, para que, se for o caso, decida o conflito, sem intervenção estatal, com eficácia de decisão judicial (CARMONA, 2004, p. 31).

No mesmo sentido, preleciona a doutora Mariana França Gouveia ao defini-la como "[...] meio de resolução de litígios privado, cujo fundamento se encontra na convenção de arbitragem, ela própria um contrato entre as partes" (GOUVEIA, 2013).

Não só a mediação e a conciliação são métodos não-adversariais de resolução de conflitos, mas também frente a ambas, depara-se com a negociação e com a transação. E, em todas as categorias apontadas, conforme o estágio das conversações, caso ainda não inaugurada a fase judicial, pode-se constatar a característica da não-adversariedade.

E, reitere-se, ainda que seja equívoco, apura-se que a expressão mediação, em dadas hipóteses, é empregada como gênero, como se as demais práticas acima aludidas dela fossem espécies, o que, por evidente, pode até buscar explicar o emprego da terminologia, muito embora não se justifique pela carência de adequação.

Presume-se que a prática acima mencionada tenha lugar em virtude de que, com razão, a mediação se apresenta mais abrangente do que outros métodos alternativos de resolução de conflitos e, em alguns casos específicos, o único aconselhável e eficaz. A mediação, como consagram os operadores do direito, pode ser utilizada em todas as instâncias sociais, proporcionando uma liberdade responsável, facilitando, assim, a convivência entre os homens (ALMEIDA, 2010, p. 599).

De todo modo, a mediação não há que ser confundida com conciliação e tampouco com arbitragem.

O mediador, diferentemente do árbitro, não decide, apenas propicia que os indivíduos envolvidos se autodeterminem para que tenham a possibilidade de tomar as suas decisões.

Já na conciliação, a distinção é mais tênue, tanto que constantemente são tratadas por operadores do direito e doutrinadores como expressões sinônimas, mas a essencial disparidade entre a mediação e a conciliação está no grau de interferência do terceiro que, nesta última, concorre ativamente para a solução do conflito.

Quanto a este enfoque, vale-se do argumento de autoridade proposto por Lilia Sales, segundo a qual a diferença entre a mediação e a conciliação reside no conteúdo de cada instituto, pois na conciliação o objetivo é o acordo, ou seja, as partes, mesmo adversárias, devem chegar a um consenso para evitar um processo judicial. Na mediação, os interessados não devem ser entendidos como adversários e o acordo é consequência da real comunicação entre as partes. Na conciliação, o terceiro, que concorre para a solução do conflito, pode: sugerir, aconselhar e mesmo interferir; já o mediador apenas elucida e facilita a comunicação, sem induzir as partes ao acordo (SALES, 2004, p. 38).

A conciliação tem por objetivo final o acordo, ao passo que a mediação busca a emancipação e o autoconhecimento das partes, no sentido de que estas tenham a possibilidade de livremente decidirem o rumo de suas vidas, o que não significa, pois, que ao final tenha estabelecido um acordo.

Concluindo, essa autocomposição pode ser impulsionada, como visto, pela aplicação de técnicas de negociação, conciliação ou mediação. Todos estes instrumentos podem ser judiciais ou extrajudiciais, cumprindo ressaltar que, ao contrário da imediata associação que usualmente se faz entre os meios extrajudiciais e os alternativos, os métodos autocompositivos de solução de conflitos não correspondem necessariamente aos meios extrajudiciais – por vezes, denominados "alternativos" ao Sistema Judiciário (FOLEY, 2003, p. 193).

III. As Modalidades e a Alternatividade nos Procedimentos Voltados à Resolução de Conflitos

As atividades que envolvem a busca da solução de controvérsias por meio da conciliação, da mediação, da transação ou da negociação, enfim, dos métodos alternativos de pacificação social, a grosso modo, podem ser implementadas tanto na fase em que o conflito ainda não fora judicializado, ou seja, na fase pré-processual, extrajudicial, ou quando já transformado em ação judicial e, em tais hipóteses, reputa-se que a prática é desenvolvida de modo incidente, endoprocessual, judicial, enfim.

A providência de buscar a composição da lide quando o conflito já foi transformado em demanda judicial, além de facultada às partes, está entre os deveres do magistrado condutor do respectivo processo, sendo possível conclamar os interessados para esse fim a qualquer momento e em qualquer grau de jurisdição, como previsto, no caso do sistema jurídico brasileiro, especificadamente, no art. 125, IV, do Código de Processo

Civil – CPCB, e, de modo geral, em diversos outros momentos, como está nos artigos 277 e 331, do mesmo CPCB.

Oportuno recordar que o insucesso na tentativa de compor a lide nos momentos especificadamente previstos para tanto não inibe, nem veda, às partes ou ao próprio juiz de direito, que em quaisquer outras fases do trâmite processual busquem resolver o litígio por meio do acordo, conforme previsto nos artigos 447 a 449, também do Código de Processo Civil Brasileiro.

Não se pode perder de perspectiva, ainda, a experiência da justiça laboral brasileira, cuja opção, por expressa determinação legal, é no sentido de condicionar a instauração da demanda trabalhista a passagem perante a "Comissão de Conciliação Prévia", nos termos do art. 625-D, *verbis*: *"Qualquer demanda de natureza trabalhista será submetida à Comissão de Conciliação Prévia se, na localidade da prestação de serviços, houver sido instituída a Comissão no âmbito da empresa ou do sindicato da categoria. **(Incluído pela Lei nº 9.958, de 12.1.2000)**".*

Assim, as práticas voltadas aos métodos alternativos de resolução de conflitos seguem o modelo extrajudicial, ou pré-processual, sempre que realizadas na fase ou no momento preliminar ao ajuizamento das respectivas futuras demandas, e observam os moldes incidentais, endoprocessuais, e mesmo judiciais, quando deflagradas após o intento em juízo das ações.

Acerca da maior eficiência dos métodos informais (alternativos) de pacificação social, distinguem-se os meios mais adequados de resolução das controvérsias que observam a informalidade dos procedimentos estabelecidos pelos próprios interessados, substituindo a rigidez do sistema jurisdicional tradicional, para construir em participação conjunta, tanto o método quanto a solução final da disputa.

Sobre o assunto leciona o Professor Kazuo Watanabe, um dos principais mentores dos parâmetros da recentemente inaugurada e deflagrada política pública brasileira, voltada às práticas ora em comento:

> "[...] o objetivo primordial que se busca com a instituição de semelhante política pública, é a ***solução mais adequada dos conflitos de interesses***, pela ***participação decisiva de ambas as partes na busca do resultado que satisfaça seus interesses***, o que preservará o relacionamento delas, propiciando a justiça coexistencial. A redução do volume de serviços do Judiciário é uma consequência importante desse resultado social, mas não seu escopo fundamental. Por meio dessa política pública judiciária, que ***proporciona aos jurisdicio-***

nados uma solução mais adequada dos conflitos, o Judiciário Nacional estará adotando um importante filtro da litigiosidade, que ao contrário de barrar o acesso à justiça, *assegurará aos jurisdicionados o acesso à ordem jurídica justa* [...]." (WATANABE, 2013)

IV. Desjudicialização e Informalização da Resolução de Litígios

Já no estudo realizado no ano de 2001, pelo Observatório Permanente da Justiça Portuguesa, apurou-se que o direito em abundância, ou seja, o reconhecimento e a disponibilização dos direitos sociais, dos direitos que provém do princípio da dignidade humana, entre outros, fizeram por robustecer a cidadania e eclodir o sentimento de inclusão dos indivíduos, das coletividades e a legitimação para a defesa de direitos difusos (PEDROSO et al., 2001)

Esse acontecimento contribuiu decisivamente para o surgimento de novas realidades, antes nunca divisadas, as quais conclamam pelos compromissos do Estado, das instituições, das entidades, criados que foram para acolher o cidadão, no pronto atendimento dessas crescentes e surpreendentemente inéditas expectativas oriundas de um inaudito sentido de cidadania.

Novos padrões de conduta, novos mercados e atividades econômicas e profissionais, as concorrentes realidades virtual e material, que exigem uma nova velocidade e administração dos tempos das relações sociais e pessoais, o mundo reduzido a uma aldeia global na qual a vida é instantânea, já apenas esses fatores ora alinhados militam decisiva e irreversivelmente para a desconstrução da ordem posta.

E, exatamente o volume e a velocidade das relações materiais exigiram a implementação de igualmente novos métodos destinados a solucionar a colisão de direitos desta novel ordem, e assim, a desjudicialização desses meios de resolução de conflitos e a informalização dos respectivos mecanismos se integram em um movimento mais amplo de desregulação social, como que em um verdadeiro empreendimento geral voltado à supressão das formas de regulação social de condutas (PEDROSO et al., p. 29, 2001).

Práticas informais, meios desjudicializados, ambos integrados e direcionados aos métodos alternativos de resolução de conflitos, sintetizam, em verdade, um novo viés tanto na administração interna do Estado – Poder Judiciário, quanto na simplificação das rotinas, dos processos e respectivos procedimentos, tudo o que ratifica o sentimento que detecta e percebe uma nova ordem, irreversivelmente instaurada, suplantando aquela que se conservou até então, a qual fora útil, positiva e então oportuna, mas atualmente, superada, defronta-se com a irremediável obsolescência.

São essas novas realidades que ditam e validam o restabelecimento e a criação de mecanismos voltados a solucionar conflitos de interesses. Tais sistemas adotam procedimentos simplificados, informais, adequados às necessidades dos casos que se apresentam para resolução, os quais se multiplicam aos milhares, em padrões sequer assimilados por aqueles que operam nos modelos ainda subsistentes, segundo parâmetros absolutamente superados.

Essa nova ordem necessita ser acolhida e instaurada, sem receios. Ela é fruto das realidades atuais, pulsantes nas ruas, nos mercados, nas novas rotinas das contratações instantâneas, no seio dos novos modelos de família, enfim, esse calouro modelo não exige o desvendar ou o domínio de segredos guardados à sete chaves, acessíveis apenas à poucos escolhidos, aos cavaleiros templários guardiões do misterioso cálice sagrado. Certamente, os conflitos de pouca complexidade, de reduzido valor econômico, de menor potencial ofensivo merecem ser dirimidos no âmbito de procedimentos simplificados, informais e alternativos aos tradicionais, sem que tais práticas sejam reputadas violadoras da segurança jurídica, do amplo contraditório, da legitimidade da jurisdição, etc.

A desjudicialização, portanto, ocorre exatamente por força da exclusão de uma significativa parcela da sociedade do acesso ao Sistema de Justiça, aliada à fragmentação e complexidade das sociedades contemporâneas que exigem respostas plurais a uma realidade multifacetada. Essa busca por informalização dos procedimentos revela uma (re)descoberta de novos meios de solução de conflitos que não se limitam à atividade jurisdicional e que procuram veicular uma "justiça democrática da proximidade" (FOLEY, 2012, p. 188).

Cumpre, a propósito ressaltar: atualmente já é incontroverso que os mecanismos alternativos de pacificação podem ser utilizados tanto antecipadamente à propositura da ação judicial, quanto após a sua deflagração, preocupação evidenciada inclusive na fundamentação de atos normativos, como é o caso da alusão expressa nesse sentido contida nas considerações vestibulares do Provimento nº 22/2012, da Corregedoria Nacional do Conselho Nacional de Justiça do Brasil.

V. O Escorço Histórico

Com o objetivo de efetuar, neste momento, uma superficial introdução à abordagem histórica quanto ao assunto em evidência, vale destacar que as práticas ora referidas, quaisquer que sejam as designações que possam receber, remontam a antigas experiências registradas em importantes documentos de domínio de toda a humanidade.

Já advertia o apóstolo Mateus:

> "Concilia-te depressa com teu adversário, enquanto está no caminho com ele, para que não aconteça que o adversário te entregue ao juiz [...]" (Mateus, 5: 25-26)[3]

Conforme leciona a festejada jurista brasileira Ada Pellegrini, autoridade de renome internacional no assunto em voga, na verdade "ressurge hoje o interesse pelas vias alternativas ao processo, capazes de evitá-lo, encurtá-lo, conquanto não o excluam necessariamente" (GRINOVER, 2005, p. 22-27).

Na verdade, a mediação tem a mesma antiguidade de existência dos grupos sociais (ANDRADE, 2013), pois existem relatos sobre o seu emprego há cerca de 3000 a.C. na Grécia, bem como no Egito, Kheta, Assíria e Babilônia, nos casos entre as Cidades – Estados (CACHAPUZ, 2003, p. 24). Ela é utilizada há muito tempo em várias culturas, como a judaica, a cristã, a islâmica, a hinduísta, a budista, a confucionista e até as indígenas (MOORE, 1998, p. 32).

As tradições judaicas de solução de conflitos foram transportadas para as comunidades cristãs emergentes, que olhavam Cristo como mediador supremo. É possível encontrar na Bíblia (I Timóteo 2:5-6) referência a Jesus como mediador entre Deus e o homem. Este conceito de intermediário foi utilizado para justificar o papel do clero como mediador entre a

---

[3] Bíblia de Estudo Plenitude. Bíblia Sagrada, traduzida para o Português por João Ferreira de Almeida, p. 954.

A MUDANÇA DE CULTURA PELA COMPOSIÇÃO DE LITÍGIOS

congregação, Deus e os crentes. Até a Renascença, a Igreja Católica Apostólica Romana na Europa Ocidental e a Igreja Católica Ortodoxa no Leste Mediterrâneo foram, certamente, as principais instituições de mediação e administração de conflitos da sociedade ocidental. Sendo responsabilidade do clero a mediação em assuntos familiares, criminais e disputas diplomáticas entre a nobreza (VIANNA, 2013).

Na China antiga, o sentido e as noções de justiça eram ministrados na educação do indivíduo, o que importava em um ideal de conduta de cada cidadão, todavia, desrespeitadas as regras de comportamento, ainda assim buscava-se evitar o processo, vez que segundo o *ethos vivendi* daquela sociedade, a demanda formal era desonrosa para o infrator, para a sua família e para o grupo comunitário de sua origem. Evidenciava que o cidadão inadimplente não fora bem formado, e que, além disso, não tivera competência para resolver o conflito, sendo o seu despreparo de tal modo acentuado a ponto de exigir a interferência de um terceiro, preferindo-se, em tais situações, recorrer a compromissos entre as partes, portanto, entre particulares, de modo a buscar superar o conflito de interesses (RODRIGUES JÚNIOR, 2013).

Em Roma, ao tempo do primeiro império, nas proximidades dos Fóruns eram edificados os templos dedicados à deusa Concórdia (SCAMUZZI, p. 40), sendo que nesse período, para as partes interessadas em resolver conflitos, havia a previsão do procedimento *in iure* (na presença do juiz) e o *in iudicio* (na presença do mediador ou árbitro). É de se ressaltar que no ordenamento ático e, posteriormente, no ordenamento romano republicano, a mediação não era reconhecida como instituto de direito, mas sim, como regra de mera cortesia. (VIANNA, 2013).

Entre os Mongóis, no seio das tribos comandadas por Genghis Khan, os conflitos oriundos da convivência eram resolvidos no âmbito de pequenos conselhos, formados por guerreiros mais graduados e os mais antigos integrantes dos grupos.

A História Constitucional Inglesa, já no ano de 1360, registra que os Juízes de Paz foram introduzidos no sistema de governo como elementos cuja atuação, voltada à solução de pendengas, objetivava a manutenção da paz social.

Colhe-se, no levantamento histórico, cuja fonte é adiante apontada, que desde 1239, na Espanha, existiam regras de mediação para resolver desavenças de interesses ligados ao uso da água, conflitos que eram apreciados pelo antigo Tribunal de Águas de Valência, o qual era constituído por indivíduos respeitados na comunidade.

Em 1737 e 1776, as ordenações de Bilbao e Burgos, respectivamente, já demonstravam os antecedentes da mediação, de caráter voluntário e preventivo para assuntos comerciais. A partir da Constituição Espanhola de 1812, veda-se a atuação jurisdicional antes de qualquer tentativa de acordo extrajudicial, sendo o texto do Real Decreto de 1827, do seguinte teor:

> *"Cuando cualquiera persona compareciere en este tribunal intentar alguna acción, mando que no se le admita ni pueda admitir demandas ni peticiones algunas por escrito, sin que primero el Prior y Cónsules hagan comparecer ante si a las partes y oyéndolas verbalmente sus excepciones y defensas, procuren ajustar el pleito y diferencia que hibiere con la mayor brevedad; y no pudiéndolo conseguir, les admitirán sus peticiones por escrito."* (Ruiz et al., 2013)

A Assembléia Constituinte, na França, no ano de 1791, estabeleceu na Constituição (art. 6º, do Capítulo V), o *bureau de paix*, disciplinando que os tribunais ordinários não poderiam receber nenhuma ação civil, sem que lhes fosse certificado que as partes compareceram, ou que o demandante fez citar a parte adversa perante mediadores para tentar a conciliação.

Em Portugal, já no Século XV, no ano de 1446, surgem os avindores ou concertadores, com a missão específica de restabelecer a paz e a harmonia entre os desavindos. No ano de 1555, também em Portugal, foi implementado o cargo de Juiz de Vintena, o qual exercia as suas funções nas aldeias, possuindo poderes para decidir todas as pequenas questões verbalmente, valendo-se para tanto dos usos e costumes.

Conforme Jaime Octávio Cardona Ferreira, no Regimento de 1519, do tempo do Rei D. Manuel, há a destacada referência ao que se denominou por princípios da "concertação", regulamentando-se, então, verdadeira mediação em sintonia com os Juízes de Paz, como que antecipando, em cinco séculos, a atual normatividade (Ferreira, 2013).

No período colonial brasileiro, as Ordenações Filipinas traziam previsão no sentido de que os juízes tinham o dever de tentar conciliar as partes, como está no Livro III, Título XX, parágrafo primeiro, *in verbis*:

> "E no começo da demanda dirá o juiz para ambas a partes, que antes que façam despesas, e se sigam entre eles os ódios e dissensões, se devem concordar [...]."

A primeira Constituição brasileira, a Carta Imperial de 1824, outorgada por D. Pedro I, ao tratar da organização judiciária, estabeleceu a obrigatoriedade de o autor provar, em determinados conflitos, preliminarmente ao ajuizamento da ação, ter submetido o caso ao serviço de conciliação.

> "Art. 161 – Sem se fazer constar que se tem intentado o meio de reconciliação, não se começará processo algum".

Ao lado dos Juízes de Direito, os Juízes de Paz, eleitos com os vereadores municipais, tinham função conciliatória. A Lei Orgânica das Justiças de Paz, de 15/10/1827, prescrevia:

> "Art. 5º – Compete ao Juiz de Paz:
> I – Conciliar as partes que pretendem demandar, por todos os meios pacíficos que estiverem ao seu alcance, mandando lavrar termo do seu resultado, que assinará com as partes e o escrivão."

O Regulamento de 15 de março de 1842, em seu art. 1º, § 1º, previa o instituto da conciliação e o Regulamento do Processo Comercial (Decreto nº 737, de 25/11/1850), entre os artigos 23 até 38, contemplou expressamente a conciliação:

> "Art. 23 – Nenhuma causa comercial será proposta em juízo contencioso, sem que previamente se tenha tentando o meio de conciliação, ou por ato judicial, ou por comparecimento voluntário das partes."

Regulamentada pelo Decreto nº 4.824, de 22/11/1827, a Lei nº 2.033, de 20/09/1871, tratou da Segunda Reforma Judiciária, restabelecendo a orientação liberal no âmbito do Código de Processo Penal, contemplando a conciliação, o que ensejaria também a Consolidação das Leis de Processo Civil (Antônio Joaquim Ribas), semente embrionária do então futuro Código de Processo Civil de 1939.

Prescrevia a aludida Consolidação:

> "Art. 185 – Em regra, nenhum processo pode começar sem que se faça constar que se tem intentado o meio de conciliação perante o Juiz de Paz."

Foi a contar do Governo Republicano, no Brasil, que se fez instaurar a concentração absoluta do poder jurisdicional, abolindo-se as práticas voltadas à resolução de conflitos, implementadas por agentes paraestatais (FREGAPANI, 1997, p. 99-107).

O Marechal Deodoro da Fonseca editou o Decreto nº 359, de 26/04/1890, por meio do qual aboliu a conciliação como formalidade preliminar indispensável para o intento de ações cíveis e comerciais.

A extinção abrupta das práticas voltadas à resolução de conflitos por intermédio de mecanismos alternativos à jurisdição resulta, ao sentir de alguns, da disposição de se centralizar o efetivo exercício dos poderes do Estado exclusivamente nas mãos dos seus representantes diretos, o que se verificou, no Brasil, imediatamente após a proclamação da República, em 15 de novembro de 1889.

VI. Os Fatores da Crise na Prestação Jurisdicional e a Atuação dos Agentes Parajudiciais

Contemplando-se a sequência histórica retratada, apura-se não ter sido fato isolado o afastamento, repentino ou progressivo, do uso de meios alternativos e informais na resolução de conflitos. Consequentemente, também foi minimizada a utilização dos colaboradores que militavam nestas atividades, os quais não podiam cometer atos próprios da jurisdição e dirimir conflitos entre desavindos, perfilando aí os voluntários, os servidores da justiça e os próprios Juízes de Paz.

Igualmente contribuiu para o empeço dos usos e das práticas ora em estudo, a falta de unicidade procedimental e de uniformidade das soluções obtidas ante os respectivos sistemas, o que apontava contra a segurança jurídica, princípio por demais garantido no modelo judicial romano, praticamente adotado em todo o ocidente, resultando daí um longo período durante o qual apenas ao juiz togado foi dado cometer atos típicos de jurisdição.

Mercê de coincidência ou não, o fato é que concomitante a tais acontecimentos e constatações dera-se a formação de uma mentalidade voltada à centralização do exercício do poder do Estado, com o avanço das tendências positivistas e formalistas, postergando-se a implantação daqueles métodos extrajudiciais de pacificação social.

A MUDANÇA DE CULTURA PELA COMPOSIÇÃO DE LITÍGIOS

Na atualidade, milita-se precisamente na superação dessa mentalidade simplista e reducionista, que carece de modificações ou adaptações, de modo a se resgatar as conquistas implementadas pela sociedade ao longo da sua trajetória.

Assim, munindo-se desse desiderato, de remover noções e conceitos arcaicos, perfila-se com Cândido Rangel Dinamarco, exponencial jurista brasileiro, quando sustenta que o conciliador, o juiz leigo, o árbitro (incluídos que estão no procedimento próprio dos Juizados Especiais), desenvolvem, sim, funções nas quais há a partilha da função jurisdicional, por mais que queiram dissentir os mais conservadores ao relutar com seus óbices à legitimação de quaisquer atividades que possam ser desenvolvidas pelos auxiliares parajudiciais.

Cumpre pontuar, porque muito relevante, é que "tanto quanto o julgar e o executar, o conciliar é também preordenado ao escopo magno da jurisdição, identificado na pacificação social" (DINAMARCO, 2005, p. 702-703).

Ante a inegável importância que emprestam ao propósito de se implantar, com sucesso, os programas voltados aos meios não-adversariais de resolução de conflitos, é por demais valorosa e indispensável à adesão dos profissionais do direito, da advocacia pública e privada, do Ministério Público, dos órgãos da Justiça Itinerante, porquanto todos eles podem ser considerados instrumentos auxiliares da atividade jurisdicional, com as forças que detém estas entidades, sejam públicas ou privadas (DINAMARCO, 2005, p. 701).

Cabe aqui reiterar e mesmo intensificar a fala da Professora Ada Pellegrini, pois, em muitos países, assiste-se o ressurgir do interesse pelas vias alternativas ao processo, atribuindo-se esse renascer à crise do Judiciário, passível de constatação em vários fatores (GRINOVER, 2005, p. 22-27):

a) o distanciamento entre o Poder Judiciário e o cidadão;
b) o excesso de processos, que abarrotam o Judiciário;
c) a morosidade e os altos custos dos processos;
d) a burocracia e a complexidade dos procedimentos que deveriam oferecer ao indivíduo a almejada justiça;
e) a mentalidade de um contingente de juízes pouco comprometidos com a missão da instituição a qual pertencem e que fazem menos do que poderiam;

f) a ignorância das partes acerca dos procedimentos e rotinas judiciais;

g) a deficiência, ou inexistência, concernente ao funcionamento dos serviços de defensoria pública ou assistência judiciária gratuita.

A crise que alcança o judiciário, em todos os países que adotam sistemas jurisdicionais com as características que predominam no ocidente, é concomitante e, em grande parte, resultante das gravíssimas dificuldades que assolam muitas das demais instituições e atividades (não apenas econômicas) desenvolvidas no seio das sociedades contemporâneas.

Lançando um olhar panorâmico, que ultrapasse as fronteiras geográficas ou políticas das nações, depara-se não apenas com uma crescente crise que alcança muitos povos, mas, inequivocamente, a humanidade está diante de grandes ondas renovatórias dos seus costumes, as quais são próprias do fluxo civilizacional que submetem o cidadão nesta transcendental e espetacular trajetória que o levou do fundo das cavernas ao solo prateado da lua.

De fácil sucesso acadêmico, o êxito da tese defendida nesta argumentação poderia estar simplesmente no atribuir à crise do Judiciário às agruras econômicas que nesse exato momento submetem a gravíssimas contingências populações por todo o globo terrestre, observando para tanto já apenas um único fator desconcertante, quando em países desenvolvidos são encontradas taxas de desemprego que acercam o índice de até 30% da massa ativa dos trabalhadores (Jornal Nacional, 23/01/2013, Rede Globo de Televisão – Brasil).

Os fundamentos dessa crise evocam fatores determinantes que um estudo sociológico acurado teria mais chances de desvendar, entretanto, sem correr risco de leviandade, acredita-se que qualquer operador do direito pode bem identificar no atual período histórico a abrupta quebra ou modificação de princípios éticos, morais, religiosos e jurídicos experimentados pela sociedade. Também se associam para impulsionar este dramático quadro, a modificação dos parâmetros financeiros e econômicos que nas últimas décadas nortearam programas e vigoraram inviolados por longos turnos, como se constata, em termos globais, por mero exemplo, nas crises que envolvem a eficiência dos programas alusivos ao setor imobiliário da habitação, aos contratos financeiros nas relações de consumo, à tutela do meio ambiente, ao controle do terrorismo, ao tráfico internacional de drogas, entre outros.

Adicionam-se a todos os fatores acima elencados o novo *ethos vivendi* ditado por valores inaugurados pela sociedade de consumo, o fim do isolamento político de nações inteiras, o advento da comunicação instantânea, a criação do mundo virtual, o endividamento coletivo, a carência de mecanismos de controle que garantam a adimplência contratual nas relações internacionais ante a irreversível globalização da economia, a dificuldade em se aplacar as diferenças sociais no seio das mais variadas nações e a quebra de mercados em países considerados âncoras mundiais.

Portanto, seria insano ignorar e não reconhecer que acontecimentos reais como esses, e muitos outros, também alcançam os tribunais e os operadores do direito, e que igualmente os submetem a novos parâmetros, verdades que em brevíssimo período de tempo têm o poder de operar grandes transformações.

VII. Retomada dos Métodos Alternativos de Resolução de Conflitos

As novas realidades sociais, o reconhecimento de novos direitos, a democratização do acesso aos bens de consumo elevando substancialmente o volume de contratações e, como consequência, o aumento vertiginoso do número de processos judiciais, o seu tempo regular de duração, o seu custo, tanto para o Estado (disponibilização de estruturas) quanto para o cidadão (provisão da demanda), são os fatores mais claramente identificados, ainda que não sejam os únicos, como responsáveis pela avaliação e também pelo conceito formado pelo usuário sobre a qualidade dos serviços de entrega da prestação jurisdicional, advindo daí, por consequência, a mensuração da efetividade do acesso à justiça, que implica na eficiência e na justa tutela dada pelo Estado ao cidadão, em razão da outorga, ao primeiro, do monopólio da incumbência de promover a paz social.

Exatamente com o propósito de superar as dificuldades, senão os óbices, que podem privar o efetivo acesso do interessado aos sistemas de resolução de conflitos tutelados pelo Estado, estes que previsivelmente resultam tão só do próprio fluir das atividades desenvolvidas no seio de qualquer grupamento social, assiste-se o cidadão empreendendo uma retomada das práticas que, como comprovado nesta síntese, já em épocas remotas serviram eficazmente como instrumento de pacificação social.

E apenas para ilustrar, sem o fito de esgotar o rol dos países nos quais se opera a implantação de programas voltados aos métodos alternativos de resolução de conflitos, citam-se alguns dentre eles de modo a que se possa formar um juízo de valor acerca da intensidade com que se desenvolvem as atividades voltadas a este desiderato.

Em parte significativa dos países, há uma verdadeira retomada ou busca pela utilização dos métodos informais de pacificação de litígios e, como que a confirmar essa vertente, o generalizado e progressivo interesse pelos sistemas extrajudiciais de solução de pendências, seja por intermédio da mediação, da arbitragem, da negociação ou de outras modalidades de transação, depara-se com a preocupação em estabelecer, igualmente de modo informal, um controle e definição de orientação ética e procedimental diante dos operadores desses sistemas.

Seja no âmbito da Comunidade Europeia, seja em países como o Brasil, e outros mais, implementam-se estatutos voltados a este propósito, como é o caso do "Código Europeu de Conduta dos Mediadores" e do "Código de Ética dos Conciliadores e Mediadores Judiciais" no Brasil (Anexo III, da Res. Nº 125/2010 – CNJ), os quais muito embora não guardem caráter impositivo, contém parâmetros e valores a serem observados por aqueles que conduzem as negociações e, concomitantemente, buscam uniformizar os procedimentos atinentes a tais práticas, o que é fator de garantia para os cidadãos e de credibilidade do novo sistema.

Por fim, conforme anteriormente referido neste brevíssimo e superficial estudo, o qual tem preponderantemente a finalidade de propor oportuna reflexão e debate, sem ter a pretensão de esgotar sequer o rol dos países que admitem as práticas pertinentes aos meios alternativos de resolução de conflitos, ainda assim, em virtude de algumas peculiaridades próprias, cumpre arrolar os sistemas que adiante são elencados.

VII.A) Países Europeus

Vale destacar, em Portugal, princípios básicos voltados a métodos mais simplificados de pacificação social já constavam da Lei dos Julgados de Paz (Lei nº 78, de 13.07.2001), a qual regulamentou a prática da mediação, concorrendo aí aplicação de métodos alternativos de composição dos conflitos no âmbito dos referidos Julgados de Paz.

Não foi díspar do Regimento de 1519, do tempo do Rei D. Manuel I, que notavelmente descreveu os princípios da "concertação", implementando verdadeira mediação, como que antecipando, em cinco séculos, a atual normatividade, conforme Jaime Octávio Cardona Ferreira, Ex-Presidente do Supremo Tribunal de Justiça português.

Na Espanha, em 1953, a *Ley de Arbitraje* estabeleceu o âmbito das competências dos árbitros submetidos à administração da justiça. No ano de 1984 a mediação passa a ter caráter facultativo, sendo que a contar de 1988 uma nova Lei de Arbitragem substitui o regime jurídico anterior. Assim como em outros países da União Europeia, a história das relações de trabalho determinou a estrutura do sistema espanhol de resolução de disputas (Ruiz et al., 2013).

A Inglaterra conta com o sistema de *pre-action protocols*, dentre eles o *protocol for personal injury*, que entrou em vigor em 26.04.1999; o *protocol for construction and engineering disputes*, de 20.10.2000; o *protocol for judicial review*, de 04.03.2002; o *protocol for housing disrepair*, que entrou em vigor em 08.12.2003 (Assagra, 2013).

Extrai-se, da análise feita pela Professora Flávia Pereira Hill, que o ordenamento jurídico italiano, muito embora demonstre apreço à solução de conflitos pela via judicial, experimenta uma forte adaptação às práticas de mediação.

Diz a nominada a autora:

> "[...] a Itália presenciou, em pouco mais de dois anos, a edição de uma sucessão de atos normativos, a ponto de culminar com a edição do Decreto-Lei no. 28/2010, que regulamentou internamente o instituto da mediação [...] esse influxo foi desencadeado a partir da Diretiva no. 52, de 21 de maio de 2008, da União Europeia [...] o Direito Comunitário Europeu expande-se [...] sobre os ordenamentos nacionais de forma significativa, sendo responsável, por vezes, pela inserção de ideias e princípios que, até então, não integravam a tradição jurídica de alguns de seus países membros. E esse é justamente o caso **da política de valorização da solução consensual de conflitos**, que, a partir da Diretiva nº 52 entrou na ordem do dia na área judicial européia (*European Judicial Area*), fazendo com que seus Estados-membros, passassem a refletir e a se debruçar sobre os meios alternativos de solução de conflitos." (Hill, 2013 – grifo nosso)

Em observância a Diretiva 52, o Parlamento Italiano editou a Lei nº 69, de 18.06.2009, que, por sua vez, delegou ao Governo a edição de decreto legislativo com desiderato de regulamentar a mediação, no âmbito civil e comercial.

Já na Alemanha os métodos alternativos de resolução de controvérsias constituem prática bem aceita, atuando os mediadores em substituição aos tribunais e esta atividade é denominada **Resolução Alternativa de Litígios** (RAL), na qual o mediador assiste às partes em conflito visando alcançar a composição e a celebração de um acordo e, em termos gerais, admite-se a mediação sempre que não houver vedação acerca da sua utilização.

Como ocorre em outros sistemas, também na Alemanha os meios alternativos são mais comuns no direito de família, no direito das sucessões e no direito comercial, concorrendo para a sua implementação, funcionamento e aprimoramento as associações, as universidades, as empresas, os próprios interessados e o acordo resultante de mediação pode ser executado com a ajuda de advogados, conforme o artigo 796º, A-C, do Código do Processo Civil, ou com o concurso de um notário, nos moldes do artigo 794º, nº 1, ponto 5, do Código do Processo Civil[4].

No âmbito da organização da União Européia e, pois, no conjunto de países participantes, a Corte de Conciliação e Arbitragem da OSCE – *Organization for Security and Co-operation in Europe,* tribunal com sede em Genebra, detém mecanismos para a resolução de controvérsias entre os Estados membros. Criado em 1995, pela Convenção sobre Conciliação e Arbitragem, este Tribunal abriga muitos países partícipes da aludida Convenção[5].

Nos moldes como publicada no Jornal Oficial da União Européia (Lei 136/3, de 24.05.2008), está consignado na Diretiva 52, de 21 de maio de 2008, já em suas considerações, que o princípio do acesso à justiça fora então reputado fundamental, e que no intuito de facilitar um melhor acesso à justiça, o Conselho Europeu, na sua reunião de Tampere, na Finlândia, em 15 e 16 de outubro de 1999, solicitou aos Estados-Membros que criassem procedimentos extrajudiciais alternativos.

---

[4] Vide: *https://e-justice.europa.eu/content_mediation_in_member_states-64-de-pt. do?member=1*

[5] Vide: *http://www.osce.org.*

A MUDANÇA DE CULTURA PELA COMPOSIÇÃO DE LITÍGIOS

Por sua vez, conforme está no artigo 12, da aludida Diretiva, os Estados-Membros deveriam pôr em vigência as disposições legislativas, regulamentares e administrativas necessárias para dar cumprimento à Diretiva nº 52/2008, antes de 21 de maio de 2011.

E, segundo o consignado no artigo 11, do mesmo ato normativo em comento, até 21 de maio de 2016, a Comissão apresentaria ao Parlamento Europeu, ao Conselho e ao Comitê Econômico e Social Europeu, relatório sobre a sua aplicação, constando nele estudos sobre o desenvolvimento da mediação em toda a União Européia.

No mês de maio do ano de 2000, o Conselho aprovou conclusões sobre modos alternativos de resolução de controvérsias, tendo por objetivo procedimentos extrajudiciais em matéria civil e comercial, como forma de simplificar e melhorar o acesso à justiça. No mês de abril de 2002, a Comissão apresentou um livro verde sobre os modos alternativos antes referidos, destacando-se que segundo as próprias considerações do normativo, o regramento por ele vetorizado seria aplicável à mediação em litígios transfronteiriços, ressalvando, todavia, não existir qualquer empeço a que os Estados-Membros apliquem de igual forma as suas disposições.

Acredita-se que estejam nas considerações 05 e 06, da Diretiva 52/2008/ /CE, do Parlamento Europeu e do Conselho, os principais pontos estratégicos capazes de propiciar a vitória na implantação dos métodos alternativos de resolução de conflitos, bem como os seus principais objetivos:

"Considerando:

(5) O objetivo de assegurar um melhor acesso à justiça, como parte de uma política da União Européia para estabelecer um espaço de liberdade, de segurança e de justiça, deverá incluir o acesso a modos de resolução de litígios tanto judiciais como extrajudiciais. A presente diretiva deverá contribuir para o correto funcionamento do mercado interno, em especial no que diz respeito à disponibilidade de serviços de mediação;

(6) A mediação pode proporcionar uma solução extrajudicial rápida e pouco onerosa para litígios em matéria civil e comercial através de procedimentos adaptados às necessidades das partes. É mais provável que os acordos obtidos por via da mediação sejam cumpridos voluntariamente e preservem uma relação amigável e estável entre as partes. Estas vantagens tornam-se ainda mais evidentes em situações que apresentem aspectos transfronteiriços."

VII.B) Países Americanos

Na segunda metade do século XX, objetivando preponderantemente combater o grande volume de processos judiciais nos Estados Unidos da América do Norte, aprimoram-se métodos alternativos à jurisdição para a solução de pendengas entre particulares, originando-se, assim, a partir dessas práticas, o sistema alternativo de resolução de conflitos, o *Alternative Dispute Resolution* ou ADR (ANDRADE, 2009).

Pela ótica histórica, a mediação é empregada nos EUA desde o século XVII, por seitas religiosas, como os puritanos e os *quakers*. Identifica Zoraide Amaral de Souza que os modelos de solução consensuais, mais usuais naquele país, provêm dos litígios trabalhistas de natureza industrial.

A criação desses métodos, no âmbito trabalhista norte-americano, foi determinada pelo intuito de se promover uma estabilidade nas atividades voltadas ao setor industrial, mediante a realização de acordos diretamente entre o patrão e os empregados, utilizando-se, para tanto, da negociação coletiva (*Labor-Management Relations Act*, 1947).

O instituto da mediação, segundo Maria Inês Corrêa de Cerqueira César Targa, teve sua fundamentação teórica nas Universidades de Harvard e Cambridge. Informa que Frank e A. Sander, em 1976, apresentaram um estudo com o objetivo de ampliar o acesso célere à justiça, denominado de *Multi-door Courthouse* – Tribunal de Múltiplas Portas.

Multi-door Courthouse consiste na ideia de que um tribunal pode receber demandas por programas diversos, pois, além do processo judicial tradicional, há a possibilidade de se utilizar ou escolher os meios alternativos à jurisdição, tais como a arbitragem, a conciliação e a mediação.

Apenas, em última opção, seria o caso apreciado e resolvido pelo sistema judicial (VIANNA, 2013).

Finalmente, em 17 de agosto de 2001, foi aprovado e regulamentado na Conferência Anual de Comissários para Uniformização de Leis – a *Uniform Mediation Act*, cuja aplicação abarcaria todos os estados norte--americanos, definindo a mediação como um processo consensual.

Segundo minuciosa análise executada por Ivan Aparecido Ruiz e Judith Aparecida de Souza Bedê, que se valem de estudos e apontamentos realizados por Gladys Stella Álvarez e Elena I. Highton, os quais adiante são empregados, na América latina e na América Central os métodos uti-

A MUDANÇA DE CULTURA PELA COMPOSIÇÃO DE LITÍGIOS

lizados nas unidades conhecidas como RADs (Resolução Alternativa de Disputas) são amplamente aplicados, e prosseguem os aludidos apontamentos, elencando diversos países nos quais tais práticas têm lugar:

"Na **Bolívia**, foi institucionalizada a prestação de arbitragem, conciliação e mediação, por meio de Centros de Conciliação, abaixo da órbita do Ministério da Justiça, seu controlador; tais centros são utilizados como canais não formais de acesso à justiça.

Na **Colômbia**, optou-se por um modelo descentralizado e desjuridicizado de solução de conflitos, judicial e extrajudicial. Serviços prestados por centros de conciliação e arbitragem, conectados aos tribunais e utilizados como monitores do sistema no Ministério da Justiça e do Direito.

No **Peru**, a lei institucionalizou a conciliação extrajudicial e criou um requisito de procedibilidade da ação, a prestação dos seus serviços é supervisionada pelo Ministério da Justiça, não somente no que diz respeito ao cumprimento dos requisitos legais, mas também em relação à qualidade dos serviços e cumprimento de todas as normas éticas.

E, prosseguem os autores da pesquisa ora citada, já acima nominados, frisando que o sistema organizado no **Equador** também está arregimentado em Centros de mediação e arbitragem, permitindo levar a atividade de resolução alternativa de conflitos de interesses tanto ao setor público quanto ao privado. É acessível, inclusive, às comunidades indígenas.

Na **Costa Rica**, os tribunais não têm ingerência direta, salvo as comissões de fiscalização, que representam o Poder Judiciário. Os acordos são concretizados por sentença judicial.

Na **Guatemala** desenvolveu-se um sistema denominado bifrontal: por um lado, anexo aos tribunais onde se atendem casos advindos dos juízes ou a requerimento de pessoas individuais, instituições públicas ou privadas. Possibilitou-se, também, o desenvolvimento de centros privados ou públicos que oferecem os serviços de RAD, além de centros comunitários que atendem com mediação os conflitos dos povos indígenas.

Na **Nicarágua**, a mediação foi adotada, em matéria de conflitos de terra, como procedimento obrigatório, uma vez integrada à lide; ou o uso da arbitragem quando solicitado pelos sujeitos. A mediação prévia obrigatória é, muitas vezes, descartada para economia do tempo do juiz, salvo quando se tratar de medidas penais ou de ordem pública." (RUIZ et al., 2013 – grifos nossos)

Complementando, na Argentina o uso da mediação é regulado previamente ao processo judicial e a função de mediador é exercida por um servidor público, de órgão judicial ou administrativo, sob a supervisão de um juiz togado. A partir de 1991, intensificou-se o trabalho com as denominadas "RADs" (Resolução Alternativa de Disputas), aproveitando a modernização das técnicas de arbitragem e a introdução da mediação com a criação de uma Comissão de Mediação, formada basicamente por juízes e advogados, atuando no âmbito patrimonial e familiar.

VII.C) Países Árabes

No Kuwait, os procedimentos arbitrais são regidos por disposições tradicionais, tendo lugar no âmbito do processo civil e das relações advindas do direito comercial. Sem distinção entre a arbitragem internacional e a doméstica, elas são divididas em quatro modalidades: a) a arbitragem opcional; b) a arbitragem institucional permanente, sob o controle da Câmara de Comércio, conduzida por comerciantes que promovem a conciliação-orientação apenas ante disputas comerciais; c) a arbitragem internacional; e, d) a arbitragem judicial, sob tutela do Ministério da Justiça (Lei de Arbitragem Judicial nº 11/1995)[6].

Também no Iraque a arbitragem está baseada nas disposições tradicionais e, igualmente, tem lugar no âmbito dos processos civil e comercial dos tribunais (artigos 251-276, CPC nº 83 de 1969), não havendo discriminação entre a arbitragem internacional e doméstica. As questões de ordem pública e os atos criminosos não são objeto de arbitragem. O Iraque assinou e ratificou a Convenção das Nações Unidas sobre o Reconhecimento e a Execução de Sentenças Arbitrais Estrangeiras em 10 de junho de 1958 ("Convenção de Nova York")[7].

Na Arábia Saudita, a arbitragem tem-se expandido como meio de resolver disputas não apenas comerciais. O Decreto Real nº M/46 1983 e o ato do Conselho de Ministros – a Resolução nº 7/2021/M de 1985, validam a arbitragem como meio de resolução de litígios[8].

O Dubai International Arbitration Centre (DIAC), criado em 1994 como o *Centre for Commercial Conciliation and Arbitration*", é uma institui-

[6] Vide: *http://baseswiki.org/en/Kuwait*
[7] Vide: *http://baseswiki.org/en/Iraq*
[8] Vide: *http://baseswiki.org/en/Saudi_Arabia*

ção autônoma, permanente e sem fins lucrativos, localizada no Conselho de Comércio de Dubai e tem por objetivo oferecer serviços de arbitragem regional e internacional para conflitos comerciais[9].

O Centro Regional de Arbitragem do Teerã (TRAC) foi estabelecido sob os auspícios da Organização Consultiva Asiático-Africana Legal (AALCO), de acordo com resolução aprovada em 1987 e acordo assinado em 1997 com a República Islâmica do Irã. Suas funções são: realização de arbitragens; promoção da arbitragem comercial internacional; coordenação das atividades; oferecimento de assistência às instituições arbitrais existentes na região, prestação de assistência às arbitragens *ad hoc*, agindo como autoridade arbitral, fornecimento de assistência na execução das sentenças arbitrais, e, mais em geral, prestação de assistência na resolução de litígios.

VII.D) Ásia e Oceania

O Centro Australiano de Arbitragem Comercial Internacional (ACICA) é uma sociedade pública sem fins lucrativos, criada em 1985, com o objetivo de apoiar e facilitar a arbitragem comercial internacional, promovendo a Austrália como um local propício para arbitragens internacionais comerciais[10]. Na República de Bangladesh a Federação de Bangladesh de Câmaras de Comércio e Indústria (FBCCI), criada em 1973, introduziu o Conselho de Arbitragem de Bangladesh (BCA) para a resolução de disputas comerciais e industriais[11].

O *Beijing* Comissão de Arbitragem (BAC) é uma organização permanente para a arbitragem de conflitos associados aos direitos de propriedade, criado em 1995, após a aprovação pelo Governo Popular de Pequim, conforme a Lei de Arbitragem da República Popular da China. O BAC é composto por um presidente, quatro vice-presidentes e vários membros, todos eles são especialistas de renome nos setores jurídico, econômico e comercial[12].

---

[9] Vide: *http://www.diac.ae/*.
[10] Vide: *http://www.acica.org.au/*.
[11] Vide: *http://www.fbcci-bd.org/fbcci/*.
[12] Vide: *http://www.bjac.org.cn/en/index.asp*

A *China International Economic and Trade Arbitration Commission* – CIE-TAC, com sede em Pequim, é uma instituição de arbitragem internacional comercial permanente, que de forma independente e imparcial resolve os conflitos econômicos internacionais e as disputas comerciais. Para atender o crescimento das atividades de arbitragem, a CIETAC estabeleceu duas subcomissões, a *Shenzhen Sub-Commission* e a Xangai *Sub-Commission*, respectivamente, em 1989 e 1990, que utilizam regras idênticas e painéis de árbitros[13].

A lei japonesa faz uso extensivo de conciliação (调停, chōtei) em disputas civis e domésticas. As conciliações são realizadas sob os auspícios do sistema judicial, por um juiz e dois conciliadores. Dependendo da natureza do caso, especialistas (médicos, avaliadores, atuários, e assim por diante) podem ser chamados pelo tribunal como conciliadores para ajudar a decidir o caso[14].

A instituição da Arbitragem Comercial no Japão (JCAA), por meio do Comitê de Arbitragem Comercial Internacional, foi criada, em 1950, no âmbito da Câmara do Japão de Comércio e Indústria, com o apoio de seis outras organizações empresariais, incluindo a Federação Japonesa de Organizações Econômicas, Comércio Exterior do Japão Conselho e da Federação das Associações de Bancos do Japão, para resolver disputas comerciais e promover o comércio internacional, contribuindo assim para o desenvolvimento da economia japonesa. Em 1953, com o crescimento do comércio internacional, a comissão de arbitragem foi reorganizada como JCAA para se tornar independente da Câmara Japonesa de Comércio e Indústria, a fim de ampliar e dinamizar suas atividades comerciais[15].

O Centro de Arbitragem Internacional de Singapura (SIAC), organizado sob uma entidade sem fins lucrativos, constituída como uma empresa pública desde março de 1990, iniciou suas atividades em julho de 1991[16] e, nos mesmos moldes atua o Centro de Mediação de Singapura (SMC), que é uma organização sem fins lucrativos, garantida pela Academia de Singapura de Direito, ligada institucionalmente a diversos pro-

[13] Vide: *http://www.cietac.org/index.cms*
[14] Vide: *http://en.wikipedia.org/wiki/Conciliation*
[15] Vide: *http://www.jcaa.or.jp/e/index.html*
[16] Vide: *http://www.siac.org.sg/*

fissionais e associações comerciais e recebe o apoio da Suprema Corte de Singapura, dos tribunais subordinados e da Academia de Singapura de Direito[17].

VII.E) África

A África do Sul é referida aqui como exemplo de país que, em via de desenvolvimento, busca adaptar seus sistemas internos relacionados à resolução de conflitos, de modo a adequar e adaptar seus padrões internos às necessidades e parâmetros considerados internacionalmente razoáveis.

Assim é que a Comissão de Conciliação, Mediação e Arbitragem – CCMA, resultante do advento da nova Lei de Relações Trabalhistas (LRA) promove a elevação das expectativas sobre uma mudança fundamental na natureza das relações de trabalho sul-africano, e bem assim, volta-se para o incremento da eficácia dos métodos de resolução de litígios e das negociações coletivas.

A Comissão de Conciliação, Mediação e Arbitragem – CCMA., da África do Sul, implementa a *SIYAPHAMBILI "Moving Forward" STRATEGY* 2010 – 2015, que estabelece o roteiro no qual a organização vai executar, no mandato para o período 2010 – 2015, o objetivo estratégico principal de alargar o papel da CCMA no mercado de trabalho do país, de modo que, com imparcialidade, promova a justiça social e o desenvolvimento econômico nas relações do trabalho.

A mediação também cresce no país segundo a *South African Association of Mediators* (Associação dos Mediadores da África do Sul), órgão que representa a categoria, informando que seus membros, envolvidos principalmente com a mediação familiar, constantemente vêm se aprimorando por meio de capacitação, educação e formação voltada à facilitação na resolução de questões relacionadas com a família[18].

Observadores afirmam que a substituição do Tribunal Industrial pela CCMA (*Commission for Conciliation, Mediation and Arbitration*) sinaliza a mudança de um modelo altamente contraditório de relações, rumo a

---

[17] Vide: *http://www.mediation.com.sg/*
[18] Vide: *http://www.saam.org.za/*

I CONGRESSO LUSO-BRASILEIRO DE DIREITO

outros paradigmas agora baseados na promoção de uma maior cooperação, pacificação e justiça social.

Depreende-se da leitura da exposição de motivos lançada no frontispício do projeto da nova Lei de Relações Trabalhistas (LRA), que a composição de litígios, sob o modelo anterior, resultou em apenas 20% na solução de conflitos. O fracasso da estrutura legal para resolver essas disputas gerou uma carga de trabalho excessivamente alta para o Tribunal Industrial e a incidência desnecessária de greves e paralisações.

Desde a sua criação a Comissão de Conciliação, Mediação e Arbitragem – CCMA, desfrutara de uma taxa de resolução nacional de 70% das querelas – um sinal claro, ao seu tempo, do empenho em restabelecer as frentes de trabalho, a efetividade das suas deliberações, o equilíbrio nas relações que busca dirimir, entre o capital e trabalho, enfim, na própria economia Sul-Africana.

Verificou-se ao seu tempo, portanto, um verdadeiro incentivo à mudança de paradigmas, promovendo-se a transformação daqueles oriundos de um modelo superado, que foi caracterizado por altos níveis de conflituosidade, de repressão sindical, de discriminação, de trabalho escravo e estilos gerenciais autoritários, para um novo padrão no qual a premissa é forjada em sistemas mais cooperativos e participativos, legítimos e democráticos, com base em negociações, inclusive coletivas[19].

Concluindo, em termos gerais, nas últimas décadas, a mediação, juntamente com a conciliação e a arbitragem, passou a merecer maior atenção em vários países, a começar, como já referido, em Portugal, nos Estados Unidos, Inglaterra, França, Japão, Espanha, Alemanha, dentre outros, tudo indicando que esses métodos simplificados de resolução de conflitos se constituam na forma mais adequada de compor determinadas modalidades de controvérsias (RODRIGUES JÚNIOR, 2003, p. 298).

VIII. Fundamentos Fáticos da Mudança de Paradigmas

Saliente-se que não apenas na área jurídica, mas nos domínios de todas as atividades humanas, o mero crescimento das populações registrado ao longo da trajetória mais recente da humanidade aponta para a con-

---

[19] Vide: *http://www.ccma.org.za/*

A MUDANÇA DE CULTURA PELA COMPOSIÇÃO DE LITÍGIOS

sequente elevação substancial das relações materiais, das mais diversas naturezas e, por conseguinte, avolumaram-se também, e vertiginosamente, o número das demandas judiciais.

Resulta da mais absoluta previsibilidade a capacidade do homem de engendrar soluções para os óbices surgidos ao longo da sua evolução e, pois, em razão dessa lógica, assiste-se o reencontro dos métodos diretos de resolução de conflitos, os quais ultrapassam os primevos e barbáricos lindes da autotutela, superam pontual ineficiência da heterocomposição e, lançando mão da milenar parceria da autocomposição, fomentam a construção, pelas próprias partes, da pacificação do conflito sociológico advindo do entrechoque de interesses, aplainando diferenças, fazendo surgir metas e ideais comuns entre oponentes, capaz de convertê-los em leais aliados.

Todavia, no presente momento histórico, esse avocar de atribuições já delegadas ao Estado não ocorre divorciado de um extenso aprendizado, em razão do qual as sociedades civis agora estão fixando balizas, limites ante os quais se admite o emprego destes métodos alternativos à jurisdição. Essa retomada na busca pela utilização de sistemas informais de pacificação de conflitos confronta a preocupação em se estabelecer, igualmente de modo informal, mecanismos que sirvam de controle à garantia da higidez dessas modalidades de prestação de serviços, a definição dos princípios éticos que devem presidir essas relações, a conduta dos operadores desses sistemas, a uniformização dos procedimentos utilizados e das soluções dadas aos casos que recebem para dirimir.

Assim é que, já no âmbito da Comunidade Européia, bem como ante determinados países, como no caso do Brasil e outros mais, implementam-se estatutos voltados a este propósito, como é o caso, anteriormente dito, do "Código Europeu de Conduta dos Mediadores" e do "Código de Ética dos Conciliadores e Mediadores Judiciais" no Brasil.

Já tendo sido experimentados em diversas épocas e ocasiões, nos mais diversos países, com as mais distintas origens e circunstâncias históricas, os métodos alternativos de pacificação social não admitem mais resistência ou exclusão, quaisquer que sejam as justificativas voltadas a contrariar a sua disponibilização às populações, destacadamente para aquelas mais carentes ou nos casos em que estão em conflito interesses de menor complexidade, que envolvam valores módicos, bem como nas hipóteses de menor potencial ofensivo.

E, reitere-se, o tempo razoável de duração da demanda, a sua mais justa solução, a utilidade dela para os interessados e o custo dos respectivos feitos são os principais fatores, entre diversos outros, que motivam o avocar das atribuições delegadas ao Estado, no afã da pacificação social.

Quando os sistemas criados pela sociedade e pelo Estado se mostram insuficientes aos propósitos para os quais foram concebidos, esta insuficiência rende ensejo a que o cidadão implemente, por sua conta e risco, soluções alternativas capazes de suprir a omissão das instituições, ou, de outro modo, aquela ausência propicia a tomada do lugar do ente estatal por forças marginais, violando a ordem e subvertendo o patamar de desenvolvimento das instituições, face à indisponibilidade dos serviços, das garantias, das estruturas que o indivíduo, solitário e oprimido pelas circunstâncias, não mais obtém ante o Estado organizado.

Não é recente que exatamente nesta quadra da discussão, no âmbito desta temática ora em evidência, surjam debates envolvendo os limites, as áreas de competência, as fronteiras até as quais possa medrar a autonomia da iniciativa privada, vez que nas sociedades contemporâneas a praxe corrente é no sentido de se atribuir às forças do Estado funções consideradas típicas e justificadoras da sua própria existência.

A autonomia da vontade é gênero ante a autonomia pública e privada, esta última forjada sob a égide da socialidade concomitante à autonomia crítica e subjetiva da ação de cada indivíduo, considerado, todavia, inserido no contexto social.

Com esse norte pode-se empregar a lição de Luciana Leão Pereira, que a partir da hermenêutica civil-constitucional faz a construção de importantes sistemas, o que permite admitir os meios alternativos à jurisdição no concerto da autonomia privada, e isso vem perfeitamente ao encontro dos anseios de uma sociedade plural e aberta à participação de todos. Atualmente, sob os moldes do Estado Democrático de Direito, acredita-se que a atuação dele sobre as esferas da liberdade dos cidadãos não se deve dar de forma paternalista (Estado Social) nem extremamente liberalista (Estado Liberal), cumprindo seja reconhecida sob uma nova roupagem, ou seja, em defesa da dignidade e da promoção do ser humano.

E, ainda, segundo a autora ora em evidência, a autonomia privada é um poder conferido aos particulares a fim de determinarem com certa liberdade seus negócios jurídicos, em conformidade com o ordenamento jurídico. "O próprio conteúdo da autonomia privada fixa suas delimitações. [...] É redundante falar em intervenção do Estado na autonomia privada. Ela só existe por atribuição sua" (PEREIRA, 2013). A autonomia crítica é o poder do homem de se compreender e compreender o mundo à sua volta, ou seja, é o poder de avaliar a si e o mundo, estabelecendo relações a partir de seus pré-conceitos.

Portanto, como ocorre nas relações jurídicas patrimoniais, as pessoas têm o mesmo poder de autodeterminação em todas as demais, inclusive naquelas existenciais (não patrimoniais), sendo na totalidade delas admitida a mesma liberdade de opções, desde que não incida vedação legal ou invasão a seara dos direitos indisponíveis.

Assim, perfeitamente admissíveis os métodos alternativos de resolução de conflitos, frutos que também são das liberdades individuais e da autonomia privada, observados os lindes estabelecidos pelos ordenamentos jurídicos advindos do seio da própria sociedade (PEREIRA, 2013).

O objetivo dessa fala é o de demonstrar que se opera, de fato, no âmbito dos sistemas judiciais de significativa parcela dos países, como que em sede de uma autêntica aldeia global, a retomada dos métodos alternativos de resolução de conflitos, e que isso resulta de uma experiência histórica vivenciada por diversas nações, as quais constatando o imenso volume de demandas pendentes, e ainda, o contínuo ingresso de novas lides que se avolumam nos escaninhos do Poder Judiciário, entenderam de restabelecer práticas que, sem afrontar a ordem posta, e sem adotar mecanismos a ela marginais, venham a ser suficientemente eficientes para restabelecer, no âmbito dos programas que desenvolvem, a paz social desestabilizada ante o conflito de interesses que clama por resolução.

Na sequência, como mera argumentação destinada a subsidiar a coleta de informações que possam concorrer para a formação da convicção do estudioso acerca da temática ora em evidência, opera-se o lançamento de dados estatísticos referentes à movimentação de processos ante a Justiça Nacional do Brasil, os quais foram obtidos no sítio eletrônico do Conselho Nacional de Justiça[20], *in verbis*:

---

[20] Vide: *www.cnj.jus.br/programas-de-a-a-z/eficiencia-modernizacao-e-transparencia/pj-justica-em-numeros/relatorios*

JUSTIÇA NACIONAL EM 2011

DADOS GERAIS:

Total de processos que tramitaram no ano de 2011:	88.718.781 milhões
Total de processos que estavam pendentes de 2010:	63.028.714 milhões
Total de processos que entraram no ano de 2011:	25.690.067 milhões
Total de processos baixados:	25.464.585 milhões
Total de sentenças/decisões proferidas em 2011:	23.219.456 milhões

JUSTIÇA ESTADUAL

Total de processos que tramitaram no ano de 2011:	70 milhões (70.316.381)
Total de processos que estavam pendentes de 2010:	51,7 milhões (51.628.147)
Total de processos que entraram:	18.688.234 milhões

– 9.081 casos novos para cada grupo de cem mil habitantes.

Total de processos baixados:	18,3 milhões (18.331.786)
Total de sentenças/decisões proferidas:	16,4 milhões (16.471.663)

JUSTIÇA FEDERAL

Total de processos que tramitaram:	11,5 milhões (11.473.782)
Total de processos que estavam pendentes de 2010:	8 milhões (8.144.002)
Total de processos que entraram:	3.329.780 milhões

– 1.649 casos novos para cada grupo de cem mil habitantes.

Total de processos baixados:	3,3 milhões (3.372.883)
Total de sentenças/decisões proferidas:	3 milhões (3.011.608)

JUSTIÇA DO TRABALHO

Total de processos que tramitaram:	6,9 milhões (6.928.618)
Total de processos que estavam pendentes de 2010:	3,2 milhões (3.256.565)
Total de processos que entraram:	3.672.053 milhões

– 1.446 casos novos para cada grupo de cem mil habitantes.

Total de processos baixados:	3,7 milhões (3.760.189)
Total de sentenças/decisões proferidas:	3,7 milhões (3.736.185)

Ainda que já se tenha feito alusão aos expressivos números e ao vertiginoso aumento do volume de processos judiciais, o que em boa parte se deve não apenas ao crescimento das populações, mas especialmente à adoção do estilo de vida típico da sociedade de consumo, que propicia a expressiva expansão das relações contratuais, estes fatores, por si, são capazes de indicar a absoluta necessidade das sociedades lançarem mão de outras alternativas úteis à resolução de conflitos, além daquelas que indicam apenas o caminho da judicialização de demandas.

IX. Modelo e Sistema Voltados à Implantação dos Programas Alternativos de Resolução de Conflitos

Os meios alternativos de resolução de conflitos rendem ensejo a que as partes envolvidas adquiram maior intimidade e conhecimento das circunstâncias do caso a ser dirimido e, assim, formem o seu próprio convencimento e tenham discernimento suficiente para adotar deliberação na qual sejam sopesadas todas as circunstâncias que envolvem o litígio, com melhores chances de dar solução ao conflito que seja mais duradoura e satisfatória.

Sem pretender esgotar a abordagem quanto à implementação dos programas alusivos aos métodos alternativos de resolução de conflitos, todavia cabe destacar que no atual estágio, de mudança de mentalidades, por razões estratégicas aconselha-se que as estruturas dos respectivos mecanismos devam ser, se não gerenciadas, mas ao menos supervisionadas pelo Poder Judiciário, de modo a se preservar a uniformidade desses novos sistemas em vias de instalação.

Esse encaminhamento, ainda que adotado informalmente, justifica-se ante a real necessidade de se propiciar uma mínima segurança jurídica aos interessados que se valem de tais métodos de solução de contendas, nos quais é necessário encontrar, se não uma rigorosa uniformidade quanto aos procedimentos adotados, mas uma única direção quanto ao mérito das soluções obtidas para casos análogos.

Justifica-se, portanto, o encaminhamento dado aos programas, os quais, ante as dimensões alcançadas, têm melhores condições de agregar a segurança da univocidade quando balizados, ainda que em sede de uma supervisão informal, pelo Poder Judiciário, pela da Ordem dos Advogados, pelo próprio Ministério Público e pelo Ministério da Justiça, como está acontecendo em algumas hipóteses (recomenda-se a leitura da Resolução nº 125/2010 – CNJ).

Tanto em Portugal quanto no Brasil há em trâmite projeto de lei versando sobre mediação, sendo que em diversos países ela é prática obrigatória e preliminar ao aforamento de determinadas ações judiciais, como já ocorria há muito tempo. Neste ínterim é oportuno recordar que nem sempre a gestão desses meios alternativos de resolução de conflitos é atribuída com exclusividade ao Estado, mesmo porque existem, já de longa data, diversos institutos e entidades privadas atuando com programas direcionados para a realização de acordos extrajudiciais, e mesmo judiciais.

No caso do Brasil, os meios não adversariais de resolução de conflitos somente passaram a ser tratados como uma política pública, do Poder Judiciário, com maior efetividade, a contar da instalação do Conselho Nacional de Justiça, e portanto, a contar do ano de 2005, quando se passou a constatar a liderança e o acompanhamento, pelo Judiciário, das atividades, programas e projetos voltados à implantação, em âmbito nacional, de unidades informais, dentro dos prédios dos Fóruns ou fora deles (unidades judiciais ou postos de atendimento), onde a alternativa da conciliação e da mediação passou a ser oferecida às populações como mais um instrumento voltado à resolução de conflitos.

Essa opção, no Brasil, restou mais intensificada a partir do ano de 2006, por intermédio do programa denominado "Movimento pela Conciliação" que tem por *slogan* a expressão "Conciliar é Legal", responsável pela criação da "Semana Nacional da Conciliação", evento no qual as Justiças Federal, Estadual e Trabalhista, em todo o território nacional, realizam audiências nas quais se busca a promoção de acordos, como estratégia voltada a dar visibilidade, impulsionar a mudança de mentalidades, a adesão de novas parcerias, sejam elas individuais, com voluntários que atuam nos respectivos projetos, sejam integradas por grandes entidades, públicas ou privadas, cujas atividades além de alcançar âmbito nacional ultrapassam as divisas internacionais, como ocorre nas hipóteses dos países integrantes do MERCOSUL.

Atualmente estes mecanismos, nos moldes como se apresentam, notabilizam o granjear da simpatia das populações e também dos setores econômicos envolvidos, por conseguir concomitantemente à resolução da pendenga, solver igualmente o conflito sociológico, restabelecendo entre os então contendores a paz social, o convívio entre próximos, a confiança entre parceiros empreendedores, o interesse entre consumidores e fornecedores, tudo o que faz por agregar mais do que simpatizantes, mas verdadeiros aliados (ASSAGRA, 2013).

Por todo o visto, é inadiável a necessidade da mudança de cultura das sociedades ainda conformadas em buscar exclusivamente no Estado, na jurisdição, as soluções para todas as modalidades de conflitos.

Segundo leciona o eminente jurista César Fiúza:

> "[...] a cultura transformou o Estado em pai e mãe de todos. Dele dependemos para tudo. Ele é o grande culpado por todos nossos males e, também, o único benfeitor. Sintetiza o Estado as figuras do bandido, do mocinho, do bode expiatório e do salvador da pátria. Por via de consequência, como é do Estado a tarefa de resolver todos os nossos problemas, compete a ele, e só a ele, a tarefa de julgar nossos litígios." (FIUZA, 1995, p. 217)

Ante tal panorama, para que os métodos alternativos de resolução de conflitos sejam largamente utilizados, é necessária a difusão e o aprendizado dos seus mecanismos, acolhidos que devem ser não somente ante as populações destinatárias, mas também entre os próprios operadores do direito, estes que, pelas mais diversas razões, destacadamente por receio de interferência no mercado de trabalho, ainda se mostram resistentes, em parte, a tais práticas.

O Conselho Nacional de Justiça do Brasil, ao implementar o projeto pela conciliação, regulou a criação e o funcionamento de núcleos aptos a proverem e fomentarem na sociedade a busca pela solução célere das querelas particulares, podendo-se citar, dentre outros, os Postos de Atendimento e Conciliação – PAC e as Unidades Judiciais Avançadas – UJA.

IX.A) Postos de Atendimento e Conciliação (PAC)

Os Postos de Atendimento e Conciliação estão sendo implantados com pessoas previamente selecionadas, indicadas por entidades, cujos nomes são submetidos à eventual impugnação de quaisquer interessados e, posteriormente, treinadas pelo Poder Judiciário. Tais agentes atuarão na busca da composição de conflitos, divulgando-se regionalmente o oferecimento dos serviços para o atendimento da comunidade.

No local de atendimento à população, recebe-se o interessado que apresenta sua reclamação, ocasião em que é designada data para a realização da audiência informal de conciliação, expedindo-se carta-convite para a outra parte.

Obtido o acordo, é lavrado o instrumento que o reproduza, firmado pelos interessados e testemunhas, podendo ter valor de título executivo extrajudicial. Conforme o sistema adotado, cabe a homologação por intermédio do magistrado responsável pelo PAC, mediante o registro em livro próprio e encaminhamento dos autos ao cartório competente, com a ficha de andamento, para extinção e arquivamento.

Caso não seja verificada a composição, no próprio PAC poderão ser realizados atos processuais de menor complexidade, tais como a atermação do pedido deflagrador da ação propriamente dita; a autuação, o fichamento e a expedição da carta de citação e intimação para a audiência de conciliação, instrução e julgamento, a se realizar no Juizado Especial fixo competente, para onde serão encaminhados os autos, visando ao desenvolvimento dos atos processuais subseqüentes.

O sistema procedimental admite, portanto, o desenvolvimento do feito perante o PAC até a fase conciliatória.

Nada impede, todavia, a tentativa de conciliação em casos que não sejam típicos dos Juizados Especiais. Nessas hipóteses, frustrado o acordo, procede-se ao encaminhamento dos interessados às Varas Judiciais com competência específica para a respectiva questão, ou para as instituições/entidades incumbidas do atendimento pertinente.

É importante ressaltar que a instalação dos Postos de Atendimento e Conciliação poderá ocorrer por meio de convênios celebrados com as entidades públicas ou privadas.

IX.B) Unidade Judicial Avançada (UJA)

A Unidade Judicial Avançada constitui-se, essencialmente, em uma extensão do Poder Judiciário, porquanto se submete a um juiz de direito e sua infraestrutura é similar a uma vara judicial, nela atuando os conciliadores e juízes leigos, respeitado, por certo, as dimensões que a instituição instaladora pretender dar ao empreendimento.

As Unidades Judiciais Avançadas estão sendo instaladas em locais distantes dos fóruns, das varas e dos juizados já existentes, em pontos tidos como estratégicos, em municipalidades que não sejam sede de comarca, em distritos, vilas, povoados afastados ou bairros densamente habitados, tudo em conformidade com os diagnósticos alcançados mediante as coletas de dados e informações, previamente realizados pelo órgão judicial responsável por sua constituição.

Os agentes conciliadores, examinando os casos a eles submetidos, adotarão providências meramente **informais**, objetivando apenas à tentativa de conciliação **extraprocessual**; ou, frustrada, atermar o pedido do interessado, iniciando, assim, a atividade jurisdicional propriamente dita.

No procedimento informal, uma vez alcançada a conciliação, lavra-se termo de composição, que poderá ser entregue aos interessados ou encaminhado para homologação; não realizado o acordo, a parte acionante será orientada para a imediata atermação de seu pedido, se inserido na competência da unidade, ou o direcionamento aos locais de atendimento para a propositura de uma ação.

X. Ondas de Renovação do Direito

Fruto da inteligência humana ou da necessidade advinda da busca por justiça, seja em virtude da pretensão de uma única pessoa, ou de grandes contingentes populacionais, o fato é que os modelos atuais de entrega da prestação jurisdicional estão sob o pálio de agudas modificações, as quais são denominadas, por Mauro Cappelletti, como ondas renovatórias do direito (BARBOSA, 2013, p. 247).

Assim, "[...] com o intuito de melhorar a entrega da prestação jurisdicional, em especial o acesso à justiça, surgiram três ondas renovatórias do processo [...]" (BARBOSA, 2013).

A primeira onda, diz o citado autor, foi a responsável pela implantação de meios que pudessem dar acesso material, aos menos validos, às garantias e aos benefícios da proteção da tutela jurisdicional distribuída pelo Estado, o que foi viabilizado por meio de mecanismos da denominada Assistência Jurídica (Judiciária, para alguns), a qual oportunizou aos menos favorecidos eliminar os obstáculos econômicos no acesso à justiça.

A segunda onda foi aquela que protagonizou a tutela e a possibilidade de se dar representação aos interesses difusos, o que colimou na tutela de pretensões relevantes para a sociedade, direitos que até então não mereciam guarida na sistemática tradicional, tanto no âmbito instrumental quanto material.

A terceira onda traduz-se em modificações na própria sistemática e procedimentos adotados para a pacificação social por meio da jurisdição.

Concentra-se no conjunto geral das instituições, nos mecanismos e nos agentes encarregados de prevenir e resolver disputas de interesses no âmbito das sociedades modernas, prática que inaugura, ou vai ao reencontro, dos meios alternativos de resolução de conflitos.

A esse propósito, a eminente jurista Ada Pellegrini Grinover, comentando as respostas dos processualistas brasileiros aos desafios da crise da justiça, classifica-as em duas vertentes que podem ser enquadradas na terceira onda de renovação do processo, sendo que tais prismas, conforme a festejada autora, dizem respeito à "deformalização do processo" e à "deformalização das controvérsias" (GRINOVER, 1990).

A "Deformalização do Processo" consiste na utilização de técnicas processuais (procedimentos) mais simples, rápidas e econômicas, para, assim, solucionar eficazmente determinados conflitos.

Já a "Deformalização das Controvérsias" consiste na busca de vias alternativas ao processo, como equivalentes jurisdicionais, com o intuito de se evitar o processo tradicional.

Não há dúvida nem se prende pôr em discussão o mérito, a garantia e a grande conquista social que representam os métodos tradicionais de solução de litígios, porque em hipótese alguma se almeja sequer criticá--los, mas tão-somente aludir a novos e a alternativos paradigmas, pois "ressurge hoje o interesse pelas vias alternativas ao processo, capazes de evitá-lo, encurtá-lo, conquanto não o excluam necessariamente" (GRINOVER, 2005, p. 22-27).

O processo e a sentença judicial são instrumentos eficientes, úteis e indispensáveis para resolver a lide estabelecida nos lindes dos autos, entrementes, não há negar que o acordo é forma mais plena de composição dos conflitos, pois alcança inclusive suas razões sociológicas.

XI. Métodos e Fases para a Implementação dos Programas

Os programas desenvolvidos para o mister de se oferecer às populações métodos alternativos à jurisdição para a resolução de conflitos, também designados como métodos mais adequados (Resolução nº 125/2010, do Conselho Nacional da Justiça, no Brasil), no que concerne ao momento em que são realizadas as audiências objetivando a composição entre os interessados, observam balizas comuns quanto às modalidades de atendimento, e podem ser rotulados, como já visto, como pré-processuais e processuais.

Na primeira hipótese, os serviços são oferecidos ainda antes da abertura de qualquer demanda em juízo, e assim, contribuem decisivamente para a pacificação do próprio conflito sociológico, porquanto o acordo obtido com a participação direta, e intensa, das próprias partes protagonistas do litígio, de modo geral aplaca com maior extensão, comprometimento e, pois, solidez, a controvérsia havida entre os desavindos, sendo, portanto, mais ampla esta modalidade de pacificação, caso comparada com a sentença judicial, a qual tem por objetivo dirimir a demanda restritivamente nos lindes do que fora deduzido em juízo.

E, além disso, não há como deixar de anotar outros relevantes aspectos favoráveis à implantação dos mecanismos ora em evidência, os quais, mesmo secundários à excelente eficácia dos métodos alternativos de resolução de conflitos, têm imensa influência quando da opção pela utilização e implementação dos respectivos programas, como é o caso da significativa diminuição do volume do ingresso de novos processos em juízo, alcançando patamares de redução de até 32% de toda a movimentação forense.

Deflui, portanto, a importante redução das verbas públicas que estariam envolvidas na prestação jurisdicional a cargo do Estado, bem como dos gastos que seriam realizados pelas partes em conflitos, no tempo de vida que empreenderiam na espera do resultado do julgamento e dos seus recursos, observando-se, ainda, para o viés da dedicação, em horas de trabalhos, de todos aqueles operadores que estariam envolvidos no atendimento do caso no qual se dera o acordo já na fase pré-processual.

É, aliás, o que se extrai da própria Resolução nº 22/2012 (CNJ), ao elencar as suas razões de publicação, expressamente consigna a constatação da redução de ajuizamento de ações, cuja solução ficou restrita à utilização destes instrumentos alternativos de composição social:

> "CONSIDERANDO que a conciliação e a mediação são instrumentos efetivos de pacificação social, solução e prevenção de litígios, e que a sua apropriada disciplina em programas já implementados no país tem reduzido

a excessiva judicialização dos conflitos de interesses, a quantidade de recursos e de execução de sentenças;"

Já na fase do atendimento processual, na qual o acordo ocorre quando em curso a demanda, além da inegável verificação de muitos dos benefícios acima aludidos, apenas o esgotamento das instâncias recursais, por si só seria suficiente para justificar a implementação desses serviços também no momento em que a demanda já se encontra instaurada, quando igualmente os índices percentuais de êxito nos acordos, em todos os países nos quais estes programas estão sendo implantados, sem exceção, dão provas do acerto da opção por esse modelo que enseja a rápida solução das demandas, a um baixo custo, com o encurtamento dos prazos de espera para a solução definitiva da contenda.

O local de atendimento aos interessados também é fator que concorre para o sucesso dos programas ora em comento. Os serviços podem ser oferecidos de modo centralizado, ou seja, nas próprias instalações que sediam o Judiciário, e ainda, por seus próprios servidores, ou de modo descentralizado, e assim, nos bairros e periferias dos grandes centros urbanos, nas sedes das vilas nas regiões rurais, utilizando-se de prédios convencionais, embarcações, aeronaves ou de quaisquer outros recursos visando à instalação, ainda que transitória, dos postos de atendimento ao alcance das populações, atuando neles tanto os servidores públicos quanto voluntários e contingentes pertencentes a órgãos conveniados, sempre, todavia, devidamente preparados para exercer tais relevantes funções, vez que o improviso e o empirismo não devem mais ter espaço.

As fases de implantação do projeto podem ser divididas em:

1ª) criação e aprovação do projeto, com as subsequentes adequações e adaptações às circunstâncias de local e finalidade;

2ª) sistematização, estruturação e divulgação, com a realização dos cursos de formação e preparação dos multiplicadores;

3ª) implementação junto aos órgãos jurisdicionais e instituições essenciais permanentes, com o oferecimento de cursos de capacitação dos conciliadores/mediadores;

4ª) formação de parcerias e manutenção da capacitação com a arregimentação e preservação dos recursos de ordem pessoal (conciliadores) e material (local e equipamento). Implantação e manutenção das políticas públicas voltadas ao programa.

A MUDANÇA DE CULTURA PELA COMPOSIÇÃO DE LITÍGIOS

São reputados, a grosso modo, objetivos do programa:

1º) reduzir o tempo e o custo necessários à solução dos conflitos;
2º) prevenir a instauração de demandas, reduzir o número de processos e estruturas pessoal/material;
3º) implementar métodos simplificados de conciliação;
4º) promover a celebração de parceiras e a mudança cultural acerca dos métodos mais adequados de resolução de conflitos.

No que diz respeito ao programa denominado Movimento pela Conciliação, desenvolvido no Brasil nos últimos anos, devido às circunstâncias próprias e às fases que integram o processo legislativo, e tendo em conta a premência das providências de lançamento do respectivo projeto, optou-se, e, pois, intencionalmente, pela implementação das práticas voltadas ao oferecimento, às populações mais carentes, de oportunidade e mecanismos singelos para a resolução de conflitos, independentemente do aporte e obtenção de recursos públicos e da aprovação de novos textos legislativos, de modo que os programas direcionados a tal meta pudessem ser realmente levados à execução sem os entraves e as formalidades burocráticas intransponíveis, em curto prazo, ante a máquina pública.

Iniciadas as atividades do aludido programa ao final do ano de 2005, apenas no decorrer de 2010 é que foi editada a Resolução nº 125/2010 do Conselho Nacional de Justiça, normativo que na atualidade disciplina as atividades concernentes à atividade ora em referência.

Para melhor abordar essa fração do tema, transcreve-se o artigo 1º, da Resolução nº 125/2010 – CNJ, o qual "institui a política judiciária nacional de tratamento dos conflitos de interesses, tendente a assegurar a todos o direito à solução de conflitos por meios adequados à sua natureza e peculiaridade".

Por sua vez, prescreve o parágrafo único do artigo 1º, agora referido: "incumbe aos órgãos judiciários, além da solução adjudicada por meio de sentença, oferecer outros mecanismos de soluções de controvérsias", compreendendo os meios consensuais, nos moldes do ora aludido art. 1º, parágrafo único, da RES. 125/2010 – CNJ, **"a mediação, a conciliação, o atendimento e a orientação ao cidadão"**.

Fruto de outras experiências e, conforme já referido, levando-se em consideração a necessidade de uniformidade nas práticas de implantação do programa, a centralização em âmbito nacional, regional e estadual, dos respectivos núcleos gerenciais, e devido ao grande volume do público alvo, das dimensões continentais do país, o artigo 2º, da Resolução nº 125//2010 – CNJ, estabeleceu que **na implementação da política judiciária nacional**, com vista à boa qualidade dos serviços e à disseminação da cultura de pacificação social, serão observados:

- centralização das estruturas judiciárias,
- adequada formação e treinamento de servidores, conciliadores e mediadores, bem como o acompanhamento estatístico específico.

Por seu turno, o art. 4º do ato normativo em comento estabelece que compete ao Conselho Nacional de Justiça, órgão interno pertencente ao Poder Judiciário, organizar o programa com o objetivo de promover ações de incentivo à autocomposição de litígios e à pacificação social por meio da conciliação e mediação.

Estabelece o art. 5º, da Resolução, que o programa será implementado com a participação de rede constituída por todos os órgãos do poder judiciário e por entidades públicas e privadas, inclusive universidades e instituições de ensino.

Os preceitos adiante arrolados anunciam os prazos nos quais foi objetivada a plena implementação do programa, prevendo o art. 7º, da Resolução Nº 125/2010 – CNJ, que os tribunais deverão criar, no prazo de 30 (trinta) dias, núcleos permanentes de métodos consensuais de solução de conflitos compostos por magistrados da ativa ou aposentados e servidores, preferencialmente atuantes na área, com as atribuições, entre outras, de instalar centros judiciários de solução de conflitos e cidadania, que concentrarão a realização das sessões de conciliação e mediação que estejam a cargo de conciliadores e mediadores, dos órgãos por eles abrangidos (art. 7º, IV, RES. 125/2010 – CNJ).

Para atender os juízos, juizados ou varas com competência nas áreas cível, fazendária, previdenciária, de família ou dos juizados especiais, os tribunais deverão criar os centros judiciários de solução de conflitos e cidadania, unidades do poder judiciário ("centros") responsáveis pela realização das sessões e audiências de conciliação e mediação que estejam a cargo de conciliadores e mediadores, bem como pelo atendimento e orientação ao cidadão (art. 8º, RES. 125/2010 – CNJ).

Acerca do ânimo que contempla empreendimentos como o presente, é muito oportuna a pregação de Norberto Bobbio, quando afirma:

> "Nestes últimos anos, falou-se e continua-se a falar de direitos do homem, entre eruditos, filósofos, juristas, sociólogos e políticos, muito mais do que se conseguiu fazer até agora para que eles sejam reconhecidos e protegidos efetivamente, ou seja, pouco é feito para transformar aspirações (nobres, mas vagas), exigências (justas, mas débeis), em direitos propriamente ditos, isto é, no sentido em que os juristas falam de direito" (Bobbio, 1992, p. 1.710).

E, exatamente para uma mudança de mentalidade no tratamento das políticas alusivas aos conflitos que podem ser solucionados por métodos alternativos aos tradicionais, sugere-se:

1) disseminar com maior intensidade a cultura da busca de solução dos conflitos por meio da utilização de métodos alternativos àqueles dos sistemas jurisdicionados convencionais, intensificando:

   a) a visão estratégica voltada à criação e instalação das unidades de atendimento (Centrais de Atendimento, Postos de Atendimento e etc.);

   b) o esclarecimento da opinião pública e das autoridades no sentido de que a implantação desses mecanismos dispensa a edição de novas leis e a utilização de significativos recursos públicos, constatado que, destacadamente esses dois fatores são entraves à implementação inicial das medidas concretas voltadas à instalação e ao funcionamento dos programas em comento;

   c) a disseminação da cultura da pacificação social por meio do emprego de métodos alternativos de solução de conflitos há de ser direcionada, conforme o estágio em que as políticas internas se encontrarem, preliminarmente aos próprios operadores do direito, juízes de direito, advogados, promotores de justiça, procuradores, de modo a criar entre estes profissionais agentes formadores de opinião, além de superar eventuais resistências;

   d) não sendo vedada a realização de audiências informais, visando o encontro entre os interessados em resolver seus conflitos, há de se promover a instalação de postos, centrais e locais de atendimento às populações junto a quaisquer estabelecimentos, públicos ou privados, em logradouros que permitam o fácil acesso das populações destinatárias, observando-se a atuação de mediadores, preferencialmente voluntários, todavia, sempre devidamente preparados e selecionados por intermédio das instituições responsáveis pela implementação do programa;

e) as universidades, faculdades de direito, de serviços sociais, psicologia etc., bem como clubes de serviços, entidades públicas e privadas que possam ser aliadas, deverão ser concitadas a se integrarem ao programa, de modo que a parceria delas contribua com os locais de instalação das centrais de conciliação e com agentes de atendimento ao público, sem custos adicionais, o que é relevante para a fase inicial de implantação;

2) Concomitantemente, há que se aparelhar de modo satisfatório os sistemas judiciais tradicionais encarregados de dar atendimento aos conflitos de interesses alusivos às causas de menor complexidade e de pequeno potencial ofensivo.

É que em muitos sistemas os Juizados Especiais (Brasil), os Julgados de Paz (Portugal) e modalidades congêneres de prestação jurisdicional, detêm aproximadamente 50% de todo o volume de ações em trâmite no país, portanto, o aparelhamento destas unidades e frentes de trabalho representa o resgate da eficiência das instituições tradicionais que são parceiras na entrega de tutela jurisdicional convergente àquela dos sistemas alternativos ora em comento. Assim, a dotação de equipamento destas unidades jurisdicionais possibilita e oportuniza o resgate da eficiência de sistemas que, mesmo não concorrentes, exigem efetividade na entrega dos seus serviços, o que milita para desonerar a carga de trabalho de ambos os sistemas e otimiza o atendimento ao público.

A propósito da tendente globalização constatada nas últimas décadas, no sentido do ressurgimento das práticas extrajudiciais, pré-processuais, levadas a cabo por colaboradores parajudiciais, louva-se nas palavras do jurista Jaime Octávio Cardona Ferreira, para bem frisar a relevância dessas práticas:

> "Já a então Proposta de Directiva da União Européia, apresentada pela Comissão Europeia [...], relativa a certos aspectos da mediação em matéria civil/comercial, mas generalista, teve em meta justamente os métodos alternativos de resolução de conflitos em matéria civil e comercial [...], tal pro-

posta, muito embora fosse seu alvo principal as desigualdades de tratamento normativo nos vários Estados da Comunidade, apontando para uma conveniente unidade de regras básicas, também teve por objetivo agregar nas práticas de alternativas de composição de conflitos tanto a atuação dos colaboradores parajudiciais quanto a supervisão do Judiciário ou dos operadores do direito propriamente ditos. A então Proposta de Directiva privilegiava, e muito bem, a interação entre o tribunal e os instrumentos de mediação, constituindo-se, em verdade, um texto adequado à necessária Nova Justiça (FERREIRA, 2005)".

XII. Conclusão

Em que pese os breves apontamentos traçados nesta explanação, conclui-se que os métodos de pacificação social alternativos aqueles oferecidos pela jurisdição, por meio das demandas judiciais, mormente a conciliação e a mediação, conforme os programas adotados, devem ser considerados alternativa eficaz para a solução e prevenção de litígios, o que, atualmente, repisa-se, tem sido aferido no seio de programas comprovadamente implantados em todos os continentes, o que demonstra tratar de uma mentalidade em vias de consolidação definitiva, uma realidade irreversível.

Referências Bibliográficas

ALMEIDA, Renata Barbosa de; RODRIGUES JÚNIOR, Walsir Edson. *Direito Civil: Famílias.* Rio de Janeiro: Editora Lúmen Júris, 2010.

ANDRADE, Gustavo Henrique Baptista. *Sobre a mediação familiar.* Artigo disponível em: <http://www.ibdfam.org.br/novosite/artigos/detalhe/515 >. Acesso em: 03.02.2013.

ASSAGRA, Igor. *Aspectos da Conciliação e o Projeto do Novo Código de Processo Civil (PLS 166/2010).* Disponível em: http://www.egov.ufsc.br/portal/conteudo/aspectos-da--concilia%C3%A7%C3%A3o-e-o-projeto-do-novo-c%C3%B3digo-de-processo-civil--pls-1662010. Acesso em: 03/02/2013.

AZEVEDO, André Gomma [org.]. *Manual de Mediação Judicial.* 3ª ed. Brasília: Ministério da Justiça, 2012.

BOBBIO, Norberto. *A Era dos Direitos* – Tradução Nelson Coutinho. Rio de Janeiro: Editora Campos, 1992.

BRAGA NETO, Adolfo. *Os advogados, os conflitos e a mediação. Apud*: OLIVEIRA, Ângela (coord.). *Mediação: métodos de Resolução de controvérsias.* São Paulo: LTr, 1999.

BRASIL. Resolução nº 125/2010. Conselho Nacional de Justiça do Brasil, 2010.
- Provimento nº 22/2012. Corregedoria Nacional do Conselho Nacional de Justiça do Brasil, 2012.

CACHAPUZ, Rozane da Rosa. *Mediação nos Conflitos & Direito de Família*. Curitiba: Juruá, 2003.

CARMONA, Carlos Alberto. *Arbitragem e Processo*. São Paulo: Ed. Atlas, 2004.

DINAMARCO, Cândido. *Instituições de Direito Processual Civil – vol. I*. São Paulo: Malheiros Editores, Paulo, 2005.

FERREIRA, Jaime Octávio Cardona. Nova Justiça – Velho Idealismo. Disponível em: <http://www.conselhodosjulgadosdepaz.com.pt/index.asp?id=Intervencoes>. Acesso em 06.02.2013.
- *Justiça e Paz*. Coimbra Editora, 2005.

FREGAPANI, Guilherme Silva Barbosa. *Formas alternativas de solução de conflitos e a lei dos juizados especiais cíveis*. Revista de Informação Legislativa – vol. 34. Brasília, 1997.

FIUZA, César. *Teoria Geral da Arbitragem*. Belo Horizonte: Editora Del Rey, 1995.

FOLEY, Gláucia Falsarella Pereira. *O Poder Judiciário e a Coesão Social*. Revista da Escola da Escola Nacional Magistratura. Associação dos Magistrados Brasileiros: Ano VII – nº 6 – Novembro 2012.

GOUVEIA, Mariana França. TRABUCO, Cláudia. *A arbitrabilidade das questões de concorrência no direito português: the meeting of two black arts*. Disponível em: <http://www. josemigueljudice-arbitration.com/xms/files/02_TEXTOS_ARBITRAGEM/01_ Doutrina_ScolarsTexts/miscellaneous/A_arbitrabilidade_das_questoes_de_ concorrencia__C_Trabuco_e_M_Gouveia.pdf>. Acesso em: 06.02.2013.

GRINOVER, Ada Pellegrini. *Os fundamentos da Justiça Conciliativa*. 5ª ed. Brasília: Rev. Enam, III, 2005.
- *Novas Tendências do Direito Processual – De acordo com a Constituição de 1988*. Rio de Janeiro: Forense Universitária, 1990.

HILL, Flávia Pereira. *A Nova Lei de Mediação Italiana*. Disponível em: <http://www.arcos. org.br/periodicos/revista-eletronica-de-direito-processual/volume-vi/a-nova-lei-de- -mediacao-italiana>. Acessado em: 06.02.2013.

MOORE, Christopher W. *O processo de mediação: estratégias práticas para a resolução de conflitos*. Porto Alegre: Artmed, 1998.

NAVES, Bruno Torquato de Oliveira. *Relacionalidade e Autonomia Privada: O Princípio da Autonomia Privada na Pós-Modernidade*. Dissertação (Mestrado em Direito Privado) – Pontifícia Universidade Católica de Minas Gerais, Belo Horizonte. 2003.

PEDROSO, João. TRINCÃO, Catarina. DIAS, João Paulo. *Percurso da Informalização e da Desjudicialização – por caminhos da reforma da administração da justiça*. Centro de Estudos Sociais da Faculdade de Economia da Universidade de Coimbra. Coimbra, 2001. Disponível em: <http://opj.ces.uc.pt/mwg-internal/de5fs23hu73ds/progress?id=x6bYq50VaD>. Acesso em: 04.02.2012.

PEREIRA, Luciana Leão. *Mediação de conflitos: instrumento emancipador dos sujeitos*. Parlatorium: revista eletrônica da FAMINAS-BH, 2005.

RODRIGUES JÚNIOR, Walsir Edson. *A prática da mediação*. In: FIUZA, César. SÁ, Maria de Fátima Freire de. NAVES, Bruno Torquato Oliveira (coord.). *Direito Civil: atualidades*. Belo Horizonte: Del Rey, 2003.

RUIZ, Ivan Aparecido. BEDÊ, Judith Aparecida de Souza Bedê. *Revisitando novos caminhos para o acesso à justiça: a mediação.* Disponível em: <http://gajop.org.br/justicacidada/?p=1132>. Acesso em 03.02.2013.

SALES, Lilia Maia de Morais. *Justiça e mediação de conflitos.* Belo Horizonte: Del Rey, 2004.

SERPA, Maria de Nazareth. *Mediação e novas técnicas de dirimir conflitos. Apud:* PEREIRA, Rodrigo da Cunha (coord.) *Repensando o direito de família: anais do I congresso brasileiro de direito de família.* Belo Horizonte: Del Rey, 1999.

SCAMUZZI, Lorenzo. *Conciliatori e Conciliazione Giudiziaria: II Digesto Italiano.* 8º v. p. 40.

SOUSA SANTOS, Boaventura de. *O Estado heterogêneo e o pluralismo jurídico. In:* SOUSA SANTOS, Boaventura de. TRINDADE, João Carlos (Org.). *Conflito e Transformação Social: Uma Paisagem das Justiças em Moçambique,* Edições Afrontamento, 2003.

VIANNA, Márcio dos Santos. *Mediação de conflitos: Um novo paradigma na Administração da Justiça.* Disponível em: <http://www.ambito-juridico.com.br/site/index.php?n_link=revista_artigos_leitura&artigo_id=6991>. Acesso em 03.02.2013.

WATANABE, Kazuo. *Política Pública do Poder Judiciário Nacional para tratamento adequado dos conflitos de interesses.* Disponível em: <www.tjsp.jus.br/Download/Conciliação/Nucleo/ParecerDesKazuoWatanabe.pdf>. Acesso em: 04.02.2013.

A Proteção da Administração Pública contra os Atos de Corrupção[1]

MARCO AURÉLIO MELLO[2]

A corrupção, em sentido amplo, é revelada em diversas formas e em várias situações. Manifesta-se tanto em negociações complexas das quais participam importantes políticos e executivos de grandes empresas, quanto em meros eventos do cotidiano, como no caso de suborno do guarda de trânsito. Pode estar confinada a pequeno grupo de servidores ou vir a contaminar a atividade de toda a instituição, consumar-se mediante o recebimento indevido de dinheiro ou a troca inapropriada de favores entre agentes públicos e privados, ter como motivo o recebimento de vantagem atual ou a promessa de pagamento futuro, ocorrer em benefício próprio ou de terceiro interessado. Práticas claramente taxadas como corruptas em alguns países fazem parte dos costumes de outros, de modo que não se mostra tarefa fácil encontrar um conceito capaz de abranger a gama de aspectos desse ilícito, que, na sociedade global, parece constituir verdadeira doença a corroer a saúde de regimes democráticos no mundo inteiro.

Definições sobre corrupção tendem a amparar-se no desvio de um valor moral caro a qualquer sociedade, a honestidade, bem como fundar-se no uso de cargo público para benefícios privados. No Direito brasi-

---

[1] Vídeo disponível em http://justicatv.pt/index.php?p=2250

[2] Professor Universitário, Ministro do Supremo Tribunal Federal, Vice-Presidente do Tribunal Superior Eleitoral e Presidente do IMAE – Instituto Metropolitano de Altos Estudos.

leiro, a corrupção ganha contornos específicos nos artigos 317 e 333 do Código Penal. No primeiro dispositivo, conceitua-se como corrupção passiva o ato de "solicitar ou receber, para si ou para outrem, direta ou indiretamente, ainda que fora da função ou antes de assumi-la, mas em razão dela, vantagem indevida, ou aceitar promessa de tal vantagem". No segundo, delimita-se como corrupção ativa a ação de "oferecer ou prometer vantagem indevida a funcionário público, para determiná-lo a praticar, omitir ou retardar ato de ofício". Em ambos os casos, a sanção restritiva de liberdade é a mesma: dois a doze anos de reclusão.

A proteção penal da Administração Pública, no entanto, não se resume a esses dois preceitos. Há, no Código Penal brasileiro, todo um título destinado a essa tarefa, que inclui crimes como o peculato, a sonegação de documentos públicos, a inserção de dados falsos em sistemas de informações, a prevaricação, a advocacia administrativa, o tráfico de influência, entre outros. As distintas especificações de condutas delitivas voltadas à lesão da integridade e patrimônio públicos, para quem indaga a razão, não decorrem de mero capricho do legislador, mas da indispensável necessidade de adequação entre o combate à criminalidade e o princípio da legalidade penal.

Nilo Batista, penalista brasileiro, leciona que a função de garantia individual exercida pelo princípio da legalidade estaria seriamente comprometida se as normas que definem os crimes não dispusessem com clareza denotativa as condutas proibidas. Formular tipos penais valendo-se de conceitos indeterminados, afirma, equivale a nada fazer, pois a observância da legalidade pressupõe a descrição exata das condutas proibidas no tipo, com a eliminação de palavras que não tenham precisão semântica. É esse o motivo pelo qual a criminalização de atos relacionados ao peculato, à corrupção passiva e ativa, à advocacia administrativa, entre outros, embora objetive a proteção do mesmo bem jurídico, não vem prevista em um único tipo penal. Com a especificidade, respeita-se o princípio da legalidade penal e ainda se confere maior proporcionalidade às penas, pois as diversas condutas abrangidas pelo conceito de corrupção, em sentido amplo, possuem gravidade diferente. Partindo de um conceito genérico e, muitas vezes, difícil de definir com rigor, estipula o legislador um rol de infrações penais singulares, todas destinadas à preservação de bem jurídico fundamental à democracia: a probidade administrativa.

Atento a esse princípio e às rápidas mudanças havidas nos últimos anos, o Estado brasileiro tem aprovado número substancioso de normas jurídicas voltadas a assegurar a correta gestão e uso de bens públicos. Em âmbito internacional, ressalto a adesão do Brasil à Convenção das Nações Unidas contra o Crime Organizado Transnacional – a Convenção de Palermo –, mediante a aprovação do Decreto nº 5.015, de 12 de março de 2004, bem como a ratificação da Convenção das Nações Unidas contra a Corrupção, assinada por mais de cento e vinte países, em 2003, na cidade mexicana de Mérida. A participação em tratados dessa natureza demonstra o desejo de promover uma cultura internacional de "verdadeira intolerância" – uma das raras situações em que a expressão assume conotação positiva – a crimes que degradam instituições públicas e valores republicanos, além de inviabilizar a competição justa no mercado e a própria democracia.

Em âmbito interno, destaco, nesta breve exposição, duas leis que considero de importância fundamental. Refiro-me, em primeiro lugar, à nova lei destinada ao combate da lavagem de dinheiro, aprovada em junho de 2012. A norma ampliou o leque das chamadas infrações penais antecedentes, cuja ocultação ou dissimulação dos valores a partir delas originados pode ocasionar a imputação pelo crime de lavagem. Estendeu ainda o rol de pessoas físicas e jurídicas obrigadas a informar movimentações financeiras atípicas ao Conselho de Controle de Atividades Financeiras no Brasil – o COAF. Atualmente, juntas comerciais, serventias extrajudiciais de registros públicos ou pessoas físicas e jurídicas que comercializem bens de luxo ou envolvam grande volume de recursos em espécie devem comunicar aos órgãos responsáveis operações suspeitas de lavagem de dinheiro, as quais incluem o proveniente da corrupção. Outra situação potencialmente abrangida, ainda a título de ilustração, refere-se ao combate à lavagem dos valores procedentes do "jogo do bicho", atividade ilícita que envolve um sistema paralelo e ilegal de apostas e cujos agenciadores são conhecidos pelo suborno de políticos e agentes de segurança responsáveis pela luta contra o crime organizado.

Como toda nova norma jurídica, as disposições da recente lei de lavagem despertam alguma polêmica. Menciono apenas uma, fundada no receio de alguns penalistas relativo à excessiva ampliação dos delitos antecedentes ao crime de lavagem. Defende-se que tipificar como lavagem a ocultação do produto de qualquer infração penal, mesmo as consideradas menos graves, não é razoável e acaba por trivializar o uso do Direito Penal, ramo que deve ser reservado à tutela dos bens jurídicos de maior valor contra as condutas tidas como mais graves.

Caberá ao Poder Judiciário, no momento oportuno, examinar a proporcionalidade e, consequentemente, a constitucionalidade da norma, o que não retira o mérito das medidas tomadas pelo legislador nacional. Sabe-se, hoje, que mais eficiente do que endurecer as penas relacionadas aos crimes contra a Administração Pública é bloquear o capital direcionado ao financiamento dos grupos criminosos responsáveis pela corrupção do agente público.

A segunda lei à qual faço alusão, embora não tenha como objeto propriamente a imposição de penas privativas de liberdade, produzirá grande impacto na prevenção de desvios concernentes à atividade pública. Refiro-me à Lei de Acesso à Informação, sancionada em novembro de 2011. Apesar de o direito de pedir e receber dados de órgãos públicos consubstanciar garantia fundamental assegurada desde a promulgação da Carta Federal de 1988, a falta de regulamentação criava imensas dificuldades para cidadãos que estivessem interessados em obter documentos mantidos pelos Poderes Executivo, Legislativo e Judiciário.

Os mais de vinte anos que separam a Constituição da República e a regulamentação do direito de acesso à informação bem demonstram as fortes resistências encontradas na adoção de medidas simples de combate à corrupção e que, muitas vezes, parecem óbvias. Isso porque a garantia de acesso à informação é essencial à salvaguarda da probidade administrativa. Muitos a consideram a arma mais barata e importante contra a malversação de recursos na medida em que a ausência de transparência permite aos órgãos do Estado dedicar-se a políticas voltadas mais aos próprios interesses do que aos do povo. Onde documentos públicos são acessíveis, não é apenas respeitado o direito fundamental de buscar, receber e disseminar informações, mas se diminui o custo do controle social sobre órgãos públicos.

Direitos relacionados à livre circulação de ideias estão entre os poucos constantes tanto em Convenções Internacionais de Direitos Humanos quanto em Convenções ligadas ao Combate à Corrupção, o que ressalta o fato de lutas por liberdade de informação também representarem esforço para afastar a impunidade.

A PROTEÇÃO DA ADMINISTRAÇÃO PÚBLICA CONTRA OS ATOS DE CORRUPÇÃO

Por fim, não poderia deixar de encerrar minha intervenção sem salientar dois relevantes julgamentos ocorridos no Supremo Tribunal Federal, os quais devem implicar melhoria no sistema estruturado para a proteção dos bens da Administração Pública. Na mesma linha da Lei de Acesso à Informação, aprovada pelo Poder Legislativo, o Tribunal Constitucional brasileiro, em reiteradas decisões, vem assentando a necessidade de preservar uma imprensa livre, à qual se garante o direito de revelar informações alusivas às atividades públicas e que goza de proteção contra qualquer censura prévia, oriunda do Poder Executivo, Legislativo ou Judiciário. Nesse sentido, ao apreciar, recentemente, a Medida Cautelar na Ação Direta de Inconstitucionalidade nº 4.451-DF, deixou claro que todo agente público está sujeito à permanente vigilância da cidadania, sendo seus atos submetidos à crítica e ao escrutínio populares, ainda que em período eleitoral.

Apesar da divergência havida entre os integrantes do Plenário do Tribunal sobre a conclusão mais apropriada – se a declaração de inconstitucionalidade dos dispositivos impugnados ou a realização de interpretação conforme à Carta Federal –, reafirmou o Supremo a plena liberdade de crítica jornalística, no período eleitoral, ainda que em tom áspero, sarcástico, irônico ou irreverente. Assegurou, assim, o amplo debate durante os meses que antecedem a eleição, período o qual, em virtude da maior atenção despertada, constitui elemento ainda mais relevante para o bom funcionamento de qualquer democracia.

Como já vinha destacando o Supremo, em alguns processos de caráter subjetivo, assiste ao cidadão e aos veículos de comunicação social a prerrogativa de fiscalizar os representantes do povo e os respectivos candidatos, o que inclui a destinação, utilização e prestação de contas dadas às verbas públicas eventualmente usadas. Precedentes: Mandado de Segurança nº 27.425/DF, de relatoria do ministro Celso de Mello, e Mandado de Segurança nº 28.177-MC/DF, de minha relatoria.

Menciono ainda a Ação Penal nº 470, relator ministro Joaquim Barbosa – atual Presidente do Tribunal – e revisor ministro Ricardo Lewandowski, processo criminal em que se examinou a conduta das pessoas envolvidas no esquema de corrupção montado para a compra de votos parlamentares no Congresso Nacional brasileiro e que, popularmente, ficou conhecido como "Mensalão". Inicialmente com 42 réus e de extensão singular, o julgamento tomou todo o segundo semestre do Pleno do

Supremo Tribunal Federal. O resumo dos debates realizados entre os Ministros já tomaria dezenas de páginas e, por certo, implicaria o extravasamento do tempo a que tenho direito nesta exposição.

Quero, no entanto, destacar duas consequências. Uma reside no fato de o Tribunal Constitucional haver indicado claramente que ninguém está acima das leis e da Carta da República, não importando a relevância do cargo ocupado. Na história brasileira recente, sempre se associou o instituto da prerrogativa de foro à ideia de impunidade, algo que o Supremo afastou ao julgar e condenar os envolvidos nos atos praticados, voltados a corromper a cúpula do Poder Legislativo, inclusive três Deputados Federais no exercício do mandato e um ex-Chefe do Gabinete Civil da Presidência da República, além de banqueiros e empresários.

A outra se ampara na mudança de entendimento do Colegiado sobre a natureza do crime de corrupção, considerado formal pela ilustrada maioria. Nessa ótica, o ato de oferecer, prometer ou solicitar vantagem indevida mostra-se suficiente à consumação da corrupção ativa ou passiva, constituindo o recebimento da propina mero exaurimento do delito. A tese influenciará o julgamento dos processos futuros, facilitando a produção da prova nos casos a abranger crimes de corrupção.

Essas são as breves observações que tinha a fazer. Encerro com um singelo alerta a qualquer magistrado atuando em um Estado Democrático de Direito. A luta intransigente contra a lesão à integridade administrativa não pode resultar na flexibilização das garantias fundamentais a que têm direito os acusados. A pressão no sentido do enfraquecimento dessas garantias é diuturna nas sociedades contemporâneas, mas o juiz deve sempre se lembrar do módico preço que se paga por viver em democracia – o respeito ao devido processo legal.

Espero ter conseguido apresentar alguns exemplos das ações brasileiras, nos últimos anos, destinadas a conferir maior proteção à probidade administrativa. Coloco-me, desde logo, à disposição dos senhores para perguntas.

Muito obrigado.

A nova Lei Brasileira da Lavagem de Dinheiro (Lei 12.683 de 9/7/2012)[1]

HERMANN HERSCHANDER[2]

I. Introdução

Foi com enorme satisfação que recebi a incumbência de discorrer sobre a nova lei brasileira da lavagem de dinheiro neste pioneiro I Congresso Luso-Brasileiro de Direito, ao qual, tenho certeza, muitos outros se seguirão.

Trata-se de verdadeiro desafio a mim proposto pelos organizadores, Desembargador Heraldo de Oliveira Silva, da Academia Paulista de Magistrados, e Professor Doutor Jorge Bacelar Gouveia, da Faculdade de Direito da Universidade Nova de Lisboa, aos quais agradeço a honra a mim conferida.

Vejo esse honroso convite como um desafio, em primeiro lugar em razão da enorme importância deste encontro, do qual participam nomes do maior gabarito no campo das ciências jurídicas de Portugal e do Brasil; em segundo lugar, pela própria relevância do tema, não apenas em nossos dois países, mas, sem dúvida, em todo o mundo.

De fato, a **lavagem de dinheiro**, como é conhecida no Brasil, ou o **branqueamento de capitais**, como é chamado em Portugal, é crime frequentemente marcado pela transnacionalidade, já que seu processo, muitas vezes, se estende por diversos países, constituindo ação de bem estruturadas orga-

---

[1] Vídeo disponível em http://justicatv.pt/index.php?p=2252
[2] Desembargador do Tribunal de Justiça do Estado de São Paulo.

nizações criminosas internacionais, cujas práticas atentam contra o sistema econômico-financeiro de várias nações. E muitas dessas organizações são terroristas, ou estão a serviço do terrorismo, nacional ou internacional.

É por isso que o tema levou os diversos ordenamentos jurídicos a seguirem, em suas legislações, diretrizes estabelecidas em tratados e convenções internacionais, frutos de uma necessária estratégia comum de política criminal internacional.

Essa obediência a diretrizes internacionais, determinada pela própria similitude do fenômeno do branqueamento nos diversos países em que ele se pratica, explica a razão pela qual, na sua essência, a atual lei brasileira de combate à lavagem se assemelha não só à lei portuguesa, mas também às leis de numerosas outras nações.

Procurarei, neste nosso encontro, traçar um panorama do atual estágio da legislação brasileira, destacando suas peculiaridades e as discussões que a recente normatização vem ocasionando no Brasil.

II. Conceito de lavagem de dinheiro

Embora haja divergência de denominações (lavagem de dinheiro ou branqueamento de capitais), há um consenso internacional quanto à conceituação dessa prática criminosa.

De forma simples, pode-se dizer que é o processo pelo qual o agente transforma recursos obtidos em atividades penalmente ilícitas, praticadas por ele mesmo ou por terceiros, em recursos de origem aparentemente legal, com a finalidade de reinseri-los na economia e deles tirar proveito.

A Convenção de Palermo, de 15 de novembro de 2000, conceituou a lavagem como a *"conversão ou transferência de bens, quando quem o faz tem conhecimento de que esses bens são produto do crime, com o propósito de ocultar ou dissimular a origem ilícita dos bens ou ajudar qualquer pessoa envolvida na prática da infração penal a furtar-se da consequência jurídica de seus atos"*.

III. Convenções internacionais de que o Brasil é signatário

Pode-se dizer que o mundo despertou efetivamente para o fenômeno da lavagem a partir do final dos anos 80.

Desde então, o Brasil foi signatário de vários tratados e convenções internacionais sobre o tema, que em seguida foram incorporados à sua legislação.

Dentre eles tem destaque em primeiro lugar, a **Convenção de Viena**, de 20 de dezembro de 1988. Ainda tímida, ela teve em vista apenas o combate ao tráfico de drogas. Para isso, a convenção mencionou, sem nem sequer utilizar a expressão "lavagem de dinheiro" ou "branqueamento de capitais", a necessidade de combater a dissimulação e a reinserção na economia dos produtos daquele crime específico, através da criminalização de condutas de ocultação e dissimulação desses ativos ilícitos.

A **Convenção de Palermo**, já mencionada, preocupou-se com o combate às organizações criminosas, referindo-se expressamente à necessidade de repressão à lavagem de dinheiro, habitualmente praticada por essas organizações. Essa convenção deu um passo à frente em relação à de Viena, estendendo a possibilidade de criminalização à lavagem do produto de qualquer crime, e não apenas do tráfico de entorpecentes.

Por fim, a **Convenção de Mérida**, adotada pela ONU em 2003, tem como foco central o combate à corrupção. Seu artigo 14 trata da lavagem de dinheiro, impondo aos signatários controles administrativos sobre os chamados setores sensíveis, ou seja, aqueles normalmente utilizados para a lavagem (como instituições financeiras, casas de câmbio etc.), e estabelecendo normas de cooperação internacional contra essa prática.

IV. A legislação brasileira contra a Lavagem de Dinheiro: breve retrospectiva

Embora a primeira das convenções firmadas pelo Brasil, a de Viena, datasse de 1988, nos dez anos que se seguiram a ela não houve, em nosso país, um tratamento penal específico para o crime de lavagem.

As condutas que configuram esse delito somente eram puníveis, até então, a título de receptação ou favorecimento real, crimes previstos no Código Penal de 1940, o que se revelava inadequado.

Receptação é o crime do artigo 180 do Código Penal brasileiro, que consiste em *"adquirir, receber, transportar, conduzir ou ocultar, em proveito próprio ou alheio, coisa que sabe ser produto de crime, ou influir para que terceiro, de boa-fé, a adquira, receba ou oculte – Pena 1 a 4 anos e multa."*

A receptação é crime contra o patrimônio. Nela, o agente objetiva garantir, para si ou para outrem, a posse do próprio produto do crime, obtendo ganho patrimonial. Ele não tem o objetivo de dissimular sua origem, dando-lhe aparência lícita. O agente da receptação jamais é o próprio autor do crime antecedente.

Favorecimento real é o crime do artigo 349 do Código Penal. É o que mais se parece com a lavagem. Consiste em *"prestar a criminoso, fora dos casos de co-autoria ou de receptação, auxílio destinado a tornar seguro o proveito do crime: Pena – detenção, de um a seis meses, e multa."*

No favorecimento real, a vítima é a Administração da Justiça. O agente busca impedir que o proveito do crime seja recuperado pelo Estado, atuando em favor do próprio autor do crime antecedente.

Tal como ocorre na receptação, no favorecimento real, ao contrário do que ocorre na lavagem, não pode ser autor do crime o próprio responsável pelo ilícito antecedente. Por exemplo, o ladrão não pode ser autor de receptação do bem roubado, nem prestar auxílio a si mesmo para tornar seguro o proveito do crime.

Como se vê, até 1998 a lei brasileira somente punia, de forma tímida, terceiros que recebessem produtos de crimes, ou favorecessem os autores daqueles a subtraírem esse produto da ação da Justiça.

Não se previa como crime a conduta de dissimular a origem ilícita desses bens ou valores com a finalidade de reintroduzi-los na economia.

Mais ainda: tanto a receptação como o favorecimento real somente são punidos quando há crime antecedente, e não contravenção.

Explico-me.

A lei brasileira adota uma classificação dicotômica ou bipartida dos ilícitos penais. O gênero **infração penal** se divide em duas espécies, de acordo com a gravidade: os **crimes** e as **contravenções penais**. A diferença não é ontológica, mas reside apenas no grau de ofensa ao bem jurídico. Crimes são condutas que ofendem gravemente o bem protegido pela norma penal; contravenções penais são aqueles ilícitos de menor gravidade, punidos com menor severidade.

A receptação de produto de contravenção, ou o favorecimento do autor da contravenção para assegurar a posse desse bem, não se amoldam aos tipos penais dos artigos 180 ou 349 do Código Penal. Não configuram, portanto, esses crimes.

Em 1998, o Brasil aprovou sua primeira lei de lavagem de dinheiro, a Lei nº 9.613/98. Já o fez tardiamente, pois outros países, muito antes, haviam incluído em suas legislações o crime específico da lavagem de dinheiro, punindo mais severamente as condutas que configuravam receptação ou favorecimento quando estas se apresentavam marcadas pela intenção específica de conferir aparência lícita aos bens ou valores de origem criminosa, com o escopo de reintroduzi-los na economia.

Eram, de modo geral, as legislações chamadas de primeira geração, as quais, de forma consentânea com a Convenção de Viena, puniam como crime autônomo o processo que objetiva dar aparência de legalidade ao produto de um só crime: o tráfico de entorpecentes.

As legislações chamadas de segunda geração punem a lavagem de produtos de apenas alguns determinados crimes de maior gravidade, que são taxativamente relacionados nos textos legais.

Por fim, a chamada terceira geração pune a lavagem de produtos de quaisquer infrações penais antecedentes.

O Brasil já estreou sua legislação na segunda geração, com uma abertura à terceira.

De fato, em sua forma original, a lei brasileira de 1998 era predominantemente uma lei de segunda geração: seu primeiro artigo relacionava taxativamente alguns crimes (entre os quais, evidentemente, o tráfico de entorpecentes), cujos produtos poderiam ser objetos materiais dos crimes nela previstos. A lavagem de produtos de outros ilícitos continuava punível, portanto, apenas a título de receptação ou favorecimento, quando fosse o caso.

No entanto, aquela lei já previa uma abertura à terceira geração: ela punia como lavagem de dinheiro o branqueamento do produto de crimes praticados por organização criminosa, quaisquer que fossem esses crimes, ainda que não relacionados no artigo 1º, por exemplo, furto ou um estelionato.

A Lei de 1998, ademais, já punia como crime autônomo a chamada autolavagem, ou seja, a lavagem de dinheiro praticada pelo mesmo autor do crime antecedente. Assim, se um agente pratica tráfico de drogas e, em seguida, ele mesmo "lava" o produto desse ilícito penal, ele já responderia por dois crimes de lavagem.

I CONGRESSO LUSO-BRASILEIRO DE DIREITO

A pena da lei original era de 3 a 10 anos de reclusão e multa, podendo ser aumentada de 1/3 a 2/3 quando o crime antecedente fosse praticado de forma habitual, ou através de organização criminosa.

Em 9 de julho de 2012 entrou em vigor uma nova lei: trata-se da Lei 12.638, a qual, como veremos, alterando dispositivos da lei anterior, veio aumentar o espectro de criminalização da lavagem de dinheiro, através da ampliação do objeto material do crime: a nova lei rompe totalmente as barreiras até então vigentes quanto aos crimes antecedentes.

Não se pode deixar de fazer uma menção, nesta breve retrospectiva, ao julgamento histórico do Supremo Tribunal Federal do Brasil, realizado durante o decorrer do ano de 2012, em que pessoas ligadas ao mais alto escalão do anterior governo brasileiro, assim como membros do Poder Legislativo e empresários, dentre outros, foram condenados por corrupção e lavagem de dinheiro, além de outros crimes. Nesse julgamento, não se pode deixar de anotar, teve destacada atuação o Ministro Marco Aurélio Mello, cuja presença dá brilho ao presente Encontro. Nas sessões da Suprema Corte brasileira, transmitidas ao vivo pela televisão para todo o Brasil e acompanhadas de perto pela imprensa, com enorme repercussão, o Ministro Marco Aurélio teve a oportunidade de proferir preciosas lições sobre a conceituação da lavagem de dinheiro.

Não há dúvida de que esse julgamento solidificou ainda mais a vocação do Brasil de associar-se às demais nações no combate ferrenho à lavagem.

V. A Lei nº 12.683/2012 e a ampliação do objeto material da lavagem

Com o advento da lei 12.683, de 9/7/2012, o Brasil, seguindo as já mencionadas diretrizes internacionais, ingressa decididamente na terceira geração de leis contra esse crime.

Hoje, a lei prevê punição, como crime autônomo, do branqueamento de produtos de quaisquer infrações penais antecedentes, sejam crimes ou mesmo meras contravenções.

Entretanto, esse avanço não tem sido imune a críticas. Estas destacam que frequentemente a pena do autor da lavagem será substancialmente maior do que aquela do autor do crime antecedente. Por exemplo, o furto simples (subtração de coisa alheia sem violência nem grave ameaça) tem pena mínima de um ano; a lavagem tem pena mínima de três anos. Assim, quem lavar o produto de um furto simples estará sujeito a pena no mínimo três vezes maior do que aquela a ser imposta ao autor do furto.

A meu ver, caberá à jurisprudência distinguir, em cada caso concreto, as situações, a fim de evitar uma violação da proporcionalidade que deve reger a imposição das sanções penais. O lavador profissional, ou aquele que realiza lavagem de grande vulto, deverá responder pela lavagem; o lavador esporádico, de pouco vulto, responderá por receptação ou favorecimento.

Melhor teria sido, talvez, adotar o modelo de Portugal, cujo Código Penal, em seu artigo 368-A, relaciona como possíveis objetos de branqueamento os produtos de algumas infrações graves, expressamente relacionadas, e, também, de todas as outras infrações cujas penas tenham mínimo superior a seis meses e máximo superior a cinco anos.

Dessa forma, reserva-se a punição pelo branqueamento de capitais apenas às condutas mais graves.

No entanto, a adoção desse modelo no Brasil impediria que a nova lei alcançasse uma de suas finalidades confessadas, qual seja, abranger o produto do chamado *"jogo do bicho"*, uma loteria clandestina que configura mera contravenção penal mas é promovida pelo crime organizado, movimentando enormes quantias à margem da lei e financiando outras práticas ilícitas de acentuada gravidade.

Não ocorreu ao legislador brasileiro tornar crime o jogo do bicho; ele optou por mantê-lo na condição de mera contravenção, estendendo a punição da lavagem de dinheiro aos produtos de contravenções.

VI. Autonomia do crime de lavagem de dinheiro em relação à infração penal antecedente

Nos termos do art. 2º, II, da nova lei, o processo e julgamento da lavagem "independem do processo e julgamento das infrações penais antecedentes, ainda que praticados em outro país".

Para que haja acusação formal por lavagem, bastam *"indícios suficientes da existência da infração penal antecedente, sendo puníveis os fatos previstos nesta lei, ainda que desconhecido ou isento de pena o autor, ou extinta a punibilidade da infração penal antecedente"*.

Em outras palavras, para que se promova **ação penal** por lavagem, basta haver suspeita da existência da infração penal antecedente; a prova cabal dessa infração poderá ser realizada subsequentemente, no próprio processo por crime de lavagem ou no processo pela infração antecedente.

Por outro lado, para que haja a **condenação** do autor da lavagem, basta tenha sido provada a **existência** da infração antecedente, ainda que não se conheça sua autoria, ou que o autor seja isento de pena (falecido, menor inimputável etc). Nesse caso, haverá processo apenas por crime de lavagem, e não pela infração antecedente.

Na hipótese de instaurarem-se processos separados – um pela infração antecedente, e outro pelo crime de lavagem – o juiz deste último poderá ou não determinar a reunião de processos.

Caso isso não ocorra, poderá surgir uma situação curiosa. Suponha-se que no processo pelo crime antecedente o réu venha a ser absolvido: isso imporá a absolvição do acusado pelo crime de lavagem?

A doutrina tem respondido a essa questão. Se a absolvição do suposto autor do crime antecedente for fundada em mera insuficiência probatória, isso não impedirá a condenação por lavagem, já que no processo por esse crime o fato anterior poderá ser suficientemente provado. No entanto, se no processo pelo crime antecedente for afirmado encontrar-se provada a inexistência daquele fato, ou que o fato não configura crime, essa decisão repercutirá em favor do acusado de lavagem, impondo a sua absolvição. Com efeito, se não há infração antecedente, não pode haver lavagem.

Na chamada autolavagem, o agente responde tanto pelo crime antecedente como pela lavagem, somando-se as penas.

VII. Dolo no crime de lavagem

A configuração do crime de lavagem exige que seu autor tenha conhecimento de que o bem ou valor é produto de crime, e atue com a finalidade específica de lhe conferir aparência lícita, a fim de reintroduzi-lo na economia. É o que chamamos de dolo específico.

O Código Penal brasileiro distingue o chamado dolo direto (em que o agente quer o resultado danoso de sua conduta) do dolo indireto ou eventual (no qual o agente não quer o resultado, mas admite o risco de produzi-lo, não se importando com isso). Parece-me que nosso dolo eventual corresponde ao que o Código Penal Português, em seu art. 14, 3, chama de atuar conformando-se com a realização da consequência da conduta.

De forma geral, a lei brasileira pune os crimes dolosos tanto na forma do dolo direto como do dolo eventual.

Quanto à ciência da origem do produto de lavagem, é indiscutível que há dolo direto quando o agente tem consciência dessa origem.

Questiona-se a configuração do crime quando há dolo eventual, ou seja, na hipótese em que o agente da lavagem apenas suspeita da origem ilícita do bem, mas assim mesmo realiza o procedimento, assumindo o risco de estar lavando dinheiro sujo. Por exemplo, ele admite vender um imóvel recebendo dinheiro vivo, por valor declarado inferior ao valor real; embora suspeitando de que aquele dinheiro tem origem ilícita e de que possa estar a lavá-lo, ele aceita realizar o negócio.

Tem prevalecido no Brasil a corrente segundo a qual haverá crime de lavagem ainda que o dolo seja eventual, e não direto.

Tem-se igualmente equiparado a chamada "cegueira deliberada" ao dolo eventual.

Na "cegueira deliberada", o próprio agente cria uma barreira ao seu conhecimento da origem ilícita da coisa. Suponha-se, por exemplo, um operador de câmbio que não quer saber quem são, ou quais os negócios, dos clientes que habitualmente lhe apresentam vultosas quantias em dinheiro para remessa, ao exterior, em moeda diversa.

Na "cegueira deliberada" há crime de lavagem, com dolo eventual.

VIII. O Crime do artigo 1º da Lei nº 12.683/2012

O principal dos crimes de lavagem de dinheiro está no artigo 1º da Lei nº 12.683/2012.

Sua redação soará familiar aos nossos amigos portugueses:

> *"Art. 1º Ocultar ou dissimular a natureza, origem, localização, disposição, movimentação ou propriedade de bens, direitos ou valores provenientes, direta ou indiretamente, de infração penal."*

A redação é muito semelhante à do artigo 368-A/3 do Código Penal Português:

"Na mesma pena incorre quem ocultar ou dissimular a verdadeira natureza, origem, localização, disposição, movimentação ou titularidade das vantagens, ou os direitos a ela relativos."

Trava-se no Brasil uma discussão tormentosa acerca desse crime. A questão é definir se esse crime tem natureza **instantânea ou permanente.**

Pode-se dizer simplesmente que são instantâneos os crimes cuja consumação ocorre num determinado momento. É o que ocorre com o homicídio, por exemplo. Permanentes são os crimes cuja consumação se prolonga no tempo; eles não se consumam num determinado instante, mas durante um período. É o que ocorre, por exemplo, com o crime de sequestro: enquanto a vítima está privada da liberdade, o crime está se consumando.

A discussão quanto ao caráter – permanente ou instantâneo – da lavagem pode ser posta nestes termos: o agente consuma o crime no **instante** em que pratica o primeiro ato de lavagem, ou **está consumando durante** todo o tempo de duração do processo de lavagem (por exemplo, durante todo o período em que o produto do ilícito antecedente é ocultado).

Não se trata de uma discussão meramente acadêmica.

Vigora entre nós a regra da irretroatividade da lei penal mais gravosa. Ou seja: as novas leis penais mais severas não se aplicam aos fatos praticados antes de sua vigência. A estes se aplica a lei anterior, mais benéfica.

Suponha-se, por exemplo, que o agente haja dado início a um processo de lavagem de produto do "jogo do bicho" (mera contravenção penal) antes de julho de 2012, quando entrou em vigor a nova lei, ocultando o produto dessa contravenção, e essa ocultação ainda persiste.

Se o crime de lavagem for considerado instantâneo, sua conduta não o configura, pois ele o consumou antes da vigência da nova lei, mais gravosa. Se o crime for considerado permanente, ele ainda o está consumando, e portanto a nova lei o alcança.

A definição da natureza instantânea ou permanente do crime repercutirá também sobre a contagem da prescrição e sobre a possibilidade da prisão em flagrante do agente.

O Supremo Tribunal Federal ainda não se pronunciou acerca dessa importante questão.

IX. Medidas Assecuratórias

Ao lado das medidas penais, a lei prevê, dando-lhes importância equivalente, medidas cautelares destinadas a assegurar a recuperação do produto da lavagem, impedindo que o autor desse crime, durante a investigação ou o processo, as dissipe.

Essas medidas, na verdade, têm relevância ainda maior do que a previsão de crimes e de penas privativas de liberdade para seus autores, notadamente no caso de organizações criminosas. Conforme tem-se enfatizado, se um ou vários membros dessas entidades são condenados e presos, a organização poderá substituí-los; o melhor meio de desmantelá-la é desprovê-la de seus fundos.

No Brasil, a questão tem ainda outra faceta, não menos importante.

Nosso país tem hoje 194 milhões de habitantes, dos quais 550 mil estão presos (um para cada 350 habitantes; quase 3 a cada mil). É a quarta população carcerária do planeta. Uma curiosidade: 40 mil pessoas estão presas por furto; 90 % dos presos praticaram ou são acusados de apenas oito crimes.

Temos pouco mais de 1200 presídios. Há um déficit de perto de 210 mil vagas. Ou seja: os 550 mil presos estão ocupando vagas destinadas a 340 mil pessoas.

Recentemente, o Ministro da Justiça declarou que preferiria morrer a cumprir pena de prisão no Brasil. No entanto, se o Ministro da Justiça cometer um crime grave e for preso, seu desejo não será atendido. Não há pena de morte no Brasil.

Para amenizar esse déficit, a lei – e talvez ainda mais a jurisprudência – tem priorizado penas e medidas cautelares alternativas ao encarceramento.

Daí uma forte corrente defender ser importante combater a lavagem priorizando a tomada dos bens dos criminosos, relegando a segundo plano o seu encarceramento.

A condenação por crime de lavagem acarretará, como efeito, a perda, em favor da União ou do Estado, de bens e valores que tenham sido produto ou proveito da lavagem (artigo 4º, § 10), preservado o direito de eventual vítima.

I CONGRESSO LUSO-BRASILEIRO DE DIREITO

Para garantir que, durante o curso da investigação ou do processo, esses bens ou valores não sejam dissipados, a lei prevê medidas assecuratórias, que acarretarão sua apreensão ou indisponibilidade até a sentença final.

Caso decretada antes da ação penal, esta deverá ser proposta no prazo de 60 dias, sob pena de levantamento (131, I do Código de Processo Penal Brasileiro).

Essas medidas abrangem tanto o produto direto da infração antecedente como o da própria lavagem.

Para sua adoção, basta que haja indícios da infração antecedente, e que esta tenha produzido bens ou valores que sejam objeto do crime de lavagem, assim como indícios da autoria da lavagem.

Cabe ao juiz decretá-las, de ofício ou a pedido do MP ou da Autoridade policial, sem ouvir a outra parte.

Uma vez decretada a medida, qualquer pedido de liberação dos bens somente será apreciado se houver comparecimento pessoal do requerente. E cabe a ele provar que a origem da coisa ou valor é lícita. Essa inversão do ônus da prova, impondo ao suspeito que prove a origem lícita da coisa, segue diretriz da Convenção de Viena.

X. Cooperação Privada (art. 9º)

Tem-se reconhecido internacionalmente a incapacidade dos Estados para prevenir e punir a lavagem sem a cooperação das instituições privadas que atuam nos chamados "setores sensíveis". Estas são as pessoas, físicas ou coletivas, cujas atividades são comumente utilizadas como meio para a lavagem.

Daí a lei impor a esses setores privados uma cooperação com o Estado na prevenção e combate à lavagem.

Eles são chamados de torres de vigia (gatekeepers), pois têm acesso ao caminho por onde passam os valores lavados.

Ocorre que muitos deles estariam obrigados ao sigilo, no entanto, este cede em face do interesse público na apuração da lavagem.

Essas pessoas privadas estão relacionados no art. 9º: instituições financeiras, casas de câmbio, bolsas de valores, seguradoras, corretores de imóveis, juntas comerciais, comerciantes de jóias ou obras artísticas, entidades ou pessoas que tratem de transferências de atletas, artistas etc.

As obrigações dessas pessoas estão nos artigos 10 e 11: em síntese, devem manter cadastro pormenorizado de informações sobre os clientes e suas operações; diante de qualquer operação suspeita, devem informar seu próprio órgão regulador e, na falta dele, o COAF. Este, o Conselho de Controle de Atividades Financeiras, é órgão do Ministério da Fazenda encarregado de prevenir e reprimir a lavagem no âmbito administrativo, inclusive recebendo informações sobre operações suspeitas.

O descumprimento dessas obrigações acarretará a imposição de severas penalidades, previstas no artigo 12, que vão da mera advertência até a cassação da autorização de sua atividade, passando por pesadas multas.

Tem provocado discussão o inciso XIV do artigo 9º da lei, que inclui no rol das pessoas obrigadas aquelas que prestem "assessoria, consultoria, contadoria, auditoria, aconselhamento ou assistência", pois isso englobaria os advogados. Teriam os advogados obrigação de prestar informações sobre atividades ilícitas de seus clientes?

Essa é uma discussão internacional, objeto de diretivas internacionais. Tem-se feito a seguinte distinção:

- Se o advogado participa da lavagem, incentivando-a, fornecendo meios, removendo obstáculos ou de qualquer outro modo, ele responde como partícipe do próprio crime de lavagem praticado por seu cliente.
- Se o advogado representa o cliente, autor de lavagem, judicial ou extrajudicialmente, ele não apenas não pratica crime algum, como está exonerado do dever de informar. É o caso, por exemplo, de um advogado que atua na defesa de alguém investigado ou processado por crime de lavagem.

A obrigação atingiria, portanto, apenas o advogado de operação, que presta consultoria sobre, por exemplo, eventuais ilícitos tributários ou contra a ordem econômica.

XI. Cooperação internacional

O artigo 8º da Lei de Lavagem prevê a possibilidade de adoção das medidas assecuratórias previstas na lei para bens e valores que sejam produto de lavagem de infrações antecedentes cometidas no estrangeiro.

Será preciso, contudo, que se observe o princípio da dupla tipicidade ou da dupla incriminação: tanto o ilícito antecedente à lavagem como a própria conduta que configurou a lavagem devem ser incriminadas pela lei estrangeira e também pela lei brasileira.

Por isso, se a conduta praticada no exterior for anterior à vigência da lei nova, somente se permitirá a decretação de medidas assecuratórias de produtos de crimes praticados no estrangeiro se estes constavam do rol da lei antiga.

O pedido deve ser formulado por autoridade estrangeira competente, e será encaminhado ao Superior Tribunal de Justiça, que tem competência para conceder ordem de execução. Se o fizer, encaminhará o pedido ao juiz federal do local, no Brasil, onde se encontrem os bens ou valores.

Para o deferimento da medida deverá haver tratado ou convenção que a preveja ou, na falta deste, será preciso que a autoridade solicitante assegure a reciprocidade.

Será também necessário que as medidas requeridas estejam previstas na lei brasileira e estejam presentes os requisitos que esta exige para sua adoção.

Determinada a medida, os bens ou valores serão apreendidos ou colocados sob indisponibilidade.

Proferida, no estrangeiro, sentença condenatória, esta deverá receber ordem de execução do Superior Tribunal de Justiça.

Feito isso, a destinação dos bens obedecerá o que estiver previsto em eventual tratado ou convenção internacional; na falta deste, os bens ou valores serão igualmente repartidos entre o Brasil e o Estado solicitante, ressalvado o direito do lesado ou terceiro de boa-fé àqueles bens ou valores.

XII. Conclusão

Felizmente, o Brasil não é considerado um país dos mais propícios à realização da lavagem internacional.

Tampouco temos no Brasil, ao menos por ora, o fenômeno do terrorismo, cuja definição sequer é claramente encontrada, ainda, em nossa legislação.

Todavia, temos perigosas organizações criminosas, que lavam dinheiro.

A Lei 12.683/2012 deu um importante passo para coibir essa prática. Espera-se que ela produza bons resultados.

Tensões entre a Liberdade de Informação e a Propriedade Intelectual na Era da Internet[1]

MARIA EDUARDA GONÇALVES[2]

Introdução

Um olhar sobre o atual quadro jurídico da sociedade da informação na União Europeia (UE) permite sinalizar a tendência para um reforço da proteção da apropriação privada da informação e dos produtos de informação por meio dos direitos de propriedade intelectual e de direitos conexos. Este movimento manifesta-se, designadamente, nas diretivas sobre proteção do direito de autor de programas de computador (1991, revista em 2009), proteção jurídica de bases de dados (1996) e proteção do direito de autor na Internet (2001).

Dir-se-ia que o legislador europeu tem optado por privilegiar os interesses dos criadores e dos investidores, i.e. a informação como bem privado, em detrimento dos interesses dos utilizadores e da sociedade em geral, i.e. a informação como bem público. Este fenómeno de "privatização" da informação parece contrariar a crença na Internet e de um modo mais geral na sociedade da informação como condições de realização de um acesso mais amplo e livre à informação.

O desenvolvimento de aplicações como os motores de busca e a propagação das práticas de *download* de obras intelectuais na Internet, ao ampliarem a difusão e o acesso a informação da mais variada natureza e conteúdos, geraram novos desafios em matéria de direito de autor que não encontram, porém, soluções claras na legislação existente. Têm sido por isso, em larga medida, os tribunais a procurar os necessários equilíbrios entre direito de autor e liberdade de acesso à informação na rede – equilíbrios que estão, contudo, longe de se encontrar estabilizados.

[1] Vídeo disponível em http://justicatv.pt/index.php?p=2255
[2] Professora Catedrática do ISCTE – Instituto Universitário de Lisboa e Professora Catedrática Convidada da Faculdade de Direito da Universidade Nova de Lisboa.

Recorde-se que o fundamento da propriedade intelectual e em especial do direito de autor repousou desde sempre na procura de uma conciliação entre o legítimo interesse do criador em usufruir os benefícios da sua obra e o interesse da coletividade no "progresso das letras, das artes e das ciências", como proclama, de forma modelar, a Constituição dos Estados Unidos da América: *"The Congress shall have Power To: (...) Promote the Progress of Science and useful Arts, by securing for limited Times to Authors and Inventors the exclusive Right to their respective Writings and Discoveries"* (Secção 8, Artigo 1).

Nesse sentido, a lei garante em geral ao autor direitos patrimoniais (remuneração) e morais (a integridade e o reconhecimento da paternidade da obra) e a terceiros a possibilidade de utilizar livremente a obra dentro de certos limites, especificamente, para fins educativos ou informativos, nas bibliotecas ou no exercício da atividade jornalística, incluindo para efeitos de citações, gravações efémeras, ilustrações, etc.

Na sociedade tecnológica dos nossos dias tende, no entanto, a modificar-se a relação de indivíduos e das organizações com as criações intelectuais. Com a generalização do uso de computadores e das redes de comunicação eletrónicas, expandem-se de forma extraordinária as possibilidades quer de criação e produção, quer de disseminação e acesso à informação e, do mesmo passo, de exercício das liberdades públicas e individuais não só nos planos cívico e político, mas também como meios de acesso à cultura, à educação, à saúde, etc. e de um modo geral de comunicação com os outros, abrindo porventura caminho à reclamação de um direito fundamental de acesso às redes e à informação digital[3]. Esta expectativa, aliada à maior facilidade de acesso a obras intelectuais, entra, porém, em choque com os exclusivos atribuídos a criadores e editores a título de direitos de propriedade intelectual e de direitos conexos.

É no que respeita à difusão que a defesa do direito de autor mais se fragiliza, dada a relativa facilidade de reprodução de obras protegidas de modo instantâneo, em condições de qualidade praticamente idêntica à dos originais e fora do controlo dos titulares dos direitos. Acresce o facto de a Internet contrariar o alcance territorial do direito e da auto-

---

[3] Reconhecido já na Constituição da República Portuguesa como liberdade de acesso às redes informáticas de uso público (art. 35º, nº 6).

ridade do Estado, causando problemas à sua aplicação num espaço sem fronteiras dificilmente vigiável e controlável.

O reverso da medalha das oportunidades de criação, difusão e acesso é, pois, uma maior vulnerabilidade das obras. Daí a questão que nos propomos examinar neste capítulo: em que medida a proteção jurídica dos direitos de propriedade intelectual, particularmente o direito de autor, e de outras formas de criação ou produção de informação, estará eventualmente a coartar a liberdade de informação numa sociedade que se autoproclama como "sociedade de informação"? E como vêm sendo resolvidas na Europa as crescentes tensões entre o direito de autor e a liberdade de acesso de terceiros à informação?

Tendências do direito europeu da informação e o polémico direito *sui generis* sobre bases de dados

Numa primeira análise, à tensão entre propriedade intelectual e liberdade de informação tem-se respondido, na Europa, com um reforço da proteção do primeiro daqueles direitos.

Já em 1988, no seu Livro Verde sobre o Direito de Autor e o Desafio Tecnológico, manifestara a Comissão Europeia a intenção de desenvolver um esforço regulatório visando a harmonização dos direitos internos dos Estados-Membros em matérias de direito de autor relacionadas com os novos produtos de informação como os programas de computador e as bases de dados[4]. Não obstante a intenção afirmada de combinar "a proteção dos interesses económicos do autor e do criador e a promoção e prossecução de objetivos culturais" foram claras desde então as motivações essencialmente económicas destas iniciativas.

A revolução tecnológica fez, realmente, dos produtos e serviços de informação – programas de computador, bases de dados, produtos multimédia, serviços de acesso à Internet e à informação em linha – sectores de crescente importância económica. O desenvolvimento das infraestruturas digitais contribuiu, por seu turno, para a globalização desse mer-

---

[4] Commission of the European Communities, *Green Paper on Copyright and the Challenge of Technology – Copyright Issues Requiring Immediate Action*, COM (88) 172 final, Brussels, 07.06.1988.

cado, acentuando as pressões competitivas. Recorde-se que segundo a ideologia da economia liberal, se a coletividade pretende encorajar a produção de informação, presume-se que a realização desse objetivo deve passar pela proteção da informação como bem juridicamente apropriável – como sucedeu com a terra na era agrícola ou com o capital e a força de trabalho na era industrial. Do ponto de vista da teoria económica clássica, na ausência de direitos de propriedade, o mercado não produzirá o fluxo de informação ótimo pois desaparece o incentivo para investir na produção de algo que os outros podem utilizar livremente (a "tragédia dos comuns").

Mesmo a dimensão cultural do direito de autor surge encarada, no Livro Verde, lógica de mercado e de competição entre indústrias culturais: "É incontestável que a competitividade e a criatividade em domínios como a edição, a indústria discográfica ou a indústria cinematográfica, são em grande medida tributárias do regime aplicável em matéria de direitos de autor e direitos conexos", afirma-se (p. 12) A Comissão lembra que os participantes na audição realizada na fase preparatória do Livro Verde privilegiaram os interesses dos titulares dos direitos de autor, ainda que reconhecendo a necessidade de não por em causa os interesses dos utilizadores no acesso, por exemplo, a bibliotecas públicas (p. 16).

Como resultado do processo legislativo iniciado em finais de 1980 foram aprovadas sucessivamente várias diretivas de que se destacam a diretiva sobre proteção da autoria dos programas de computador ("software") (1991, revista em 2009)[5], a diretiva sobre a proteção jurídica de

---

[5] Diretiva do Conselho de 14 de Maio de 1991 relativa à proteção jurídica dos programas de computador (91/250/CEE), JOCE Nº L 122/43, 17.5.91, revogada pela Diretiva 2009/24/CE do Parlamento Europeu e do Conselho, de 23 de Abril de 2009, relativa à proteção jurídica dos programas de computador, JOUE nº L 111/16, 05.05.2009. Esta diretiva foi transposta para o direito português pelo Decreto-Lei nº 252/94, de 20 de Outubro.

bases de dados (1996)[6] e a diretiva sobre harmonização de certos aspetos do direito de autor na sociedade da informação (2001)[7].

A diretiva "software" retomou os argumentos constantes do Livro Verde: reconhecendo que o desenvolvimento de programas de computador requer o investimento em recursos humanos, técnicos e financeiros consideráveis, podendo esses programas ser reproduzidos a um custo que apenas representa uma fração do custo do seu desenvolvimento independente e que os programas de computador têm vindo a desempenhar um papel de importância crescente num vasto leque de indústrias, a diretiva define como objetivo principal a harmonização das legislações nacionais de modo a promover o bom funcionamento do mercado comum neste domínio. Considerando a sua imaterialidade e o facto de não se destinarem a uma aplicação industrial imediata, mas antes a processar informação, os programas de computador foram configurados como o resultado de um esforço assimilável ao que é protegido pelo direito do autor. A proteção relativamente permissiva proporcionada pelo direito de autor, dado que não requer o preenchimento de formalidades burocráticas como o depósito ou registo da obra e é indiferente ao mérito ou qualidade, contou nesta opção do legislador europeu. O reduzido grau de exigência seria importante no caso do software porque muitos programas não são inovadores. Acresce que o direito de autor protege tão-só a forma e não as ideias subjacentes, no que se distingue do regime da propriedade industrial (patentes), o que permitiria conciliar a proteção do autor e a liberdade de acesso por terceiros às conceções subjacentes aos programas suscetível de facilitar o desenvolvimento de programas compatíveis[8]. Sensível às posições dos principais *lobbies* em causa, a diretiva admitiu a possibilidade de "descompilação" de sistemas operativos na medida em

---

[6] Diretiva 96/9/CE do Parlamento Europeu e do Conselho, de 11 de Março de 1996, relativa à proteção jurídica das bases de dados, JOCE nº L 077, 27.03.1996. A diretiva bases de dados foi transposta para o direito português pelo Decreto-Lei nº 122/2000, 04.07.

[7] Diretiva 2001/29/CE do Parlamento Europeu e do Conselho de 22 de Maio de 2001 relativa à harmonização de certos aspetos do direito de autor e dos direitos conexos na sociedade da informação, JOCE nº L 167/10, 22.6.2001.

[8] A opção pelo direito de autor não exclui, no entanto, que os programas que executem uma função protegida pela legislação sobre patentes não sejam também protegidos por estas últimas.

que esta fosse necessária para conceber software que permita a interoperabilidade de sistemas.

Ao estender o direito de autor aos programas de computador, a diretiva europeizou de certo modo o *copyright* anglo-saxónico, menos exigente em matéria de originalidade e criatividade, valorizando a função utilitária dos produtos em causa. A extensão a que assim se procedeu do direito de autor não ficou, porém, isenta de controvérsia por desviar a exigência de alguns dos requisitos da legislação sobre direitos de autor nos países do continente como a originalidade, a criatividade e mesmo a inteligibilidade[9].

A Diretiva 98/9/CE sobre proteção jurídica de bases de dados representou, por seu lado, uma inovação legislativa sem paralelo noutras partes do mundo. Esta diretiva protege juridicamente as bases de dados por duas vias: pelo recurso ao direito de autor no caso de se tratar de bases de dados originais, i.e. que incorporem um esforço de seleção e sistematização de conteúdos nos termos tradicionalmente consagrados pela legislação sobre direitos de autor, por exemplo, para as coleções de obras protegidas como as antologias; e pelo recurso a um novo direito qualificado como direito *sui generis* no caso de bases de dados não originais (ou seja, constituídas não por criações intelectuais, mas por outras "matérias"), desde que tenham implicado um investimento substancial nos planos financeiro e profissional, designadamente. O direito *sui generis* é definido como o "direito de o fabricante de uma base de dados proibir a extração e/ou a reutilização da totalidade ou de uma parte substancial, avaliada qualitativa ou quantitativamente, do conteúdo desta" desde que "a obtenção, verificação ou apresentação desse conteúdo representem um investimento substancial do ponto de vista qualitativo ou quantitativo".

Trata-se, pois, de um direito do fabricante da base, que pode coincidir ou não com o autor (quem concebeu a base), sobre a informação contida na base. É, pois, independente de qualquer esforço intelectual próprio compensando tão-só o investimento. Encarado embora por alguns como

---

[9] Alguns autores defenderam uma proteção *sui generis* para os programas de computador por via de um direito conexo à semelhança do que encontrou consagração para os videogramas e os fonogramas (que não requerem criação, mas fixação em suporte). Esta solução teria a vantagem de evitar o debate sobre a originalidade, bem como a descaracterização do direito de autor.

uma nova categoria de direito de propriedade intelectual (Derclaye, 2008, p. 51), o direito *sui generis* constitui na realidade uma forma de alargar a proteção jurídica de bases de dados que nos termos do direito de autor convencional não alcançariam a proteção do direito de autor.

Também a instituição deste novo direito não foi incontroversa. Alegou-se que poderia resultar em formas de monopólio e bloqueios no acesso à informação que de outro modo permaneceria no domínio público, em prejuízo da comunidade académica e inclusive de muitas empresas que dependem da disponibilidade de informação para desenvolver as suas atividades[10]. Nas palavras de Freedman, está-se perante uma *"property-like protection without the institutional devices available in other intellectual property areas to provide market or public interest-based balance"* (Freedman, 2002, p. 97).

Curiosamente, num relatório de avaliação da aplicação da diretiva bases de dados, publicado pela Comissão Europeia em 2005, a própria Comissão concluiu que "está por provar o impacto económico de um direito *sui generis* na produção de bases de dados. Introduzido com o objetivo de estimular a produção de bases de dados na Europa, este novo instrumento não registou qualquer impacto na produção de bases de dados." O estudo da Comissão mostra que a produção de bases de dados decaiu mesmo para níveis pré-diretiva e que a indústria dos Estados Unidos da América, onde não existe um regime semelhante, tem crescido mais depressa do que a da UE[11]. Note-se que nos Estados Unidos da América a oposição conjugada de organizações científicas e de bibliotecários bloqueou sucessivas iniciativas legislativas no sentido de fazer aprovar legislação em matéria de proteção de bases de dados[12].

---

[10] European Commission, DG Internal Market and Services Working Paper, First evaluation of Directive 96/9/EC on the legal protection of databases, Brussels, 12 December 2005, p. 4, http://ec.europa.eu/internal_market/smn/smn40/docs/database-dir_en.pdf

[11] Evaluation of the 1996 Database Directive raises questions, Intellectual Property, January 2006, p. 40, http://ec.europa.eu/internal_market/smn/smn40/docs/database-dir_en.pdf.

[12] Para uma visão geral sobre o debate desta matéria nos EUA, cf. U.S. Copyright Office Report on Legal Protection for Databases, August 1997, http://www.copyright.gov/reports/dbase.html.

Em acórdãos de Novembro de 2004, o Tribunal de Justiça da UE viria a ter a oportunidade de esclarecer o sentido de alguns termos e expressões assaz ambíguos na definição do direito *sui generis* como "investimento substancial", "avaliado quantitativamente e qualitativamente", do conteúdo de uma base de dados. Como consequência desta jurisprudência o âmbito do direito *sui generis* foi de certo modo restringido (no entender de alguns severamente[13]), abrindo espaço à reutilização por terceiros de informação contida em bases de dados[14]. De todo o modo, se esta jurisprudência contribuiu para reduzir o efeito restritivo do direito do fabricante de bases de dados, fê-lo, pensamos, em obediência a preocupações de liberalização do mercado, não propriamente de promoção de um acesso mais livre por parte de utilizadores individuais (Gonçalves, 2013).

O direito de autor e a Internet: como reequilibrar a proteção do autor e o livre acesso à informação?

O reforço dos direitos de propriedade intelectual na sociedade da informação na UE expressou-se ainda na Diretiva 2001/29/CE sobre a

---

[13] "Evaluation of the 1996 Database Directive raises questions", Single Market News Article, Issue No. 40, January 2006, http://ec.europa.eu/internal_market/smn/smn40/docs/database-dir_en.pdf; P. Church, *The Database Directive: The British Horseracing Board and Fixtures Marketing*, www.linklaters.com/pdfs/briefings/ITC_Briefing_Nov04.pdf.

[14] Um dos casos, talvez o mais emblemático, opôs The British Horseracing Board Ltd, Jockey Club e Weatherbys Group Ltd (BHB e o.), de um lado, e William Hill Organization Ltd ("William Hill"), de outro. O litígio nasceu da utilização pela William Hill, para efeitos da organização de apostas hípicas, de informações retiradas da base de dados da BHB, entidade organizadora das corridas de cavalos no Reino Unido. Esta assegurava o desenvolvimento e a gestão de uma base de dados reunindo um número elevado de informações obtidas junto dos proprietários de cavalos, treinadores, organizadores de corridas de cavalos e outros intervenientes do meio hípico. O acórdão do Tribunal de Justiça foi recebido por alguns como um recuo decisivo nas pretensões de entidades como a BHB e outros organismos desportivos de virem a valorizar economicamente as suas bases de dados. Com efeito, o Tribunal de Justiça entendeu não considerar a base de dados de BHB como o resultado de um investimento *substancial* na obtenção, na verificação ou na apresentação da informação em virtude de a sua *"criação"* (conceito central nesta jurisprudência) se mostrar (meramente) instrumental da sua atividade principal, a organização das corridas ("spin-off database"). Cf. EC, First evaluation of Directive 96/9/EC on the legal protection of databases, cit., p. 14.

harmonização dos direitos de autor e dos direitos conexos na sociedade da informação.

A Internet tem sido encarada quer como uma oportunidade de estímulo ao desenvolvimento de atividades geradoras de crescimento e emprego, quer como um risco, uma vez que a maior disponibilidade de obras e outras matérias protegidas em formato digital em linha é de molde a proporcionar a reprodução e uso não autorizados. A posição europeia nesta matéria obedeceu, também aqui, à preocupação de conciliar interesses contraditórios: a criação de um ambiente propenso a criatividade e à inovação e o acesso tanto quanto possível livre à informação. Pretendeu-se, nos termos desta diretiva, "eliminar os obstáculos existentes ou potenciais ao comércio de bens e serviços entre Estados-Membros", salvaguardando um equilíbrio justo entre os direitos e interesses das diversas categorias de titulares de direitos e dos utilizadores de material protegido.

A história da diretiva não esconde, porém, a sua principal razão de ser, i.e. a reclamação dos criadores e empresas de edição receosos de que a Internet pudesse prejudicar os seus interesses. Aos argumentos já conhecidos somam-se argumentos renovados. Por um lado, reafirma-se, "Os autores ... devem receber uma remuneração adequada do seu trabalho ...", não devendo o apoio à difusão cultural ser alcançado "sacrificando a proteção estrita de determinados direitos, nem tolerando formas ilegais de distribuição de obras objeto de contrafação ou pirataria". Por outro lado, insiste-se, importa defender os direitos dos "produtores, para poderem financiar o seu trabalho", atendendo a que "é considerável o investimento".

A adaptação dos princípios e regras aplicáveis ao direito de autor ao contexto da Internet foi realizada pela Diretiva 2001/29/CE quanto aos direitos de reprodução, de comunicação ao público e de distribuição.

O conceito de direito de reprodução, que confere ao autor o exclusivo da autorização de qualquer tipo de fixação da obra em determinado suporte, foi pensado para a reprodução material. O novo ambiente permite, para além de atos de reprodução como a digitalização de uma obra ou o seu descarregamento a partir ou para a memória de computador, uma série de atos temporários de reprodução relativamente aos quais não era clara a aplicação do regime geral do direito de reprodução. A diretiva determinou que esses atos devem ser, também eles, sujeitos a consentimento do autor. Clarificou assim que esse direito se aplica seja às reproduções provisórias, ainda que com exceção de reproduções de carácter meramente técnico, seja às reproduções permanentes por qualquer meio e sob qualquer forma, no todo ou em parte das obras (art. 2º). O conceito envolve agora todos os atos de reprodução em linha ou não, incluindo o *caching* (armazenamento de ficheiros) e o *browsing* (navegação através da Internet). A diretiva contempla ainda o direito de distribuição, isto é, o direito de autorizar a circulação das obras por meio de venda ou outra forma (art. 3º).

Também o direito tradicional de comunicação a um público pressupunha o controlo do autor sobre a oferta da sua obra. Na Internet, os termos da relação entre o autor e o recetor ou utilizador modificam-se pois este último tem um papel mais ativo na procura da obra. É o que explica a disposição da diretiva que qualifica a noção de "colocação da obra à disposição do público pelo seu autor" como a que o é "a partir do local e no momento por eles (utilizadores) escolhido individualmente". A diretiva aplica este direito às novas formas de exploração de obras ou outro material protegido – entenda-se bases de dados –, tais como as transmissões a pedido (art. 3º).

O direito de distribuição é configurado de forma autónoma em relação ao direito de reprodução, devendo merecer proteção específica (art. 4º). A diretiva clarifica ainda o regime aplicável ao esgotamento deste direito, que só acontecerá na UE uma vez cedida a propriedade do original da obra ou cópias pelo autor ou com o seu consentimento.

A disposição mais polémica refere-se às exceções aos direitos do autor (art. 5º)[15]. Como nos outros textos legais já passados em revista, a disposição é justificada em nome do equilíbrio entre o incentivo à criação de obras originais e outro material protegido e a divulgação de tais obras

---

[15] O Tratado da OMPI sobre o direito de autor, adotado pela conferência diplomática de Dezembro de 1996, no seu art. 10º (Limitações e exceções), ficou-se por uma definição assaz genérica das exceções aos direitos de autor em face das novas tecnologias: ele permite que as partes contratantes restrinjam o monopólio do autor em "certos casos especiais" de que não resultem prejuízos à exploração normal da obra, nem prejuízo injustificado aos legítimos interesses do autor, o que foi interpretado como uma brecha considerável no monopólio do autor. O texto do Tratado pode ser consultado em http://www.wipo.int/treaties/en/ip/wct/trtdocs_wo033.html.

aos utilizadores. A diretiva contempla vinte e uma exceções ao direito de reprodução (art. 5º). Apenas uma é vinculativa para os Estados-Membros: a que respeita às "cópias provisórias puramente técnicas" já referidas. Na realidade, a difusão de obras na Internet implica sempre uma multiplicidade de reproduções provisórias, quer nos sistemas de transmissão utilizados pelos intermediários técnicos (*caching*), quer pelos internautas quando visitam sites (*browsing*). Foi precisamente para evitar o absurdo que consistiria em exigir a autorização sistemática do autor para qualquer desses atos de reprodução que o legislador comunitário previu aquela exceção. O seu sentido e âmbito não deixam, contudo, de suscitar dúvidas de interpretação: tem prevalecido neste ponto a de que a exceção da "cópia transitória" inclui apenas as cópias efémeras ligadas à necessidade de transporte da informação, sem existência independente desse transporte, e as cópias *caching* realizadas pelos fornecedores de acesso nos respetivos servidores a fim de facilitarem a consulta dessa informação quando se trata de sítios consultados com muita frequência (Strubel, 2001, p. 142).

As restantes exceções estão contempladas apenas a título de exceções facultativas cuja incorporação ou não no direito interno é deixada à opção das autoridades nacionais. Entre estas exceções incluem-se a cópia privada e a reprodução de informação pelas bibliotecas ou estabelecimentos de ensino, por deficientes físicos, para fins de relatos de atualidade, crítica, caricatura, entre outras (art. 5º, nº 3); a reprodução em papel ou suporte similar por meio de técnicas fotográficas, a reprodução para uso privado individual, sem objetivo económico ou comercial, as reproduções por instituições sociais sem fim lucrativo (como hospitais e prisões), desde que os titulares dos direitos recebam uma compensação equitativa (o que pode ser entendido como podendo implicar a aplicação de taxas aos suportes digitais); por organismos de radiodifusão e por estabelecimento de carácter público – bibliotecas, instituições de ensino, museus, arquivos – sem fim comercial (art. 5º, nº 2).

Uma exceção nova é a que se aplica às pessoas com deficiências visuais ou auditivas e que apresentem carácter não comercial. Esta exceção parece justificar-se como uma forma de pôr as novas tecnologias ao serviço de políticas de inclusão social dos deficientes.

A questão das exceções ao direito de autor é, como se indicou já, a questão de política jurídica mais sensível neste domínio. É a forma como ela é regulada que permite avaliar o equilíbrio entre os direitos exclusivos do autor e os direitos de terceiros de acederem às obras e à informação nelas contida. Aceitando-se embora que a intenção da diretiva tenha sido reforçar a proteção conferida a autores e a editores no ambiente digital, há quem critique a extrema flexibilidade do regime estabelecido, caracterizado por uma larga margem de opção dos Estados. Importa, no entanto, que reconhecer que assim se respeitam as tradições jurídicas diferenciadas dos Estados-Membros, permitindo a cada um definir, em função delas, o equilíbrio tido por mais adequado ou aconselhável entre direitos do autor e direitos do público em geral.

A natureza opcional das exceções contraria, realmente, o objetivo da harmonização que sustenta no essencial a iniciativa da Comissão Europeia. Ela pode, além disso, ser interpretada como uma renúncia por parte da UE a exercer uma maior influência sobre as ordens jurídicas internas no setido da consagração de direitos de acesso à informação mais alargados.

A sobrevalorização das considerações do mercado pela UE, se é inteligível à luz do seu objetivo constitutivo de liberalização e harmonização no mercado interno, é questionável do ponto de vista dos direitos de cidadania. Não é, com efeito, consensual que a Internet justifique um reforço da proteção dos direitos de autor. Se há quem o defenda como forma de compensar a maior vulnerabilidade de que ali sofrem as criações intelectuais, há também quem invoque a natureza do novo meio de comunicação para sustentar uma flexibilização do direito de autor no sentido de uma maior abertura à circulação e utilização de obras protegidas. Tem-se sugerido que mais do que o controlo sobre a reprodução de obras, o que é importante hoje em dia para muitos criadores e produtores é a relação com os utilizadores, alterando-se os incentivos à autoria: alguns autores e produtores preferem disponibilizar as suas obras na Internet livremente como estratégia de reforço da sua reputação e de criação de laços estáveis com os utilizadores. Se esta prática se pode explicar por razões ou motivações económicas, a própria "cultura da Internet" justificaria uma liberalização dos direitos de propriedade intelectual na rede (Wiebe, 2000, p. 160 ss.).

Motores de busca e *download* de obras protegidas na Internet: repensar o direito de autor?

Dois fenómenos têm, embora de diferentes modos, abalado os fundamentos do direito de autor em décadas recentes, a saber: os motores de busca; e a generalização das práticas de *download* de obras protegidas na Internet. Ambos implicam maior disseminação e acesso a informação, alguma dela protegida pelo direito de autor e direitos conexos.

Como é sabido, um motor de busca é um programa desenhado para auxiliar a procura de informações armazenadas na World Wide Web. Mediante a introdução pelo utilizador de palavras ou frases responde com uma lista de ocorrências utilizando software que sonda a Web em busca de referências a determinado assunto numa página (*crawling*) que depois retêm temporariamente (*caching*) (Gürkaynak, Yilmaz, Durlu, 2013, p. 41). As questões de natureza jurídica suscitadas pelos motores de busca prendem-se precisamente com a utilização de palavras-chaves, títulos, pequenos excertos de textos, bem como imagens, gravações de som através dos quais o motor dirige o utilizador para a fonte da informação e que são muitas vezes objeto do direito de autor. Acresce que os motores organizam e facultam o acesso a um vasto número de informações armazenadas em Websites na Internet gerando rendimento, em particular, por meio de publicidade que atraem. Uma vez que se trata de um problema não regulado especificamente por lei, sujeito a uma margem significativa de interpretação, analisá-lo-emos, a título indicativo, com base em algumas decisões judiciais de tribunais americanos (Leslie A. Kelly v. Arriba Soft Corporation[16] e Perfect 10 v. Google Inc.[17]); e numa decisão de um tribunal belga, sobre o caso Google News[18]. Não podemos, naturalmente,

---

[16] United States Court of Appeals for the Ninth Circuit, Leslie A. Kelly, v. Arriba Soft Corporation Appeal from the United States District Court for the Central District of California, February 6, 2002, http://www.internetlibrary.com/pdf/kelly-arriba-9th-cir-2-6-02.pdf.

[17] United States District Court Central District of California, Case Nº CV 04-9484 AHM (SHx) Perfect 10 v. Google, Inc., *et al.*, February 2006, http://fairuse.stanford.edu/primary_materials/cases/perfect10google.pdf

[18] Tribunal de Première Instance de Bruxelles, Copie Presse c. Google News, 13.02.2007, in http://www.droit-technologie.org/upload/jurisprudence/doc/223-1.pdf.

retirar daí uma doutrina, particularmente, no que se refere ao direito europeu, mas tão-só uma tendência.

Arriba Soft Corporation, operadora de um motor de busca na Internet sob a forma de imagens miniaturizadas (*"thumbnails"*) de fraca resolução e qualidade, foi questionada judicialmente por Leslie Kelly, por violação dos seus direitos de autor. Kelly, uma fotógrafa profissional, disponibilizava fotografias do Oeste americano no seu Website e noutros sites com os quais mantinha acordos de licença. Arriba obtivera a sua base de dados por meio de cópia de outros Websites. Clicando sobre cada uma das miniaturas, o utilizador acedia a versões de maior dimensão das mesmas imagens na página Web de Arriba. O District Court apelado entendeu que a reprodução não autorizada das imagens de Kelly por Arriba cabia dentro da exceção do *"fair use"* nos termos do *Copyright Act*. Tendo Kelly recorrido para o Court of Appeals for the Ninth Circuit, este entendeu confirmar em parte e rejeitar em parte a decisão da instância inferior, distinguindo duas situações:

i) A criação das imagens miniaturizadas e sua utilização pelo motor de busca; e

ii) A apresentação das imagens através de *"inline linking"* e de *"framing"* necessários para que Arriba pudesse copiar as fotos integralmente.

Enquanto a primeira seria justificável como *"fair use"*, o mesmo não aconteceria com a segunda. O Court of Appeals entendeu que a criação e publicitação das miniaturas (as quais ficam alojadas no servidor do motor de busca) eram suficientemente *"transformative"* (ou seja, demonstravam um certo grau de criatividade relativamente aos originais) e não se substituíam aos originais – não afetando por isso o mercado de Kelly, ao mesmo tempo que beneficiavam o público. Em contrapartida, a disponibilização de imagens em formato maior (*"framing"*) representaria uma violação do direito exclusivo de Kelly de comunicar as fotografias de que era autora.

Em Perfect 10 v. Google, a decisão do tribunal seguiu o mesmo padrão ao considerar que Google não havia infringido o direito de distribuição de Perfect 10 dado que isso requereria uma "disseminação efetiva" das obras protegidas, o que não sucedera pois Google apenas publicava no

TENSÕES ENTRE A LIBERDADE DE INFORMAÇÃO E A PROPRIEDADE INTELECTUAL

seu motor *"thumbnails"* (miniaturas), de baixa resolução, das imagens originais, estas sim, armazenadas nos computadores de terceiros. Perfect 10 era titular de direitos de autor sobre fotografias de modelos nus para distribuição comercial. Ao longo de vários anos, publicara essas fotografias numa revista, "Perfect 10", entretanto desaparecida, passando posteriormente a apresentá-las num Website de acesso pago, "perfect10.com." Perfect 10 acusara o motor de busca de imagens da Google e o seu mecanismo de *caching* de violação dos seus direitos de autor. Na 1ª instância o Tribunal rejeitou, contudo, os argumentos de Perfect 10.

Afirma-se assim na jurisprudência americana a tendência para entender que os motores de busca proporcionam benefício social ao incorporarem uma obra original numa obra nova que serve como meio eletrónico de referência, gerando por essa via um novo tipo de utilização da obra original. Os motores de busca têm sido encarados, além disso, como um intermediário de serviços na Internet que faculta o acesso a informação de modo "técnico, automático e passivo" independentemente do conhecimento do operador, o qual não exerce controlo efetivo sobre os termos procurados ou os resultados da procura. Ao operador do motor de busca não caberá por isso qualquer responsabilidade por conteúdos que infrinjam eventualmente direitos de autor (Gürkaynak, Yılmaz, Durlu, 2013, p. 43-44).

Um outro caso envolvendo igualmente a Google, julgado na Bélgica, permite diferenciar a operação do motor de busca enquanto mediador de acesso a informação disponibilizada nos seus sites próprios e a sua operação como mecanismo de difusão integral ou parcial de obras protegidas. O processo resultou de uma ação interposta por Copiepresse, organização que gere o direito de autor de jornais belgas de língua francesa e alemã, no Tribunal de Première Instance de Bruxelles. A empresa Google viria a ser condenada por infração ao direito de autor dos jornais em questão pelo recurso ao *caching*, a realização automática de sumários e a reprodução de excertos dos jornais no Website Google News. O Tribunal ordenou a Google a remoção dos artigos, fotografias e imagens gráficas extraídas dos diversos jornais belgas do sítio da Google News e do Website belga de busca da Google ao mesmo tempo que impôs uma multa de 1 milhão € por dia em caso de infração continuada. O Tribunal rejeitou, nesta instância, o argumento da Google de que estaria a coberto do *"fair use"* ao armazenar cópias em *caching* de artigos dos jornais e ao utilizar pequenos excertos de artigos no Website da Google News. Google acabou por remover os "links" a 17 dos periódicos e recorreu da decisão. A injunção foi, no entanto, confirmada pelo Tribunal (Fevereiro de 2007) ainda que reduzindo a multa a pagar pela Google.

Um outro desafio com o qual se defronta a defesa do direito de autor decorre da generalização do *download* de obras protegidas. Nos últimos anos, multiplicou-se efetivamente nas redes de comunicação a cópia não autorizada de obras (música, filmes, programas informáticos, jogos de vídeo e livros) por meio de *download* utilizando programas de partilha de ficheiros. Esta prática tão popular quanto polémica, tem suscitado respostas político-legislativas diferenciadas. Enquanto uns têm optado pela via de um maior controlo e repressão dos telecarregamentos considerados ilegais, outros têm escolhido a via da maior tolerância e compreensão perante esse tipo de práticas. Não é de facto consensual a resposta a dar a este fenómeno.

Em diversos países, a indústria discográfica e cinematográfica tem movido o que já foi qualificado como uma "cruzada", em especial, contra os utilizadores de *filesharing*. A pressão da indústria conduziu, designadamente em França, à adoção da Lei *Création et Internet* (2009), lei controversa precisamente por ter optado pela via repressiva das práticas de *download*, embora de um modo atenuado[19].

Uma questão crítica é, porém, a da obtenção de prova da atividade ilícita. Além da dificuldade prática de determinar o local dos factos e a lei aplicável, a natureza global e descentralizada da Internet entra em conflito com os limites territoriais da jurisdição dos Estados, impedidos de atuar fora do seu território, o que os obriga a recorrer à cooperação internacional, nem sempre possível e com frequência complicada e demorada. Na realidade, a violação do direito de autor ocorre muitas vezes utilizando servidores fisicamente localizados fora do país onde a infração produziu efeitos. Acresce que o anonimato dificulta a investigação criminal no ambiente digital, suscitando nos prevaricadores a expetativa de impunidade.

---

[19] Loi nº 2009-669 du 12 juin 2009 favorisant la diffusion et la protection de la création sur internet, http://www.legifrance.gouv.fr/affichTexte.do?cidTexte=JORFTEXT000020735432&categorieLien=id

A repressão das práticas de partilha ilegal de ficheiros está ainda relacionada com a questão da responsabilidade dos prestadores de serviços da sociedade da informação, a qual pode ser analisada sob dois ângulos: o da sua responsabilidade de vigilância no que respeita aos conteúdos disponibilizados em plataformas de informação alojadas nos seus servidores; e o da sua responsabilidade de colaborar com as autoridades na identificação de possíveis infratores por meio da cedência dos endereços IP.

Nos termos da Diretiva 2000/31/CE (arts. 12º, 13º e 14º)[20], a responsabilidade do prestador não pode ser invocada desde que este não esteja na origem da transmissão, não selecione o destinatário da prestação e não selecione nem modifique as informações transmitidas. Não lhe cabe portanto um dever geral de vigilância. Não obstante, os Estados-Membros poderão impor-lhe a obrigação de informação sobre atividades ou informações ilícitas de que obtenham conhecimento bem como a obrigação de comunicar às autoridades competentes, a pedido destas, informações que permitam a identificação de destinatários de serviços com quem possuam acordos de armazenagem (art. 15º, nºs 1 e 2).

Em acórdão recente, Scarlet Extended SA contra Société Belge des Auteurs, Compositeurs et Éditeurs SCRL (SABAM)[21], o Tribunal de Justiça da União Europeia confirmou que não pode ser imposta a um fornecedor de serviços na Internet uma obrigação geral de vigilância, como reclamado pela SABAM. Tal exigência implicaria, acrescentou o Tribunal de Justiça, "uma observação ativa da totalidade das comunicações eletrónicas efectuadas na rede do prestador de serviços, assim como a instalação de um sistema de filtragem implicando uma vigilância ativa de todos os dados relativos aos seus clientes", o que não é admitido pela Diretiva 2000/31/CE (art. 5º).

O TJUE considerou necessário apreciar as exigências resultantes da proteção devida a direitos fundamentais aplicáveis, fazendo referência designadamente ao direito de propriedade intelectual consagrado pela Carta dos Direitos Fundamentais da UE (art. 17º). A necessária ponderação deste direito deve, segundo o Tribunal de Justiça, efetuar-se por refe-

---

[20] Transposta para o direito português pelo DL nº 7/2004, de 7 de Janeiro.

[21] Acórdão do Tribunal de Justiça (Terceira Secção) de 24 de Novembro de 2011, no Proc. C-70/10, http://eur-lex.europa.eu/LexUriServ/LexUriServ.do?uri=CELEX:62010CJ0070:PT:HTML.

rência à liberdade de empresa (art. 16º da Carta), no caso, a liberdade de operadores eventualmente obrigados a instalar um sistema informático complexo e oneroso a expensas suas; o direito à proteção de dados pessoais e a liberdade de receber ou de enviar informações (pois o sistema de filtragem controvertido não permitiria distinguir conteúdo ilícito de conteúdo lícito, podendo implicar bloqueamento deste último), garantidos pelos arts. 8º e 11º da Carta. O TJUE rejeitou, assim, a validade de uma medida inibitória que ordenasse a um fornecedor de serviços a instalação de um sistema de filtragem.

Uma das respostas da indústria do disco a este desafio tem sido, contudo, o recurso a medidas técnicas de proteção. Estas medidas encontram-se previstas na Diretiva 2001/29/CE. Céticas quanto à eficácia das medidas técnicas, algumas associações de autores e artistas têm sugerido a introdução de uma "licença legal" a conceder aos fornecedores de acesso à Internet assente numa taxa sobre o preço dos suportes de registo que seria depois redistribuída pelos titulares, dos direitos[22]. Diferentemente do que sucede com outros sistemas de licença legal, como em matéria radiofónica, quem paga é o difusor (a estação de rádio, por exemplo) e não a entidade que oferece a infraestrutura ou os meios técnicos de difundir.

E em Portugal? De acordo com a lei portuguesa, quem disponibilize ficheiros de obras protegidas a terceiros pratica um ato ilegal com relevância criminal[23]. Não é, todavia, clara a resposta à questão da natureza do ato de quem faz o *download* de uma música ou filme, por exemplo. Numa decisão de Setembro de 2012, contestada pelas associações do sector, o Departamento de Investigação e Ação Penal da Procuradoria-Geral da República decidiu arquivar queixas apresentadas pela ACAPOR (Associação do Comércio Audiovisual, Obras Culturais e de Entretenimento

---

[22] Cf ainda Guillaume Gomis "Communautés Peer-to-Peer et ayants droit: la paix par la licence légale ?" sur Juriscom.net; Jean-Baptiste Soufron, La licence publique générale: un système original de protection juridique pour les créations issues des systèmes de développement coopératives, http://www.droit-technologie. org, junho de 2002.

[23] Cf. o Artigo 8º da Lei do Cibercrime e os arts.195º e 199º do Código de Direito de Autor e de Direitos Conexos.

TENSÕES ENTRE A LIBERDADE DE INFORMAÇÃO E A PROPRIEDADE INTELECTUAL

de Portugal) contra a partilha de ficheiros de obras na Internet invocando a impossibilidade de identificar os responsáveis[24].

Refira-se a este respeito o Protocolo celebrado em 9 de Julho de 2012 entre a Procuradoria-Geral da República e operadores de comunicações estabelecendo mecanismos práticos para facilitar o procedimento do pedido de informações do Ministério Público aos operadores em processo penal. Entre estas informações encontra-se efetivamente a identificação do endereço IP utilizado por determinado cliente do operador, que a PGR entende não dever ser considerado como um dado de tráfego, podendo assim ser solicitado a um operador pelo Ministério Público, nos termos da Lei do Cibercrime (art. 14º)[25]. Parece existir algum consenso, de facto, quanto ao reconhecimento de que a reação criminal à violação do direito de autor neste contexto não é plenamente eficaz[26].

Em face destas tendências poderá perguntar-se: justificará a Internet o reforço da proteção dos direitos de autor para que se tem tendido de forma a obstar à sua maior vulnerabilidade na Internet? Ou a natureza descentralizada desta poderá justificar uma maior abertura à circulação e utilização gratuita de criações intelectuais? Não se justificará a procura de um reequilíbrio entre os direitos de autor e as liberdades de acesso de terceiros na Internet?

Em favor desta posição poderá alegar-se inclusive o facto de a Internet estar potenciando práticas inovadoras quer no plano da criação, quer da difusão da criação intelectual: criação coletiva e partilhada como no caso da Wikipédia[27]; cedência de reprodução e reutilização de obras por iniciativa dos próprios autores como no caso do *open source software* ou das licenças de *creative commons*.

---

[24] Cf. os termos do Despacho do DIAP em http://static.publico.pt/docs/tecnologia/DespachoDIAP.pdf.

[25] Cf. Protocolo de cooperação entre a Procuradoria-Geral da República, e OPTIMUS – Comunicações, S.A., PT Comunicações, S.A., TMN – Telecomunicações Móveis Nacionais, S.A., Vodafone Portugal – Comunicações Pessoais, S.A., ZON TVCABO TVCabo Portugal, S.A, 9 de Julho de 2012; e Procuradoria-Geral da República, Nota prática nº 1/2012, O endereço IP e a identificação do seu utilizador.

[26] Conclusões do Colóquio "A partilha de ficheiros na Internet e o direito de autor", Procuradoria Geral da República, 18 de Janeiro de 2013, p. 3.

[27] A Wikipédia apresenta como *slogan* "a enciclopédia livre" (no logotipo) e "a enciclopédia livre que todos podem editar" (na página principal).

Mas o argumento mais forte nesta direção é, pensamos, o de que na sociedade da informação o acesso à informação se converteu num bem determinante para o desenvolvimento, quer dos indivíduos, quer das organizações.

Conclusão

A resposta da ordem jurídica europeia aos desafios da informação na era da Internet traduziu-se não só no alargamento do âmbito dos direitos de propriedade intelectual, mas também das categorias de produtos de informação suscetíveis de ser apropriados como bens privados. Como se indicou, a valorização jurídica da informação como bem apropriável é hoje patente, particularmente, na proteção do direito *sui generis* sobre o conteúdo das bases de dados.

Em face da mudança impressa ao padrão tradicional do direito de autor pelo acesso a obras em linha, o legislador europeu adaptou conceitos fundamentais como o de reprodução e o de comunicação ao público e procurou contemplar modos de mais eficazmente perseguir os infratores.

Os interesses que o direito europeu tem assim tendido a privilegiar são os dos autores, mas também e sobretudo os dos investidores, dos produtores e dos prestadores dos novos serviços, i.e. dos agentes do mercado da informação. A filosofia do direito emergente revela uma preocupação clara de estimular o investimento privado nas novas indústrias, fazendo imperar os modelos proprietário sobre os fundamentos personalista e humanista da liberdade de informação. Esta orientação transporta consigo uma alteração importante, senão radical, dos fundamentos e da substância de conceitos e princípios, como a liberdade de informação, edificados na era industrial-liberal, em que a comunicação e a informação apareciam configuradas, antes de mais, como elementos de relações sociais, políticas e culturais.

A sociedade da informação confronta, porém, o direito com desafios que o alargamento e reforço da proteção legal dos direitos de propriedade intelectual não resolvem facilmente: desde logo, a sua limitada eficácia no novo contexto. A natureza global e difusa da difusão de informação na Internet, as práticas de *filesharing* e a dificuldade de as identificar e controlar, mas também as novas práticas de partilha e cedência de direitos de autor convergem no sentido de apelar a um repensamento essencial do direito de autor.

A questão de fundo parece estar na modificação importante que está sofrendo o estatuto da criação e da informação. Por um lado, a propriedade intelectual constitui hoje o objeto principal de novos sectores de atividade económica em constante expansão.

Mas, por outro lado, na medida em que a informação passa a constituir um bem ou recurso de interesse geral central para o bem-estar e o desenvolvimento das capacidades dos indivíduos, ela suscita uma questão não só de justiça, mas também de eficiência, apelando à intervenção redistributiva da autoridade pública, para o que de certo modo tem procurado contribuir a jurisprudência. Impõe-se, por isso, que o legislador europeu se preocupe com a garantia dos direitos de acesso à informação no contexto digital e não predominantemente (como tem sido o caso), com os direitos dos investidores e dos autores.

Mais ainda do que no passado, justifica-se, em suma, a busca de um justo equilíbrio entre apropriação e controlo sobre a informação e acesso de terceiros. Nestas circunstâncias, poderá porventura até defender-se a consagração de um direito fundamental à informação como direito social, garantindo juridicamente o acesso na medida em que este se mostre indispensável à promoção da criação do conhecimento, da educação, da cultura ou do exercício das liberdades públicas.

Referências bibliográficas

DERCLAYE, E. (2008), *The Legal Protection of Databases: A Comparative Analysis*, Edward Elgar Publishing

FREEDMAN, C. D. (2002), "Should Canada Enact a New Sui generis Database Right?", *Fordham Intellectual Property, Media and Entertainment Law Journal*, 13 (1), pp. 34-101

GONÇALVES, M. E. (2013), "A informação na era digital: bem público e/ou privado?", in J. Pato, L. Schmidt, M. E. Gonçalves, *Bem Comum: Público e/ou Privado*, Lisboa: Imprensa de Ciências Sociais, pp. 239-253

GÖNENC, GÜRKAYNAK, I_lay Yılmaz, Derya Durl (2013), "Understanding search engines: A legal perspective on liability in the Internet law vista", *Computer Law & Security Review*, 29 (1) February, pp. 40-47

STRUBEL, X. (2001), "Société de l'information et droit d'auteur", *in* A. Blandin-Obernesser, *L' Union Européenne et Internet*, Rennes: Éditions Apogée, pp. 135-148

WIEBE, A. (2000), «Perspectives of European intellectual property law», *International Journal of Law Computers and Information Technology*, 8 (2), pp. 139-165

Justiça e Comunicação Social[1]

PEDRO MOURÃO[2]

Apresento os meus cumprimentos a todos os presentes e em particular aos nossos amigos e colegas Juízes brasileiros.

E faço-o com particular carinho por ser filho de uma carioca com a idade provecta de 92 anos, nascida no Bairro de Santa Teresa, no Rio de Janeiro.

Registo a excelsa plateia reunida neste Congresso, com a presença de ilustres magistrados brasileiros, verdadeiro e sólido património humano, componente determinante na riqueza de um país.

Parabenizo a magnífica Academia Paulista de Magistrados, na pessoa do seu Presidente, o meu amigo e colega Desembargador Heraldo de Oliveira Silva.

Valeu a pena ter também colaborado no erguer deste evento.

Este Congresso é sem dúvida um paradigma do que deve ser a formação. Para nós portugueses é um exemplo, particularmente pelo facto de aqui o Judiciário e a Universidade insistirem em continuarem de costas voltadas. Em abono da verdade, já antes da chamada revolução dos cravos ocorrida em Abril de 74, não havia qualquer entrosamento, exceção feita à composição do júri dos exames orais dos estudantes de direito, que era presidido por um juiz conselheiro, mas que afinal apenas ali estava presente, a mais das vezes para descansar a vista..., isto é para passar pelas

---

[1] Vídeo disponível em http://justicatv.pt/index.php?p=2256

[2] Juiz Desembargador e Corregedor do Tribunal da Relação de Lisboa.

brasas! Aqui essa questão não se coloca. Os universitários são chamados a intervir na formação teórica dos magistrados. Não é comum ver em Portugal, como aqui, os universitários partilharem intervenções e debates com juízes.

Depois desta introdução, pretendo apenas e tão só fazer uma viagem temática, procurando contribuir com algumas ideias para reflexão e porventura algumas pistas para o debate sobre esta inesgotável matéria, não perdendo o fio condutor histórico, que, como compreenderão, apresenta-se nuclear em processos de instalação e concretização de ideias.

Falar de Direito e de Justiça é importante desde que não se perca de vista os contextos culturais em que os respetivos conceitos acontecem.

E bem mais verdade para quem tem a responsabilidade de legislar. E Portugal é o campeão da União Europeia na produção legislativa! Temos leis para tudo e para nada. Parece que tudo tem de estar regulamentado. A Comissão Europeia sonha em regulamentar o tipo de galheteiros de azeite nos restaurantes e já o Governo Português legislou sobre o assunto!

O sistema legislativo israelita, por exemplo, sobre questões estruturais como é o caso da Justiça é paradigmático. Preliminarmente é solicitado ao Presidente do Supremo Tribunal de Justiça, atualmente uma senhora (Dorit Beinisch), a indicação de uma figura sábia na matéria, para só ou acompanhado por quem entender, apresentar um estudo. Embora esse estudo não seja vinculativo, é de facto tomado em consideração na opção política ao se legislar.

Desta forma entrega-se a responsabilidade da indigitação da autoria do parecer prévio a um ente independente, evitando-se assim intromissões e devaneios partidários ou corporativos.

Entre nós e em matéria de justiça usa-se e abusa-se do chamado *outsourcing*, que não é mais nem menos que entregar a determinadas sociedades de advogados a elaboração de projetos legislativos. Desta forma acabam por se impor os interesses daí decorrentes, como a possibilidade processual de arrastar ao longo de anos um processo judicial, o qual poderia ser decidido em meses.

Veja-se o que está a acontecer com o recente projeto aprovado em Conselho de Ministros de alteração do Código do Processo Civil, o paradigma dos processos, que continua a expurgar da sua estrutura a essência do princípio da oralidade, que traria necessariamente celeridade processual. Afinal quem tem medo do princípio da oralidade?

Voltando ao nosso tema verifica-se, em boa verdade, que as nossas realidades, brasileira e portuguesa, estão a anos-luz uma da outra. Bastará no Brasil ver a televisão ou abrir um jornal para se perceber que aí se navega em águas onde a Justiça tem um profundo impacto público, onde o acesso da comunicação social à Justiça e a publicidade são a regra, incluindo na primeira fase processual, ou seja a do inquérito policial.

Como diria o filósofo Agostinho da Silva, mesmo nesta matéria *"o brasileiro é um português à solta"*.

E este filósofo era insuspeito por ser conhecedor da realidade dos nossos países. Nascido no Porto em 1906, partiu para o Brasil em 1944 onde calcorreou desde as maiores cidades às mais recônditas povoações na selva, tendo vindo a falecer em Lisboa em 1994.

Mas vejamos a realidade portuguesa.

O "Segredo de Justiça"

O segredo de justiça, como sabemos, procura por um lado acautelar a investigação policial e por outro salvaguardar direitos individuais dos visados nessa investigação.

A hierarquização destes dois fins do segredo de justiça alterna-se consoante a ótica do analista, ou seja para um investigador policial, em última instância para a acusação criminal, o segredo de justiça prende-se com a investigação policial. Mas já para a defesa representada pela advocacia, prevalecem os direitos individuais dos visados, sejam eles ou não arguidos, consubstanciados no essencial nos direitos *"... ao bom nome ... reputação, à imagem... e à reserva da intimidade da vida privada* "[art. 26º da CRP]

O segredo de justiça, no âmbito criminal, coloca-se entre nós, e tão só, apenas na parte atinente ao inquérito policial dirigido pelo Ministério Público.

No mais a regra é a publicidade em nome da transparência e fiscalização da função dos diversos intervenientes processuais.

Assim a publicidade encontra consagração em diversos instrumentos legais, sejam eles na ordem jurídica interna como também na supra nacional. Começando pelo artigo 206º da Constituição da República Português estabelecendo que:

"as audiências dos tribunais são públicas...",

I CONGRESSO LUSO-BRASILEIRO DE DIREITO

o art. 10º da Declaração Universal dos Direitos do Homem, onde se consagrou que:

> *"todos têm direito ... a ser ouvidos publicamente e com justiça por um tribunal independente e imparcial, para determinação dos seus direitos e obrigações ou para o exame de qualquer acusação em matéria penal"*,

o art. 6º da Convenção Europeia dos Direitos do Homem, onde se lê que:

> *"qualquer pessoa tem direito a que a sua causa seja examinada, equitativa e publicamente, num prazo razoável, por um tribunal independente e imparcial e o julgamento deve ser público..."*, e

no art. 14º do Tratado dos Direitos Civis e Políticos [publicado no Diário da República de 12 de Junho de 1978], onde se determina que:

> *"todas as pessoas têm direito a que a sua causa seja ouvida ... publicamente por um tribunal..."*.

No sistema jurídico português, e quando é o caso em fase de inquérito de natureza policial, a violação de segredo de justiça é um crime, encontrando-se tipificado no art. 371º, nº 1 do Código Penal, aprovado pelo Decreto-Lei nº 400/82, de 23 de Setembro e já com 28 versões, ou seja quase uma versão por ano (!), nos seguintes termos:

> *"Quem, independentemente de ter tomado contacto com o processo, ilegitimamente der conhecimento, no todo ou em parte, do teor de ato de processo penal que se encontre coberto por segredo de justiça, ou a cujo decurso não for permitida a assistência do público em geral, é punido com pena de prisão até dois anos ou com pena de multa até 240 dias...."*.

Conforme tem entendido a jurisprudência *"O interesse ou bem jurídico protegido no crime de violação de segredo de justiça, [p. p. pelo art. 371º do Código Penal], enquanto crime de perigo abstrato, pertence ao Estado, pois que dele decorrem exigências de funcionalidade da administração da justiça, face ao risco de perturbação das diligências de investigação"*>[Acórdão da Relação de Lisboa de 14/04/2011, no Procº 11332/10.0TDLSB-A.L1, da 9ª Secção].

É interessante verificar que aquilo que era um segredo legalmente intransponível na fase processual do inquérito policial, tem sido paulatinamente aliviado ou mesmo invertido. Assim o Código do Processo

JUSTIÇA E COMUNICAÇÃO SOCIAL

Penal, na sua versão original aprovada pelo DL nº 78/87, de 17 de Fevereiro, não albergava qualquer exceção a este segredo. Rezava então o art. 86º, nº 1 que *"O processo penal é, sob pena de nulidade, público a partir da decisão instrutória ou, se a instrução não tiver lugar, do momento em que já não pode ser requerida, vigorando até qualquer desses momentos o segredo de justiça.".*

Hoje a regra é precisamente o oposto, tal como passou a expressar o mesmo art. 86º, com as redações sucessivamente introduzidas pela Lei nº 57/91, de 13/08, Lei nº 59/98, de 25/08, Lei nº 48/2007, de 29/08 e na Lei nº 26/2010, de 30/08. A talhe de foice refiro que estas são apenas 4 das 22 versões que o Código do Processo Penal sofreu até aos dias de hoje! A regra quanto a esta questão do segredo de justiça é pois a publicidade, consagrada nos seguintes termos:

> *"O processo penal é, sob pena de nulidade, público, ressalvadas as exceções previstas na lei.".*

A publicidade do processo acaba por ser uma conquista do pensamento liberal, opondo-se à justiça de gabinete do absolutismo.

No entanto é interessante verificar que a lei constitucional que até 1997 nada dizia sobre o segredo de justiça, constitucionalizou esta matéria na 4ª revisão feita nesse ano, conforme art. 20º, nº 3 – Passou este preceito a prever que *"A lei define e assegura a adequada proteção do segredo de justiça"*, colocado no Título I da Parte I, daí resultar o estatuto de direito ou princípio fundamental do Estado de Direito.

E isto apesar do segredo de justiça ter evoluído para exceção, tal como passou a prever o art. 86º, nºs 2 e 3 do CPP, nos seguintes termos:

O nº 2 *"O juiz de instrução pode, mediante requerimento do arguido, do assistente ou do ofendido e ouvido o Ministério Público, determinar, por despacho irrecorrível, a sujeição do processo, durante a fase de inquérito, a segredo de justiça, quando entenda que a publicidade prejudica os direitos daqueles sujeitos ou participantes processuais.".*

E o nº 3 *"Sempre que o Ministério Público entender que os interesses da investigação ou os direitos dos sujeitos processuais o justifiquem, pode determinar a aplicação ao processo, durante a fase de inquérito, do segredo de justiça, ficando essa decisão sujeita a validação pelo juiz de instrução no prazo máximo de setenta e duas horas.".*

Daqui se conclui, que a aplicação do segredo de justiça na fase do inquérito é exceção à regra da publicidade de processo penal e sendo atualmente a regra a publicidade do inquérito, o segredo de justiça apenas pode vigorar, com a concordância do Juiz.

Feito este enquadramento legal, tem-se verificado que quando existe violação do segredo de justiça, por norma, tem sido através da comunicação social. E quando tal se verifica não será de todo difícil atentar a quem interessa essa publicitação de factos em segredo de justiça, seja ela visando um interesse pessoal ou institucional. Daí entender que tal violação deixa impressão digital. E nem sempre se cinge à questão do interesse da acusação ou da defesa. Prendendo-se por vezes, atento aos intervenientes ou ao tipo de processos, com interesses pessoais, políticos, económicos ou financeiros.

Sendo o segredo de justiça violado através de um órgão de comunicação social, há quem defenda que o jornalista é igualmente e desde logo um dos infratores.

Não estará ele também incurso na prática deste crime?

Tem sido entendido e pela própria jurisprudência, que não. O jornalista não passou de um mero instrumento de um agente na prática de um crime, tal como uma arma para prática de um crime de homicídio. Só que a arma utilizada poderá "falar" através da sua análise em laboratório de polícia científica e o jornalista não necessariamente.

Encontrando-se o inquérito em segredo de justiça e não se encontrando o jornalista autorizado a consultá-lo, não cometerá o crime de violação do segredo de justiça por revelar factos do processo. Doutra forma estaríamos a matar o jornalismo de investigação, que de resto e em abono da verdade muito está a sofrer com a malfadada crise que tão poucos impuseram a muitos neste país.

O jornalista poderá escudar-se no sigilo profissional, o qual se encontra previsto desde logo no art. 38º, nº 2 alínea b) da Constituição da República Portuguesa, dizendo que

> *"A liberdade de imprensa implica o direito dos jornalistas ... à proteção ... do sigilo profissional..."*

e no art. 11º da Lei nº 1/99, de 13 de Janeiro, que aprovou o Estatuto do Jornalista, com a alteração introduzida pela Lei nº 64/2007, de 6 de Novembro, que versa também este sigilo nos seguintes termos:

> *"... os jornalistas não são obrigados a revelar as suas fontes de informação, não sendo o seu silêncio passível de qualquer sanção, directa ou indirecta.".*

Mas também não deixa de ser verdade que, nesta matéria, os jornalistas estão condicionados no acesso às fontes pelo disposto no art. 8º, nº 3 do seu Estatuto, quando aí se consagra que

> "*O direito de acesso às fontes de informação não abrange os processos em segredo de justiça...*",

o que vem na sequência da anterior Lei de Imprensa – DL nº 85-C/75, de 26 de Fevereiro, onde já se previa que "*não era consentido o acesso às fontes de informação em relação aos processos em segredo de justiça*".

No entanto, torna-se particularmente difícil identificar a autoria individualizada deste crime de violação do segredo de justiça, razão pela qual se contam pelos dedos de uma mão e porventura sobram dedos, os casos acusados.

Sugiro que se comece por verificar à lupa em que fases ou momentos surge a violação do segredo de justiça e, concretamente, após quem ao processo acedeu, incluindo magistrados e/ou advogados. Talvez surjam resultados objectivamente surpreendentes.

Outra questão na ordem do dia prende-se com o relacionamento dos **Juízes e dos Tribunais com a Comunicação Social**.

A comunicação social representa hoje nas sociedades democráticas um poder. É mesmo tido como o 4º poder, a par dos poderes constitucionais e soberanos do Estado, o legislativo, o executivo e o judicial.

E é entendido como um poder precisamente pela sua capacidade de condicionar, influenciar ou mesmo determinar a decisão. E esta capacidade é transversal, porque não se confina a condicionar o indivíduo. Ela é igualmente sentida no processo decisório de entes coletivos, mormente nas instâncias legislativa e executiva.

O Poder Judicial tem sido o poder de Estado que, em regra, se apresenta imune às pressões e condicionantes dos média.

Mas no que respeita ao relacionamento da Justiça *stricto sensu* e os média, o que se assiste, em boa verdade, é uma impreparação generalizada dos juízes no relacionamento com os jornalistas e vice-versa.

Os juízes não têm formação e preparação para saber como se relacionar com os jornalistas, quando e se for o caso.

O Centro de Estudos Judiciários, que é a escola de formação dos juízes, deveria acautelar esta matéria introduzindo no seu *curriculum* ordinário os ensinamentos adequados no sentido de preparar os futuros juízes

I CONGRESSO LUSO-BRASILEIRO DE DIREITO

para esta realidade que, já não sendo nova, todos os dias se mostra cada vez mais indispensável.

O que sucede amiúde são os juízes, simplesmente sem avaliarem concretamente o caso, não darem qualquer atenção às solicitações da comunicação social, com resultados conhecidos de engano e intoxicação da opinião pública.

Naturalmente ter-se-á que admitir a existência de situações em que tal não seja mesmo possível e naquele preciso momento, atente-se ao denominado dever de reserva.

Este dever está consagrado no nº 1 do art. 12º do Estatuto dos Magistrados Judiciais, aprovado pela Lei nº 21/85, de 30 de Julho, que já vai em 14 alterações! Diz este preceito:

> *"Os magistrados judiciais não podem fazer declarações ou comentários sobre processos...".*

O Conselho Superior da Magistratura, órgão de gestão da Judicatura, tem entendido que

> *"O dever de reserva abrange, na sua essência, as declarações ou comentários (positivos ou negativos), feitos por juízes, que envolvam apreciações valorativas sobre processos que têm a seu cargo"* e que *"Todos os juízes, mesmo que não sejam os titulares dos processos, podem ser agentes da violação do dever de reserva".* Vai mais longe ao ter deliberado que *"O dever de reserva tem como objeto todos os processos pendentes e aqueles que embora já decididos de forma definitiva, versem sobre factos ou situações de irrecusável atualidade"* – deliberações do Plenário de 11 de Março de 2008.

É interessante verificar que o CSM se mostra preocupado, e bem, com o dever de reserva, mas não tem conseguido entender que afinal esta questão não se colocaria se chamasse a si o relacionamento dos juízes e dos tribunais com a comunicação social. Naturalmente não poderemos ter uma assessoria de imprensa em cada tribunal, mas seguramente que uma assessoria de imprensa gerida pelo CSM resguardaria os juízes a esta responsabilidade. Impunha-se esta abertura sem temores, não utilizando uma linguagem hermética e técnica, a fim de se fazer ouvir por todos.

Vários países da Europa implementaram um relacionamento institucional entre os tribunais e a comunicação social.

Em Espanha existe uma rede de porta-vozes, os denominados *jefes de prensa*, que funciona junto dos tribunais superiores, na Audiência Nacional e também na Audiência Provincial de cada comunidade autónoma.

JUSTIÇA E COMUNICAÇÃO SOCIAL

Estes *jefes de prensa* informam sobre casos concretos e dependem do *Consejo General del Poder Judicial*, por sinal correspondente ao nosso Conselho Superior da Magistratura. As funções são desempenhadas por jornalistas ou secretários judiciais.

Em França, em caso de processos com forte impacto público, as relações com a comunicação são estabelecidas através do gabinete de imprensa do Ministério da Justiça. Noutros casos específicos da área penal, menos mediáticos, a informação é disponibilizada pelo próprio Ministério Público (Parquet). Realizam-se encontros periódicos com a comunicação social com o fim de definir o que pode ser divulgado. Nos processos cíveis, é o presidente do tribunal que esclarece os jornalistas. Cada tribunal superior (de recurso), por sua vez, tem um juiz responsável pelas relações com a comunicação social (*magistrat délégué à la communication*). A função destes juízes é comunicar com o exterior, veiculando informação sobre a actividade do tribunal. Tenho sérias reservas sobre o sistema francês, que coloca no executivo este relacionamento com os média em matéria que diz respeito ao judiciário.

Na Bélgica, o Ministério Público dispõe de procuradores preparados para dialogar com a comunicação social. A judicatura, por seu lado, tem em cada jurisdição um *magistrat pour la presse*, que é geralmente o presidente do tribunal ou alguém por ele designado. No entanto, todos os juízes podem falar com os jornalistas, exceto se o presidente do tribunal decidir o contrário.

Na Hungria existem 41 porta-vozes dos tribunais, 6 dos quais no gabinete de imprensa do Supremo Tribunal de Justiça, sendo que este se encontra apetrechado com juristas e especialistas em contactos com a comunicação social, geralmente jornalistas. Os porta-vozes têm a responsabilidade não só de esclarecer como também de ir fornecendo informações aos órgãos de comunicação social.

Hoje a justiça "vende" e a comunicação social sabe bem disso. Recordo o tempo em que a justiça era notícia acanhada em pequenas tímidas colunas. A crónica de todos os dias no vespertino "Diário Popular" relatando julgamentos ocorridos no então Tribunal de Polícia de Lisboa, onde na altura era juiz, e que já tinha os seus fiéis leitores. E já lá vão mais de 30 anos!

Após a denominada Revolução dos Cravos, este filão entrou em exploração. Até então não havia liberdade de expressão, imperando o chamado

I CONGRESSO LUSO-BRASILEIRO DE DIREITO

"lápis azul", ou seja a censura, impedindo a publicação de qualquer notícia que no apertado entender dos censores, em regra militares reformados, pudesse traduzir-se num atentado contra a segurança do Estado.

Com a democracia o art. 37º da CRP, aprovada em 2 de Abril de 1976 e tendo entrado em vigor no dia 25 de Abril desse mesmo ano, passou a consagrar a liberdade de expressão e informação nos seguintes moldes:

> *"1. Todos têm o direito de exprimir e divulgar livremente o seu pensamento pela palavra, pela imagem ou por qualquer outro meio, bem como o direito de se informar, sem impedimentos nem discriminações.*
> *2. O exercício destes direitos não pode ser impedido ou limitado por qualquer tipo ou forma de censura.".*

No essencial e após 7 revisões (1982, 1989, 1992, 1997, 2001, 2004 e 2005) este preceito constitucional mantém-se.

Aliás a liberdade de expressão e de informação, pela sua importância, encontra-se igualmente consagrada no art. 19º da Declaração Universal dos Direitos do Homem e no art. 10º da Convenção dos Direitos Civis e Políticos estabelecendo que

> *"qualquer pessoa tem direito à liberdade de expressão. Este direito compreende a liberdade de opinião e a liberdade de receber ou transmitir informações ou ideias sem que possa haver ingerência de quaisquer autoridades públicas e sem considerações de fronteiras.".*

O princípio constitucional da liberdade de expressão e de criação foi igualmente transcrito no nº 1 do art. 7º do Estatuto do Jornalista, nos seguintes termos:

> *"A liberdade de expressão e de criação dos jornalistas não está sujeita a impedimentos ou discriminações, nem subordinada a qualquer forma de censura.".*

Mas o exercício deste princípio constitucional implica também, por parte dos jornalistas, o cumprimento de regras estipuladas nesse seu Estatuto. No art. 14º são elencados os deveres, ressaltando-se os previstos nas als. a) e c) e que são os seguintes:

> *"a) Exercer a actividade com respeito pela ética profissional, informando com rigor e isenção; e*
> *c) Abster-se de formular acusações sem provas e respeitar a presunção de inocência".*

JUSTIÇA E COMUNICAÇÃO SOCIAL

Sucede porém que a violação destes deveres, que a própria lei define como deveres fundamentais, não se traduzia na altura, ou seja em 1999, e inexplicavelmente, na possibilidade de procedimento disciplinar, tão só porque não se encontrava legalmente previsto.

No entanto e com a publicação da Lei nº 64/2007, que introduziu alterações ao Estatuto do Jornalista, passou então a estar previsto a responsabilidade disciplinar dos jornalistas.

Esta Lei desdobrou os deveres do jornalista, passando o art. 14º a elencar no seu nº 1 os já denominados deveres fundamentais e um nº 2 que passa a prever outros deveres.

Estes deveres passam nomeadamente em

- proteger a confidencialidade das fontes de informação,
- proceder à rectificação das incorrecções ou imprecisões,
- abster-se de formular acusações sem provas e respeitar a presunção de inocência, e
- preservar a reserva da intimidade, bem como respeitar a privacidade.

Mais uma vez inexplicavelmente apenas a violação destes deveres elencados no nº 2 do art. 14º, ou seja os deveres não classificados como fundamentais, é que passou a constituir infracção disciplinar, conforme o previsto no nº 1 do art. 21º Lei nº 64/2007, que versando as sanções disciplinares profissionais, diz o seguinte:

"Constituem infracções profissionais as violações dos deveres enunciados no nº 2 do artigo 14º".

A tutela disciplinar foi entregue, e bem, atendendo à sua natureza jurídica, à Comissão da Carteira Profissional de Jornalista criada em 1996.

Com efeito e conforme expressa o nº 1 do art. 18º-A do Estatuto do Jornalista (Lei nº 64/2007), trata-se de *"um organismo independente de direito público, ao qual incumbe assegurar o funcionamento do sistema de acreditação profissional dos profissionais de informação da comunicação social, bem como o cumprimento dos deveres fundamentais que sobre eles impendem...".*

Aproveito para saudar os jornalistas portugueses, neste particular dia 13 de Fevereiro, dia mundial da rádio, porque na realidade têm-se mostrado cumpridores dos seus deveres profissionais, uma vez que tem sido residual a instauração de procedimentos disciplinares.

Confiança

Conforme referi o relacionamento da Justiça com os média não é entre nós o melhor, com responsabilidades recíprocas. E não se pense que estamos perante uma qualquer competição. Isso não faria qualquer sentido, porque afinal estas duas grandes áreas podem e devem coabitar para atingirem objectivos, que sendo deveras diferenciados, são no entanto indispensáveis à sua saudável sobrevivência.

Tudo está de facto imbuído numa base de desconfiança, que tem sido um sentimento fácil de cultivar.

Os Juízes não têm mostrado confiança nos jornalistas.

A visão tida do jornalista é aquela que escreveu a jornalista Françoise Giroud, fundadora da revista *L'Express*, *"Regra geral, o jornalista não é vulnerável. Julga mas não é julgado, critica mas não é criticado, vasculha a vida dos outros mas não vasculham a sua, escarnece mas não é ridicularizado. Não é isto de pasmar?"*.

De uma maneira geral o jornalista, de forma ligeira, tem introduzido mecanismos de desconfiança do cidadão na Justiça. Enfim é um ciclo pernicioso que a Justiça ainda não entendeu e que, para uma sociedade que se pretende democrática, se torna danoso não só para si, mas para a sociedade em geral.

É fundamental introduzir reciprocamente mecanismos de confiança.

É fundamental que o cidadão acredite na justiça e nos tribunais, os quais, em conformidade com o preceito constitucional – art. 202º, nº 1 –, administram a justiça em nome do povo.

É fundamental começar a construir a confiança.

Para atingir tal desiderato várias são as frentes possíveis de atuação.

Destaco o exemplo da realidade brasileira, precisamente a Justiça nos média, nomeadamente na televisão.

No entanto a reprodução pura e simples de uma sessão do judiciário, só por si e sem qualquer enquadramento, continua longe do cidadão comum. Casos como o conhecido "mensalão", sem concorrência nas audiências, não são frequentes conteúdos de sucesso!

Em Portugal mantem-se um vazio nesta área. Faz falta a existência de um canal televisivo temático dedicado à Justiça, que estaria condenado ao sucesso pois, desde logo, teria a vantagem de que estes conteúdos aparecem como cogumelos! Basta atentar às diárias intervenções de prevenção e investigação criminal ou do judiciário. As experiências que temos são tímidas, funcionando tão só *on line* e apenas dirigidas a uma pequena elite ligada à Justiça.

Para se conseguir a atenção do comum do cidadão impõe-se uma linguagem acessível e desformatada.

O propósito informativo e de entretenimento dentro desta temática, acabaria por ter seguramente um forte impacto pedagógico e formativo junto dos cidadãos em geral, criando uma verdadeira consciência cívica e crítica, que hoje e em rigor não existe. Se atentarmos todos nós, até mesmo para opinarmos, estamos a julgar. Julgamos do que sabemos e por vezes do que não sabemos! Ora se a Justiça se democratizar de forma a que todos tenham acesso aos seus ritos próprios e processuais, ou seja se tivermos uma opinião pública informada sem paixões ou interesses, com respeito pelos contraditórios, decerto que o julgamento da Justiça será mais justo!

Numa época em que neste país tanto se fala de serviço público, este seria decerto um serviço verdadeiramente público que, ao contrário do que é habitual, não traria custos para o contribuinte, já de si deveras depauperado!

Recordo o sucesso de audiência que teve o programa "O Juiz Decide" no canal televisivo da SIC nos idos anos 90. Cada programa versava a simulação de um julgamento, por sinal presidido por um juiz reformado, com um caso do dia a dia.

Se atentarmos ao jornal diário generalista mais lido em Portugal, que é o "Correio da Manhã", verificamos que o suporte noticioso assenta em casos concretos na área da Justiça *lato sensu*.

Estes operadores da comunicação social sabem bem que este tipo de informação é um bem económico. Como se vê e apesar de tudo num país por sinal com baixo nível de escolaridade e de literacia, o cidadão interessa-se pela Justiça através da atenção dispensada por exemplo à crónica judiciária.

Seria importante que a Justiça se soubesse abrir ao cidadão através dos média, em nome da transparência e da pedagogia, não esquecendo o ensinamento da já citada jornalista Françoise Giroud no *Nouvel Observateur* de 6 de Dezembro de 2001, "*A televisão não é reflexo daqueles que a fazem, mas daqueles que a veem*.".

I CONGRESSO LUSO-BRASILEIRO DE DIREITO

Por isso seria importante começar a introduzir informação na qual o cidadão possa ver o que a Justiça e a sua administração têm de melhor, passando assim a interiorizar que afinal a Justiça não é só desgraça!

Por exemplo, qual é o cidadão que sabe que os Tribunais superiores em Portugal estão ao nível dos melhores seus homólogos europeus na capacidade de resposta às demandas que lhes são colocadas. São mesmo os tribunais superiores da Europa que mais rapidamente decidem. Em média o Supremo Tribunal de Justiça e os 5 Tribunais da Relação existentes e sediados em Lisboa, Porto, Coimbra, Évora e Guimarães, decidem, em regra, no prazo de 3 a 4 meses.

Na 1ª instância os tribunais criminais de uma maneira geral vão respondendo. Onde de facto está o busílis da questão é na jurisdição cível, concretamente na acção executiva, onde por via de uma lei feita com os pés que expurgou a sua tramitação do tribunal, tem sido a principal fonte de bloqueio. Como bem referiu o Presidente do Supremo Tribunal de Justiça no seu brilhante discurso na abertura do ano judicial ocorrida no passado dia 30 de Janeiro no salão nobre daquele Tribunal e que passou despercebido à comunicação social "...as execuções são o Katrina do nosso Judiciário".

E quando se fala na lentidão dos tribunais, omite-se que estes acabam por ser as primeiras vítimas de leis feitas por quem não tem mostrado capacidade para entender a realidade judiciária.

Em conclusão e sobre o relacionamento entre a comunicação social e a justiça gostaria de deixar a ideia de que em democracia a justiça não está excluída da crítica, mas também não deverá ser julgada a reboque do mediatismo individual da reportagem jornalística de determinados processos.

Precisamos de encontrar o nosso espaço de reflexão, onde Justiça e Média procurem encontrar os equilíbrios dos seus andamentos necessariamente diferenciados. Todos sabemos que o andamento da notícia não é a do processo. Mas isso não é o fim, mas pode e deve ser o princípio de harmonias convergentes em nome do respeito da condição humana.

Não resisto a contar um pequeno, mas ilustrativo episódio, revelador do que sucede quando os que teoricamente se apresentam como os mais capazes, se põem a inventar sobre o que afinal nada mostraram perceber sobre a Justiça e o seu relacionamento com a Comunicação Social.

JUSTIÇA E COMUNICAÇÃO SOCIAL

Existe um edifício centenário na baixa de Lisboa, onde se encontravam instalados os Tribunais Criminais, o Tribunal da Boa-Hora. Era pois a montra da justiça criminal do país, pois aí desfilavam os processos mais mediáticos. Por isso um certo Ministro da Justiça mandou desativar um arquivo para adaptar esse espaço para uma confortável sala para a comunicação social, com terminais para computadores, telefones, telefax, instalação sonora, enfim tudo do melhor com elevados custos para o erário público. Pensava ele que os jornalistas, ficariam aí sossegados aguardando o desfecho das audiências e que o juiz ou quem ele indicasse fosse lá dar-lhes explicações. Até ao encerramento dos tribunais criminais naquele edifício, nenhum jornalista ou juiz permaneceu ou foi a essa sala para o que quer que fosse! O senhor Ministro, que por sinal até é advogado, esqueceu o evidente, ou seja que sendo as audiências de julgamento públicas e, como tal também de acesso aos jornalistas, o tempo da notícia é de alta velocidade e não se compadece com pratos de lentilhas!

O esforço tem de ser necessariamente conjunto, impondo-se um elevado grau de exigência de informação formativa atento ao real nível de escolaridade dos destinatários, afinal os consumidores dos média e em nome dos quais se administra a Justiça.

Temos tudo para construir a ponte de um salutar entendimento entre as nossas realidades do judiciário e da comunicação social, mesmo na ordem legal interna e a supra nacional.

Acredito mesmo que haja vontade.

Afinal o que falta?

É simples, existe vontade, só que o drama é que essa vontade não se tem revelado séria.

Mas estamos perante o que entendo ser um desígnio de uma sociedade democrática, a que todos somos chamados.

Como dizia Dalai Lama:

> *"Se tiveres a impressão que és pequeno demais para poder mudar alguma coisa neste mundo, tenta dormir com um mosquito e verás qual dos dois impede o outro de dormir.".*

Termino com uma reflexão do Presidente da República na intervenção pública da Abertura do Ano Judicial de 2010, em que pedia uma *"relação transparente, disciplinada e serena"* entre a Justiça e comunicação social, pois é *"dessa relação que depende, em boa medida, a imagem que o aparelho judiciário possui junto da opinião pública".*

Grato pela vossa paciência.

Tenho dito.

Muito obrigado.

As Culturas Jurídicas dos Mundos Emergentes: o Caso Brasileiro[1]

ANTÓNIO MANUEL HESPANHA[2]

Comparar as formações discursivas do direito na Europa e na América Latina é um bom exercício para confirmar que o discurso jurídico na Europa não é um discurso universal e para constatar que, hoje, nem sequer é um discurso inovador ou de vanguarda.

Um desenvolvimento desta questão teria exigências – de natureza metodológica[3], de enquadramento conceitual geral, de aprofundamento empírico – que não é possível satisfazer nesta síntese, sobretudo dedicada a salientar as especificidades do discurso sobre o direito no Brasil contemporâneo.

A autonomização do discurso jurídico brasileiro como campo de análise assume que a América Latina emerge, hoje, como uma formação discursiva específica no campo do direito, caracterizada por uma estratégia particular dos juristas, por um recorte especial do campo do direito relativamente a outras normatividades, pela emergência de temas e valo-

---

[1] Vídeo disponível em http://justicatv.pt/index.php?p=2258

[2] Professor Catedrático Jubilado da Faculdade de Direito da Universidade Nova de Lisboa.

[3] Cf. o meu artigo "Uma história de texto", em F. Tomás y Valiente, B. Clavero, J. L. Bermejo, E. Gacto, A. M. Hespanha, C. Alvarez Alonso, *Sexo barroco y otras transgresiones premodernas*, Madrid, Alianza Editorial, 1990, 187-197, onde aponto as fontes inspiradoras: Michel Foucault, *L'archéologie du savoir*, París, 1969; Peter Zyma, *Textsoziogie*, Stuttgart, 1980; Id. *Textsemiotik als Ideologiekritik*, Frankfurt, 1977; bem como algo de uma abordagem sistémica dos discursos.

res próprios, pelo uso de modelos argumentativos *sui generis*. Se isto tem ou não a ver com características político-culturais da América Latina[4] é questão que deixo em aberto, mesmo porque assumo o discurso como um sistema simbólico relativamente fechado a determinações externas à prática discursiva[5]. Também o ambiente brasileiro no plano do discurso dos juristas é muito sumariamente abordado, até porque faltam ainda estudos de detalhe e de síntese [6]. Daí que apenas tentemos indicar umas pistas provisórias e problemáticas para ulteriores investigações.

A especificidade do discurso brasileiro de hoje pode sintetizar-se – algo simplificadamente – salientando o peso que nele tem uma conceção crítica e socialmente comprometida do direito.

A difusão de estudos jurídicos críticos no Brasil data dos anos setenta, como uma parte do pensamento social e político "nacionalista", crítico do imperialismo e, mais tarde, da ditadura militar. Embora um dos brasileiros mais conhecidos no movimento dos *critical legal studies* norte-americanos fosse brasileiro (Roberto U. Mungabeira, nº 1947)[7], o pensamento

---

[4] V., por exemplo, Ana Letícia Barauna Duarte Medeiros, "Direito Internacional dos Direitos Humanos e Filosofia na América Latina: Contribuições para uma Possível Fundamentação Crítica", em http://www.usp.br/prolam/downloads/2005_2_5.pdf, com uma síntese das posições hoje correntes sobre o particularismo da situação político-social na América Latina, como origem e ambiente de uma cultura e filosofia latino-americanas.

[5] V. nota 1.

[6] De salientar, no entanto, o notável artigo de Roberto Fragale Filho & Joaquim Leonel de Rezende Alvim, "O movimento "critique du droit" e seu impacto no Brasil", *Revisões de Direito GV*, 6.3 (Jul.-Dez. 2007), p. 139-164 (http://direitogv.fgv.br/sites/direitogv.fgv.br/files/rd-06_8_pp.139-164_o_movimento_critique_du_droit_e_seu_impacto_no_brasil_roberto_fragale_filho_e_joaquim_leonel_alvim.pdf, consultado, como os restantes sites, em 6.6.2013). V. também o número monográfico da revista *Droit et société*, 22(1992): "Transformations de l'État et changements juridiques: l'exemple de l'Amérique latine" (http://www.reds.msh-paris.fr/publications/revue/html/ds022/ds022-00.htm). Fundamentação teórica, Luís Alberto Warat (uma figura inspiradora da atitude jurídica crítica no Brasil), "Saber crítico e senso comum teórico dos juristas", em Id., *Epistemologia e ensino do direito: o sonho acabou (volume II)*, Florianópolis, Fundação Boiteux, 2004 (http://periodicos.ufsc.br/index.php/sequencia/article/view/17121/15692) (escrito em 1982).

[7] Cf. *Unger Mungabeira homepage*, 22.01.2012; http://en.wikipedia.org/wiki/Roberto_Mangabeira_Unger, 21.01.2012.

jurídico crítico brasileiro decorre muito mais de um movimento interno de empenhamento dos intelectuais na política, que marcou as três últimas décadas do sec. XX. No domínio do pensamento jurídico – ou, talvez melhor, da atitude dos juristas perante o direito – foi muito importante o magistério de juristas como Luís Alberto Warat[8] e Roberto Lyra Filho[9], para citar apenas dois dos mais influentes.

Num país de cultura extensa e diversificada como o Brasil, mais do que apontar nomes de juristas que possam ser significativos de um pensamento de crítica ao formalismo jurídico[10], interessa mais sublinhar como uma parte significativa da cultura jurídica brasileira – tal como vem acontecendo noutros países latino-americanos, com realce para a Colômbia – se vem destacando dos paradigmas correntes na Europa e nos Estados Unidos.

---

[8] http://www.direitodoestado.com.br/dm.asp?num_id=21.

[9] http://www.dhnet.org.br/dados/teses/a_pdf/tese_jose_geraldo_direito_achado_rua.pdf.

[10] Em todo o caso, uma tentativa muito imperfeita. De entre os nomes mais influentes, há que citar os de José Eduardo Faria, que promoveu um diálogo entre o direito e os saberes sociais de sentido libertador; Luiz Fernando Coelho, por muitos considerado como um percursor do uso alternativo do direito, Roberto Lyra Filho, opondo ao direito hegemónico o pluralismo dos direitos subalternos; Luiz Alberto Warrat, que importa para o Brasil a análise crítica do discurso jurídico, como era feita pelas escolas da análise crítica dos discursos, de M. Foucault, P. Bourdieu e J. Derrida; Gilberto Bercovici e Marcelo Neves, que, de forma diversa, têm cultivado uma aproximação desmistificadora e alternativa da dogmática constitucional; e, com destaque, Antonio Carlos Wolkmer, com uma longa obra de crítica ao pensamento jurídico formalista, de propostas no sentido de metodologias de rutura e, sobretudo, de valorização das formas emancipatórias de pluralismo (Antonio Carlos Wolkmer, *Introdução ao Pensamento Jurídico Crítico*, São Paulo, Saraiva (6. ed.). 2008). Também os historiadores do direito têm contribuído muito para uma crítica antiformalista do direito: cf., por todos, Ricardo Marcelo Fonseca, "A formação da cultura jurídica nacional e os cursos de direito no Brasil: uma análise preliminar (1854-1879)", *Cuadernos del Instituto Antonio de Nebrija*, Madrid, 8(2005), p.97/116; Id., *Introdução Teórica à História do Direito*, Curitiba, Juruá, 2009; José Reinaldo Lima Lopes, *O Direito na História*, São Paulo, Max Limonad, 2000. Roteiro sumário dos principais representantes Luciana Laura Tereza Oliveira Catana e Vinicius Roberto Prioli de Souza, "Ensaios sobre a Teoria Crítica do Direito no Brasil", em http://www.conjur.com.br/2009-ago-03/ensaios-teoria-critica-direito-brasil.

Na origem desta nova perspetiva crítica do direito está a ideia social e politicamente militante de que a dogmática jurídica e aqueles que a cultivam devem estar comprometidos com objetivos de política social; não interessando tanto o sentido em que estes são concretizados, mas o simples facto de se reconhecer que o direito e os juristas devem responder aos problemas da sociedade. Com o fim do regime militar e com a entrada em vigor da nova Constituição, muitos experimentaram como que uma refundação do papel social e político do direito e dos juristas, no serviço às políticas sociais humanistas (direitos humanos) emancipadoras (direitos e políticas sociais)[11].

O contraste com a Europa[12] passou a ser muito forte. Aqui, a teoria do direito e a dogmática jurídica tendem a ser naturalmente individualistas, liberais, formalistas, descomprometidas com os problemas sociais, neutras em relação às políticas sociais, complacentes com o autoritarismo do direito criado em instâncias sem vinculação democrática (Tribunal Europeu de Justiça, grandes firmas de advogados, elites académicas), hostil – em contrapartida – em relação ao "direito maioritário" dos Estados democráticos, sobretudo se este for portador de intenções interventoras, redistributivas, compensatórias das desigualdades efetivas entre os cidadãos. Longe de se esforçar por uma maior clarificação do direito[13], a doutrina europeia parece viver bem num conveniente crepúsculo em que as escandalosas desigualdades que o direito permite passem despercebidas.

No Brasil, em contrapartida a perceção das desigualdades sociais e de cidadania tornou-se tão forte e quotidiana que o senso comum deixou de achar suportável a neutralidade perante a tarefa de mudar as coisas. O ativismo político que caracteriza fortemente o Brasil criou um pan-ativismo social. Porque se tornou claro que o livre jogo das forças sociais estabelecidas não conseguirá corresponder à demanda social de justiça, de cidadanias de bem-estar. Foi sobretudo isto que atingiu a teoria jurídica, a dogmática jurídica, o ensino do direito e a ética dos que trabalham com o direito. Ao mesmo tempo, tudo isto se vive num momento de euforia,

---

[11] Cf. a revista Constituição e democracia: http://www.fd.unb.br/site/publicacao.aspx?ch_menu=8&SessionID=peeggfea3wxzjzaryga0izun.

[12] Cf. Volkmar Gessner, *Recht und Konflikt: Eine Soziologische Untersuchung Privatrechtlicher Konflikte in Mexiko*, Tübingen, Mohr Siebeck, 1976.

[13] "Mais luz !", como pedia Goethe nos seus últimos momentos.

de autoconfiança, de entusiasmo nacional, tanto mais que a imagem do primeiro mundo – e do seu direito – se corrói cada vez mais, pela evidência da sua decadência e incapacidade de a inverter. A doutrina europeia e norte-americana continua a ser citada e usada; mas recebida de forma pragmática e "impura", usada de forma tópica, por vezes para obter resultado que não têm muito a ver com a sua lógica original[14].

Na sequência da queda das ditaduras militares latino-americanas – mas também da queda do socialismo real – a esfera pública latino-americana foi rapidamente ocupado por uma pluralidade de movimentos comunitários, sociais e, até, religiosos, com um forte poder de sugestão sobre a academia, que também tinha pagado um pesado tributo à ditadura das juntas militares.

Numa sociedade percebida como estando dominada por grupos de híper-cidadãos (Marcelo Neves), que reduzem os restantes à categoria de nano-cidadãos, a ética dos juristas tende a assumir mais militantemente a causa dos interesses subalternos, do interesse público, da garantia da efetividade dos programas sociais e das políticas públicas. Este espírito de missão, uma missão que é entendida mais como nacional do que como social, contamina as melhores escolas públicas de direito, designadamente os seus estudantes. Uma vista de olhos pelas bancas de livros nos pátios das faculdades ou pelas estantes das livrarias dos campos universitários confirma o espírito que se percebe facilmente numa aula ou num curso: o direito ou responde às demandas sociais ou não se justifica (pior, ou deve desaparecer). Ao jurista cabe não apenas aplicar neutralmente o direito, mas usá-lo de forma empenhada e proativa como instrumento de um supremo projeto comunitário. Isto explica também a proximidade entre direito, políticas cidadãs e participação popular, nos quadros de um modelo deliberativo e participativo da democracia.

Embora antigos e novos conservadores mantenham na academia posições importantes, a agenda universitária (concretamente, nas escolas de

---

[14] Diego Lopez Medina (*Teoria impura del derecho*, Bogotá, Ediciones Universidad de los Andes, Universidad Nacional de Colombia, 2004; *Teoría impura del derecho. La transformación de la cultura jurídica latinoamericana*, Bogotá, Legis, 2009) destaca como este uso instrumental da doutrina, à primeira oportunista, se explica, não por oportunismo ou superficialidade, mas antes corresponde a uma leitura da doutrina orientada para problemas.

direito)[15] passou a pertencer a uma nova geração – professoras, estudantes de graduação e de pós-graduação advogados *pro bono*, juízes que frequentam a universidade, como docentes ou doutorandos[16]. Têm sido eles que têm trazido para os cursos e as atividades universitárias[17] os novos temas da vida comunitária, com destaque para os da cidadania, da defesa democrática e progressista da constituição, da proteção dos mais fracos, da erradicação da violência doméstica, do machismo e da homofobia, dos direitos humanos e sociais, do desenvolvimentos económico e social, da defesa das minorias étnicas, da ação afirmativa, da preservação do ambiente, da luta pelo primado do interesse público, do funcionamento justo e eficiente dos serviços e das políticas públicas, da luta contra a corrupção, da independência nacional, etc..

Neste contexto cultural, passa a existir uma enorme esperança no poder do Estado e do Direito como fatores de resgate social, nestes países em que constituições novas e democráticas incluíram princípios avançados de promoção do bom-governo. Neste quadro, o enfraquecimento da constituição e qualquer tipo de desjurisdificação aparecem como tentativas de re-entregar a sociedade à ordem conservadora estabelecida. Gilberto Bercovici, um prestigiado constitucionalista de São Paulo, desqualificou assim o enfraquecimento do constitucionalismo brasileiro que resultaria do revisionismo europeu das doutrinas do primado da constituição: "Os defensores de tais teorias no Brasil esquecem que a desjurisdificação no Brasil será entendida de forma diferente na Europa e nos Estados Unidos. Como tem sido muito bem sublinhado por Marcelo Neves, o nosso problema não é o da desjurisdificação, mas antes o da jurisdificação da realidade constitucional. Aqui, a desjurisdificação, bem como a des-

---

[15] A nova vivência universitária tem, em geral, muito a ver com a influência de grandes pedagogos – como Ivan Illitch, Paulo Freire, Darcy Ribeiro –, muito influentes na reflexão sobre a missão cidadã e emancipadora da Universidade nos países em desenvolvimento.

[16] Atahualpa Fernandez e Marly Fernandez, "O ensino do Direito, a formação do jurista e as escolas superiores", *Jus navigandi* (escrito em 06.2005); v. ainda Roberto Fragale Filho, "Quando a empiria é necessária?", em http://www.conpedi.org.br/manaus/arquivos/Anais/Roberto%20Fragale%20Filho.pdf,cons. 6.6.2013.

[17] Incluindo, intervenção no foro: Lucas Borges de Carvalho, "Idéias para uma nova assistência jurídica de base estudantil: acesso à justiça e crise do ensino jurídico", *Jus Navigandi* (http://jus2.uol.com.br/doutrina/texto.asp?id=3501).

AS CULTURAS JURÍDICAS DOS MUNDOS EMERGENTES: O CASO BRASILEIRO

constitucionalização, favorecem os privilégios e as desigualdades"[18]. Outro constitucionalista de referência, Luís Roberto Barroso, segue a mesma linha de rejeitar a troca da constitucionalização por um novo direito pluralista, difuso e democraticamente deslegitimado "[...] 4. O novo direito constitucional brasileiro, cujo desenvolvimento coincide com o processo de redemocratização e desinstitucionalização do país, foi fruto de duas mudanças de paradigma: a) a busca da efetividade das normas constitucionais, fundada na premissa da forca normativa da Constituição; b) o desenvolvimento de urna dogmática da interpretação constitucional, baseada em novos métodos hermenêuticos e na sistematização de princípios específicos de interpretação constitucional. A ascensão política e científica do direito constitucional brasileiro conduziu-o ao centro do sistema jurídico, onde desempenha urna função de filtragem constitucional de todo o direito infraconstitucional, significando a interpretação e leitura de seus institutos á luz da Constituição. 5. O direito constitucional, como o direito em geral, tem possibilidades e limites. A correção de vicissitudes crónicas da vida nacional, como a ideologia da desigualdade e a corrupção institucional, depende antes da superação histórica e política dos ciclos do atraso, do que de normas jurídicas. O aprofundamento democrático no Brasil está subordinado ao resgate de valores éticos, ao exercício da cidadania e a um projeto generoso e inclusivo de país."[19].

Este novo ambiente académico tem usado massivamente a *internet* como meio de difusão, inundando o universo de referências de milhares de textos tratando os novos temas e, por vezes, ensaiando teorias ou dogmáticas apropriadas, frequentemente sugeridas pelas ciências sociais, pela literatura, pela psicanálise ou diretamente induzidas de referências diretas à realidade social[20].

---

[18] Gilberto Bercovici, *Canotilho e a constituição dirigente [...], cit.*.p. 18.

[19] Luís Roberto Barroso, "Fundamentos teóricos e filosóficos do novo direito constitucional brasileiro (Pósmodernidade, teoria crítica e pós-positivismo)", *Revista Diálogo Jurídico*, Salvador, CAJ – Centro de Atualização Jurídica, v. I, nº 6, setembro, 2001 1-32 (disponível em: http://www.direitopublico.com.br/pdf_6/DIALOGO-JURIDICO-06-SETEMBRO-2001-LUIS-ROBERTO-BARROSO.pdf), "Conclusão", *in fine*.

[20] Um dos repositórios mais importantes desta literatura é *Jus navigandi* (http://jus.com.br/); mas muitas Faculdades de Direito (e movimentos sociais) mantém os seus próprios repositórios de doutrina jurídica emergente.

O ativismo social e político do novo constitucionalismo brasileiro contrasta hoje fortemente com a diluição do europeu, em que se tende cada vez mais, a sujeitar a constituição à "oportunidade", à "necessidade", aos "constrangimentos económicos e financeiros", aos "acordos" de resgate financeiro", às "leis dos mercados". No Brasil, pelo contrário, os constitucionalistas têm desenvolvido uma série de instrumentos dogmáticos que fomentam a irradiação do "núcleo ideológico" da constituição, como carta magna da cidadania[21]:

(i) impondo os padrões de justiça e igualdade às relações entre privados[22];
(ii) assinalando que os bens públicos constitucionalmente definidos limitam a liberdade contratual e de propriedade[23];

[21] Cf. Estefânia Maria de Queiroz Barboza e Katya Kozicki, "Democracia procedimental e jurisdição constitucional", (disponível em http://www.conpedi.org.br/manaus/arquivos/anais/bh/estefania_maria_de_queiroz_barboza.pdf). Elaboração de conjunto: Luis Roberto Barroso, "Neoconstitucionalismo e constitucionalização do Direito" (2005) (http://jus.com.br/revista/texto/7547/neoconstitucionalismo-e-constitucionalizacao-do-direito); Cláudio Pereira de Souza Netto e Daniel Sarmento, *Direito constitucional. Teoria, história e métodos de trabalho*, Belo Horizonte, Forum, 2012.

[22] Questão, na Europa, aparece enredada nas restrições liberais ao princípio da eficácia horizontal da constituição (*Drittwirking*, como se o mundo dos negócios privados fosse um "terceiro" em relação à ordem constitucional da comunidade ...).

[23] O que não é mais do que voltar à "doutrinal social de Igreja" ... Este seria um dos aspetos da "constitucionalização do direito civil": Maria Celina Bodin de Moraes, "Constituição e direito civil: tendências", in *Anais da XVII Conferência Nacional dos Advogados*, Rio de Janeiro, Editora OAB, 1999; Maria Celina B. M. Tepedino, "A caminho de um direito civil constitucional" em http://www.egov.ufsc.br/portal/sites/default/files/anexos/15528-15529-1-PB.pdf e http://www.idcivil.com.br/pdf/biblioteca4.pdf; Luiz Edson Fachim, "A «reconstitucionalização» do direito civil brasileiro: lei nova e velhos problemas à luz de dez desafios",em http://www.unibrasil.com.br/revista_on_line/artigo%2022.pdf; Luiz Edson Fachin, *Teoria crítica do direito civil: à Luz do Novo Código Civil Brasileiro*, Rio de Janeiro, Renovar, 2000; Gustavo Tepedino, "O Código Civil, os chamados microssistemas e a Constituição: premissas para uma reforma legislativa", em Gustavo Tepedino (org.), *Problemas de direito civil constitucional*, 2001.

AS CULTURAS JURÍDICAS DOS MUNDOS EMERGENTES: O CASO BRASILEIRO

(iii) defendendo a hierarquia superior dos direitos humanos e dos direitos sociais em relação a direitos de recorte meramente individualista e liberal[24];

(iv) exigindo que o âmbito dos direitos constitucionais inclua a disponibilização dos meios processuais para os usar, com generalidade e igualdade, o que inclui a preocupação com o acesso à justiça, mas também com a tutela da efetividade das políticas sociais do Estado por parte de Ministério Público[25];

(v) criando uma doutrina compreensiva da inconstitucionalidade, denominada de "inconstitucionalidade ideológica", que declara ferido de inconstitucionalidade qualquer ato, norma, ou decisão jurídica que contrarie um princípio constitucional, expresso ou implícito;

(vi) defendendo a chamada "Interpretação constitucional evolutiva dos direitos sociais", para a qual qualquer direito fundamental já recebido na constituição goza de um caráter definitivo, da natureza de um inderrogável *acquis civilizationnel*[26] e, por outro lado, deve ser interpretado de forma progressiva, de acordo com o pro-

---

[24] Note-se alguma influência da civilista portuguesa Ana Prata, muito lida no Brasil, que continua a defender vigorosamente que a "vontade negocial não é um aspeto intrínseco e prioritário da liberdade humana" (*A tutela constitucional da autonomia privada*. Almedina, Coimbra, 1982).

[25] V. Jacinto Nelson de Miranda Coutinho, Roberto Fragale Filho, Ronaldo Lobão, *Constituição e Ativismo Judicial*, Porto Alegre, Lumen júris, 2011; Daniel Sarmento, "O neoconstitucionalismo no Brasil" por Daniel Sarmento; Luiz Alberto de Vargas, Ricardo Carvalho Fraga, "O papel da assistência judiciária para a eficácia dos direitos sociais", http://jus2.uol.com.br/doutrina/texto.asp?id=6120 (escrito em 12.2003); aplicação aos direitos sociais (saúde, educação, etc.); Hewerstton Humenhuk, "O direito à saúde no Brasil e a teoria dos direitos fundamentais", em *Jus Navigandi* (escrito em 02.2002.) (http://jus2.uol.com.br/doutrina/texto. asp?id=4839&p=2).

[26] Também aqui o contraste com a Europa é enorme, estando as aquisições civilizacionais sujeitas a um juízo de viabilidade em face dos recursos de um modelo económico que tem por aquisições civilizacionais, pelo contrário, a plena liberdade e os direitos adquiridos do capital (expressos na desregulação estadual, na inexistência de objetivos sociais ou comunitários [mesmo de sustentabilidade ambiental ou de boa gestão dos recursos], na redução da fiscalidade sobre as empresas ou titulares de rendimentos de capitais).

cesso de avanço social, tal como for reconhecido pela ordem internacional mais progressiva[27].

Este entendimento do caráter diretivo da constituição atribui ao judiciário um poder muito vasto para desenvolver a constituição No entanto, este ativismo judiciário parece tender a assumir no Brasil um perfil bastante diferente do que assume na Europa. Enquanto que na Europa a doutrina e o foro tendem a alinhar por padrões de julgamento orientados para aspetos técnicos, geralmente alheios à impuras problemáticas humanas e sociais e favoráveis ao direito reconhecido por um *jet set* de juristas cosmopolitas, a judicatura brasileira está muito ligada ao ciclo contemporâneo da cultura política pop latino-americana, social e politicamente comprometida, confiante nas virtualidades das formas civilizacionais aí emergentes.

Este mesmo ativismo constitucional, promove experiências de melhoria da qualidade da cidadania, bem como o seu acompanhamento e avaliação pelos juristas académicos. Tal é o caso das experiências de democracia participativa, de administração pelos vizinhos, em comunidades de dimensão adequada, de facilitação da ação popular, de criação de foros não exclusivamente jurídicos para a acomodação de conflitos comunitários (semelhantes às *Comisiones de Justicia y Equidad, na Colômbia*[28]), de

---

[27] Cf., Marco Antonio Sevidanes da Matta, "Interpretação constitucional evolutiva dos direitos sociais. Apontamentos sobre a mutação constitucional, a reserva do possível e o trabalho escravo no Brasil", *Jus navigandi* (escrito em 06.2006) (http://jus.com.br/revista/texto/8839/interpretacao-constitucional-evolutiva-dos-direitos-sociais, 22.01.2012); v. também Ingo Wolfgang Sarlet, *A eficácia dos direitos fundamentais*, Porto Alegre, Livraria do Advogado, 1998.

[28] Como o de Caldas, Província de Oriente, na Colômbia (http://br.youtube.com/watch?v=ZzAqQgbIRa4); o conjunto do programa abrange um vasto leque de instituições, desde municípios a universidades (v.g., the University of Miami, EUA), tendo dado origem a um Diplomado Internacional Justicia en Equidad y Culturas Urbanas, na Universidad Nacional de Colombia (http://www.unal.edu.co/eventos/eventos_083_20070924.htm). V. entrevistas vídeo sobre a justiça comunitária na Colômbia em http://br.youtube.com/watch?v=Lviry-MgVJc; http://br.youtube.com/watch?v=YStOL4fOIwQ; http://br.youtube.com/watch?v=GjQoA-_pxhI.

AS CULTURAS JURÍDICAS DOS MUNDOS EMERGENTES: O CASO BRASILEIRO

modalidades desformalizadas de justiça[29], de formas de extensão comunitária do ensino e da pesquisa jurídicos[30].

Este contexto político cultural assenta, na verdade, num equilíbrio algo paradoxal entre uma tendência anti-positivista, que propunha a substituição da referência à lei (positivismo legalista) pela referência a valores civilizacionais de sentido emancipador, e um positivismo constitucional, que opta pelo primado dos sentidos objetivos plasmados na constituição e nas leis do Estado progressista. Numa primeira fase, supunha-se, algo otimisticamente, que os valores que se podiam descobrir por detrás da lei tinham um sentido emancipador e que, por isso, a "hermenêutica" (foi a etiqueta que designou esta orientação no Brasil) era automaticamente uma corrente mais progressista do que o direito do Estado. Isto adequava-se bem à situação política durante os governos conservadores e a ditadura militar. Hoje, percebe-se que a situação mudou e que, frequentemente, o direito do Estado pode estar à frente da consciência política do grupo dos juristas e dos juízes. O impulso para uma doutrina e para uma jurisprudência liberada dos constrangimentos da lei pode, assim, funcionar como uma espada de dois gumes, um promovendo um direito ainda mais emancipador, ou, em contrapartida, um direito vinculado a valores mais conservadores do que os do direito maioritário. O caráter paradoxal da situação tem sido notada[31], mas na metodologia espontânea dos juristas, a hermenêutica mantém a sua aura de movimento indiscutivelmente emancipador. Que, aparentemente, não se dá conta de que o reforço do poder dos juristas proporcionado pela confiança na bondade

---

[29] Destaque-se a experiência dos juizados federais especiais, em que uma boa parte do formalismo e mediação processual é dispensada (v. https://estudogeral.sib.uc.pt/jspui/handle/10316/21359); http://www.bochenek.com.br/download/JUIZADOSESPECIAISFEDERAIS.pdf).

[30] Cf. Aurélio Wander Bastos "Pesquisa Jurídica no Brasil: diagnóstico e perspetivas", BuscaLegis.ccj.ufsc.br, Revista N.º 23 Dezembro de 1991, p. 11-24 (disponível em http://www.egov.ufsc.br/portal/sites/default/files/anexos/25099-25101-1-PB.pdf, 22.01.2012).

[31] Luís Roberto Barroso, ")", cit., p. 12; Lenio Luiz Streck, "Contra o neoconstitucionalismo", em http://www.revistasconstitucionales.unam.mx/pdf/3/art/art11.pdf; Rodrigo de Souza Tavares, "Neopositivismos: novas ideias sobre uma antiga tese", em http://www.conpedi.org.br/manaus/arquivos/anais/bh/rodrigo_de_souza_tavares.pdf.

de uma hermenêutica jurídica "contramaioritária" pode não apenas voltar-se contra o direito maioritário, mas ainda substituir os sentimentos comunitários de justiça por uma ponderação de valores que uma elite especializada declara serem os mais vantajosos para a comunidade ou os realmente queridos por ela. Ou seja, novamente, um *Professorenrecht* nasceria da promessa de um *Volksrecht*[32].

Cremos que, qualquer que seja o desfecho desta tensão na política do direito, a especial sensibilidade do direito e do saber jurídico às culturas não especializadas e à cultura pop continuará a ser, por bastante tempo, um sinal diferenciador da sensibilidade dominante nos juristas brasileiros e, com isso, uma fonte de inspiração para a renovação da cultura jurídica da Europa.

---

[32] Karl-Heinz Ladeur, *Kritik der Abwägung in der Grundrechtsdogmatik. Plädoyer für eine Erneuerung der liberalen Grundrechtstheorie*, Tübingen, Mohr-Siebeck, 2004. Aparentemente inspirado por uma transposição da teoria da bondade da escolha do grande número – v. outra aplicação em Cass Sunstein, *Infotopia: How Many Minds Produce Knowledge*, Oxford,Oxford University Press 2006 –, K.-H. Ladeur dirige uma crítica muito vigorosa contra o caráter corporativo da ponderação, considerada como uma sobrevivência de uma lógica colonizadora da sociedade.

Intervenção de Encerramento[1]

H ERALDO S ILVA[2]

Agradeço a presença de todos, sem os senhores este evento não teria o sucesso que teve.

Eu e o Professor Bacelar, quando preparamos a pauta científica deste congresso, já sabíamos que as palestras seriam magníficas, mas estas superaram a minha expectativa.

Dos meus colegas do Brasil já conhecia vários, alguns foi primeira vez, mas fiquei surpreso com tudo aquilo que pudemos aprender durante estes dias.

Mas isso não nos satisfaz, porque a satisfação nos limita, nos transporta ao comodismo e a letargia, enquanto é da insatisfação que surge à vontade de aperfeiçoamento e busca ao novo querer e ter, bem como a procura de novas conquistas, novos desafios.

Por isso estamos insatisfeitos, nós queremos mais Professor Bacelar!

Nós queremos continuar com essa amizade, interagir com vocês, queremos levá-los para o Brasil para que nós possamos cada vez mais nos aproximar e trocar ideias, e com isso estreitar a união Brasil e Portugal.

---

[1] Vídeo disponível em http://justicatv.pt/index.php?p=2259
[2] Co-Coordenador do I CLBD.

Esse foi o Primeiro Congresso, e prometo que assim que chegar ao Brasil começarei a preparar o Segundo, e espero contar com a presença de todos os senhores.

Provavelmente vamos escolher entre duas cidades encantadoras do Brasil, Florianópolis ou Rio de Janeiro, e então estão todos convidados para lá participarem.

Muito obrigado!

ÍNDICE

NOTA PRÉVIA	5
I CLBD – Programa	7
I CLBD – Apresentação	13
JORGE BACELAR GOUVEIA, *Intervenção de Abertura*	15
HERALDO OLIVEIRA SILVA, *Intervenção de Abertura*	19
MARCO AURÉLIO MELLO, *Saudação de Abertura*	21
JORGE BACELAR GOUVEIA, *Portugal, Brasil e o Direito Internacional*	23
CARLOS FERREIRA DE ALMEIDA, *O futuro do Direito do Consumo na Crise Económica Global*	33
OTÁVIO LUIZ RODRIGUES JÚNIOR, *A Revisão Judicial dos Contratos de Consumo no Brasil*	41
JORGE MORAIS CARVALHO, *Venda de Bens de Consumo*	79
LUIZ ROBERTO SABBATO, *Globalização por Extratos de Jurisprudência: Sumulário Judicial Globalizado*	107
FRANCISCO PEREIRA COUTINHO, *A Política Externa e de Segurança Comum da União Europeia após o Tratado de Lisboa*	113
CLÁUDIA TRABUCO, *O direito ao espetáculo e o direito à imagem dos desportistas – cotejo dos Direitos Português e Brasileiro*	137

MÁRCIO ANTÔNIO BOSCARO, *Direito Fundamental ao Reconhecimento da Identidade Genética* 159

JORGE DUARTE PINHEIRO, *Novos pais e novos filhos: sobre a multiplicidade no Direito da Família e das Crianças* 173

LUÍS FILIPE SALOMÃO, *Sistema de Juizados Especiais Brasileiros* 183

JOSÉ LEBRE DE FREITAS, *As reformas brasileira e portuguesa do processo civil: um caso de convergência?* 195

MARCO AURÉLIO GASTALDI BUZZI, *A Mudança de Cultura pela Composição de Litígios* 205

MARCO AURÉLIO DE MELLO, *A Proteção da Administração Pública contra os Atos de Corrupção* 253

HERMANN HERSCHANDER, *A nova Lei Brasileira da Lavagem de Dinheiro* 259

MARIA EDUARDA GONÇALVES, *Tensões entre a Liberdade de Informação e a Propriedade Intelectual na Era da Internet* 275

PEDRO MOURÃO, *Justiça e Comunicação Social* 297

ANTÓNIO MANUEL HESPANHA, *As Culturas Jurídicas dos Mundos Emergentes: o Caso Brasileiro* 313

HERALDO SILVA, *Intervenção de Encerramento* 325

ÍNDICE 327